本书受教育部人文社会科学研究一般项目（11YJC820168）
“从公议到公断：清末民初的商事公断制度研究”的资助

从公议到公断：清末民初商事公断制度研究

张松 著

法律出版社
LAW PRESS·CHINA

目录

序

清末民初，是中国近代史上的一个特殊时期。社会转型，制度变革，经济结构解体与重构，思想文化除旧布新等，都在这一时期交错上演，为此后的历史发展奠定了基调。

在商业领域，国家政策由“重农抑商”转而“重商扶商”，而就社会地位而言，商人脱离“四民之末”，社会地位提升。无论是国家商业政策的调整，还是商业组织的重建，虽不乏疾风骤雨，但也不无理性自觉。以商会为例，其创设带有明显的“政治功利”色彩——“振商护商”，与外商争利，但其基础仍是行帮会馆。虽有国家法规明确了商会权责职能，规范了商会行为，但商事习惯仍主导着其思想和实践。这种中西交融、新旧纠葛在一起的景况，不仅维持了商业秩序，也稳定了商业经济的发展，更赋予了清末民初商事法律制度的“中国特色”。张松的《从公议到公断：清末民初的商事公断制度研究》一书以商会商事公断制度为中心，深刻细致地描述了其渊源流变、制度建构与运行，凸显了“中国”特点和时代特色。

本书系统考察了中国传统的商事解纷形式“公议”与近代欧洲商事解纷形式“商事裁判”的历史发展与功能异同，认为清末民初商事公断机构具有亦官亦民、亦新亦旧、亦中亦西的特点。作者从国家和地方两个层面考察商事公断制度的建构，分析商事公断制度的演进，比较各地商事公断制度的异同之处，认为清末民初的商事公断制度呈现出既统一又分立的发展趋势，国家和地方在制度建构过程中有目标差异,制度与实践之间存在一定程度的背离。作者提出,商事公断制度在清末民初的商业发展中起到了一定的积极作用,其原因有经济成本的考量、心理上的亲近、结案效率高等。作者结合商会的复杂性构成、近代中国的社会环境及大转型的社会形势,分析了商事公断制度的法律性质和法律地位,并认为国家与社会之间的权力博弈,最终造就一个既有调解特点,又有仲裁形式,同时兼具司法审判风格的商事公断制度,成为一个存在于三者之外的"第四制度","准司法"特征鲜明。上述结论观点是作者在史实考察和理论分析的基础上得出的,虽然是一己之见,仍有需要深化和完善之处,但相较于既往研究,其创新性颇为明显,在学术上填补了相关领域的研究空白,具有较为重要的学术价值。

商业发展与纠纷解决,既涉及制度建构,也涉及主流价值观调整。在清末民初制度变革、社会转型期,价值观冲突尤甚。期望作者在本主题的后续研究中,能够从民众心理状态、社会价值导向角度做进一步的分析与论述。

朱　勇

2016.9

导　言

本书以商事立法制度为切入口着重考察商会在近代中国"世变之亟"中，是如何与政府博弈，发挥其有关解纷职能的？其具体的解纷机制如何构成？又是如何运行的？有着怎样的历史意义？

一、学术史的回顾

自20世纪80年代开始，在章开沅等老一辈历史学者的倡导下，商会史的研究蓬勃开展，呈现出一派繁荣景象。20世纪80年代初，学者们的关注点尚在史实的梳理、商会的性质界定以及商会的政治活动等方面，20世纪90年代以后，研究者们的目光逐渐下移，开始关注商会的自治活动、中介职能、社会参与等。[1] 商会调处商事纠纷的司法职能也逐渐为学界所重视。

在早期的商会史研究中，历史学者几乎垄断了所有成果产出，法史学者受专业壁垒所限，对近代商会调处商事纠纷的行为甚少关注。近10年来，这

---

〔1〕 商会史的研究参见朱英："商会史研究如何取得新突破"，载《浙江学刊》2005年第6期；虞和平："近八年之商会史研究"，载《中国社会经济史研究》1995年第4期；冯筱才："中国商会史研究之回顾与反思"，载《历史研究》2001年第5期；"最近商会史研究之刍见"，载《华中师范大学学报》（人文社会科学版）2006年第5期；马敏、付海晏："近20年来的中国商会史研究（1990～2009）"，载《近代史研究》2010年第2期；马敏："商会史研究与新史学的范式转换"，载《华中师范大学学报》（人文社会科学版）2003年第5期；应莉雅："近十年来国内商会史研究的突破与反思"，载《中国社会经济史研究》2004年第3期；葛宝森、李昌："中国商会史研究新进展述评"，《理论月刊》2011年第2期等。

种局面才被打破,以商会调处商事纠纷为对象的研究逐渐增多。

(一)关于商会在商事纠纷解决中的作用

历史学者比较早地注意到商会在商事调解中的重要作用,朱英、马敏、任云兰、宋美云、范金民、虞和平、郑成林、付海晏、台湾地区学者邱澎生、美国学者Madeleine Zelin(曾小萍)与罗威廉等学者们普遍认同商会对于商事纠纷解决、资本主义工商业的发展、商业秩序维护等起到了积极作用,[1]但对作用的评价和走向,学者们有不同见解。朱英教授提醒人们需要对其进行客观评价,认识到其局限性;[2]邱澎生认为从清代前期到晚清时期,商人团体组织在纠纷调处中的影响作用有弱化的态势;[3]范金民则认为商会的理案职能是有限的,商会理处商事纠纷和商业诉讼的权限和成效,取决于晚清商事诉讼的法律环境。[4] 郑成林认为清末民促商事仲裁的作用超越了个案审判的功利视野,负载着深重的社会使命,是社会治理和规范的一个重要手段,是社会资源配置的一种重要方式,是商事主体民主权力实现的一项重要保障。[5] Madeleine Zelin(曾小萍)认为作为纠纷调停的正式组织,商会虽然不能取代行会和家族等民事纠纷解决非正式途径,但它却为本族、本籍和本会间的争

---

[1] 马敏、朱英著:《传统与近代的二重变奏:晚清苏州商会的个案研究》,巴蜀书社1993年版,第201~213页;马敏、朱英著《辛亥革命时期苏州商会研究》,华中师范大学出版社2011年版,第156~166页;任云兰:"论近代中国商会的商事仲裁功能",载《中国经济史研究》1995年第4期;宋美云:"中国近代经济社会的中介组织——天津商会(1912~1927)",载《天津社会科学》1999年第1期;虞和平:"论刘揆一的工商活动",载《湖南师范大学社会科学学报》1985年第5期;"清末民初商会的商事仲裁制度建设",载《学术月刊》2004年第4期;付海晏:"民初商事公断处——商事裁判与调处——以苏州商事公断处为个案研究",华中师范大学2001年硕士学位论文;付海晏:"民初苏州商事公断处研究",载《近代史学刊》2001年第1辑,华中师范大学出版社2001年版,第70~96页;付海晏:"清末民初商事裁判组织的演变",载《华中师范大学学报》(人文社会科学版)2002年第2期;付海晏"民初商会舆论的表达与实践——立足于商事裁判权的历史研究",载《开放时代》2002年第5期;陶水木、郎丽华:"略论民国后期杭州商会的商事公断",载《商业经济与管理》2003年第11期。

[2] 朱英著:《转型时期的社会与国家——以近代中国商会为主体的历史透视》,华中师范大学出版社1997年版,第345页;"清末苏州商会调解述论",载《华中师范大学学报》1993年第1期。

[3] 邱澎生:《当法律遇上经济:明清中国的商业法律》,台北,五南图书出版有限公司2008年版;"禁止把持与保护专利:试析清末商事立法中的苏州金箔业讼案",载《中外法学》2000年第3期。

[4] 范金民:《明清商事纠纷与商业诉讼》,南京大学出版社2007年版。

[5] 郑成林:"近代中国商事仲裁制度演进的历史轨迹",载《中州学刊》2002年第6期;"清末民初商事仲裁制度的演进及其社会功能",载《天津社会科学》2003年第2期。

论者提供了一个中立的论辩场所，从而促进了纠纷的解决。[1] 罗威廉教授认为同业组织有时组织开展的联合抵制为已经进行了一段时间的、旨在建立一个有严格规章与仲裁力的同业行会的运动提供了决定性的推动作用，成为维持商业秩序的重要手段。[2]

法学界也普遍认同商会在商事纠纷解决中的积极作用，但视角有所不同。刘红娟认为商事仲裁的功能主要是高效地解决内部纠纷，使商人或生产厂家都能遵守行业或商业规则，引导商界诚信、守规，其迅速理结大量纠纷、避免发生一些重大危机的作用是不可忽视的，也是不可或缺的。[3] 王兰认为商会纠纷解决发挥了社会主体的自主与自治作用，强调利益妥协性的合意，用共同体的自治补充国家公力救济的调整不足，展现了在私权勃兴的现代社会对于公权的一种控制和限缩。[4]

（二）关于商会裁判行为的性质

关于商会裁判行为的性质，历史学界的意见并不一致。朱英教授认为是独立的司法活动；马敏教授认为其具有某种民间法庭的性质，至少在组织形式和程序上更为接近商事仲裁制度，本质上属于诉讼程序之外的民间调处；任云兰、宋美云、虞和平、郑成林等则认为其属于仲裁，范金民则倾向于是民间调解。[5]

法学界的意见也不完全相同。王兰认为传统商会纠纷解决机制是一种关系密集群体之纠纷解决机制，从严格意义上来区分的话，仍处于调解的层

---

〔1〕 Madeleine Zelin, "Merchant Dispute Mediation in Twentieth— Century, Zi gong, Si-chuan", in Kathryn Bernhardt and Philip C. C. Huang (eds.), *Civil Law in Qing and Republican China*, Stanfrd University Press, 1994; *The Merchant of Zigong: Industrial Entrepreneurship in Early Modern China*, Columbia University Press, 2005.

〔2〕 [美]罗威廉著：《汉口：一个中国城市的商业和社会》，江溶、鲁西奇译，中国人民大学出版社2005年版；《汉口：一个中国城市的冲突和社区（1796～1895）》，鲁西奇、罗杜芳译，马钊、萧致治审校，中国人民大学出版社2008年版。

〔3〕 刘红娟："近代中国商会商事公断处职能研究的启示"，载《社会科学战线》2006年第3期。

〔4〕 王兰："中国传统商会纠纷解决机制之功能分析——以调解为视角"，载《仲裁研究》2007年第2期。

〔5〕 学者们观点来源具体参见前揭相关文献，在此不赘。

面;[1]常健、谈萧认为商会裁判制度在法律属性上应为仲裁;[2]张启耀、黄红莲认为不能把它看作单纯的民间调处或是单纯的司法审判,而应该把它看作具有一定特殊性的准司法的职能;[3]王红梅认为清末商会理案与是经过国家授权获得的专属商事纠纷司法权,民国商事公断处则是仲裁权;[4]刘承涛认为近代苏沪两地商会理处商事纠纷的性质本质并不是调解、仲裁,而应该是"商人法庭",因为商事理案具备法庭所需要的规范程序和"强制力"。[5]

(三)关于商会裁判的行为特点

学者们还对商会裁判的行为特点进行了分析。朱英教授认为商会调处商事纠纷行为具有与官府断案截然不同的特点:首先,破除了匍匐公堂、刑讯逼供的衙门积习,主要采取倾听原告与被告双方相互申辩,以及深入调查研究、弄清事实的办法予以调解;其次,商会很大程度上只是在纠讼双方充当居间调停的角色,而不是作最后的仲裁性判决,因而属于不完全的司法职能。[6] 马敏教授认为,商会理案继承了清代民事审判的传统,加之近代法制不健全,致使商会理案过分强调公允、折中、调和的传统伦理道德,漠视了法的准确性和权威性。因此,组织形式、理案程序受西方法制影响明显,但理案依据和原则仍是传统的行会规章、经商管理,以及传统的伦理道德规范,并不具备西方的法律意识,也基本不具引法律条文,而是"研究情节,秉公判断"。这种双重性质,反映了近代中国社会转折过渡,方新方旧的内在特性。[7] 张启耀、黄红莲也持与马敏教授同样的观点,但更为激进,认为其使法治失去了

---

〔1〕 王兰:"中国传统商会纠纷解决机制之功能分析——以调解为视角",载《仲裁研究》2007年第2期。

〔2〕 常健:"清末民初商会裁判制度:法律形成与特点解析",载《华东政法大学学报》2008年第5期;谈萧:"近代中国商会惩戒规则与纠纷解决之研究",载《社团管理研究》2011年第4期;"制度变迁中的自治秩序——以近代以来中国商会自治规则为例",载《山东大学学报》(哲学社会科学版)2009年第6期。

〔3〕 张启耀、黄红莲:"晚清商会 经济纠纷调理权再探讨",载《求是学刊》2008年第3期。

〔4〕 王红梅:"清末商会商事纠纷调处的规范化",载《盐城工学院学报》(社会科学版)2009年第1期;王红梅著:《商会与中国法制近代化》,南京师范大学出版社2011年版。

〔5〕 刘承涛:"近代中国商会理案制度研究——以苏沪两地为中心(1902~1927)",华东政法大学2012年博士学位论文。

〔6〕 朱英:"清末苏州商会调解述论",载《华中师范大学学报》1993年第1期。

〔7〕 马敏:"商事裁判与商会——论晚清苏州商事纠纷的调处",载《历史研究》1996年第1期。

它本应有的理性、威严的面目。[1] 常健同样认为清末民初的商会裁判制度具有传统与现代的双重性格，是官方正式司法的辅助与补充，成为社会治理与规范的重要手段。[2] 王彬、张晓萍认为在近代法制转型和社会转型的大背景下，天津的商会裁判体现出近代中国国家和社会关系的演变、传统与现代的碰撞，因而具有国家强制与社会自治、形式理性与实质理性交相互动的悖论特征。[3] 应该说，学者们的分析和归纳是符合事实的，但商会的商事裁判行为是否就损害了法律的权威和确定性，影响了法治化的进程，却是值得商榷的。

（四）关于商事公断处

关于商事公断处，学者们也进行了较多研究。任云兰考察了近代中国商会商事仲裁功能的缘起和沿革，认为商事仲裁功能的强弱，一是与政府给予商会的政治司法权力的大小有关；二是与当时政府权力强弱和法制健全的程度有关。[4] 虞和平认为，民初商事公断处是合法和普遍的商办商案仲裁机构，经过了无专职机构，到商会自设专职机构，再到依法设立专职机构的三个阶段。[5] 郑成林认为，由评议处至裁判所，再到公断处的建立，商事仲裁组织经历了一个由小到大，由非正规到正规的发展过程。[6] 付海晏认为，商事公断处是民初司法现代性变革中可利用的一种本土资源，商事公断处的成立及有效运作反映了现代性变革中正式司法组织对既有社会本土资源的吸纳，无论是在舆论表达本身还是在商事公断处的实际运作中，商事公断处的司法辅助地位乃是非常明确的，这表明在纠纷的处理中却很大程度上体现了双方之间的合作。[7] 邱岳认为，在纠纷的实际处理方面，纠纷解决程序运作机制

---

〔1〕 张启耀、黄红莲："晚清商会经济纠纷调理权再探讨"，载《求是学刊》2008 年第 3 期。

〔2〕 常健："清末民初商会裁判制度：法律形成与特点解析"，载《华东政法大学学报》2008 年第 5 期。

〔3〕 王彬、张晓萍："社会转型中的商会裁判——以清末民初的天津商会为分析对象"，载《甘肃政法学院学报》2012 年第 5 期。

〔4〕 伍云兰："论近代中国商会的商事仲裁功能"，载《中国经济史研究》1995 年第 4 期。

〔5〕 虞和平："清末民初商会的商事仲裁制度建设"，载《学术月刊》2004 年第 4 期。

〔6〕 郑成林："近代中国商事仲裁制度演进的历史轨迹"，载《中州学刊》2002 年第 6 期。

〔7〕 付海晏："民初苏州商事公断处研究"，载《近代史学刊》2001 年第 1 辑，华中师范大学出版社 2001 年版，第 70 ~ 96 页。

呈现出了一种复杂性态势,国家司法的公力救济和以商会、行会、帮会为代表的私力救济结合在一起。[1] 王红梅以苏州、上海、京师、云南等商事公断处的理案概况为材料,分析了民初商事公断处的运作情况。[2]

还有其他学者对清末民初的商事公断做了进一步学理探讨,如王彬、张晓萍基于法制现代化的视角探讨了社会转型中的商会裁判,认为近代中国商会裁判最终未能发展出类似如西方的法治秩序,根本原因在于近代中国的商事法律并未完全成为高度分化的社会自治系统。[3] 谈萧则基于自治的理论视角,认为从清末到民初,注重商事习惯运用的公断实践体现了其对中国语境的回应,这种回应型的制度变迁显然比压制型的制度移植更能产生实效,近代以来中国商会的自治活动为民间社会由集权走向分权,由善政走向善治,提供了制度变迁契机,为转型中国社会治理提供了可资利用的制度资源。[4] 王志华也认为商会商事公断的法律化,一方面反映了现代性变革与现实社会冲突下法律治理手段的多元化;另一方面也反映了民国初年政府对商事习惯的承认,国家制定法与习惯法有互相依存、互相支持、互相契合的一面。[5]

英国学者 S. 斯普林克尔认为,商人会馆作为与当地居民判然有别的机构,被认为对其成员的行为负有责任,不仅有正式规章,还有专门机构,倘若商会成员不服行规,或彼此之间产生纠纷,会馆就自行组成法庭,予以审理,明确禁止在没有先送会馆法庭进行裁决的情况下擅自告官;商会还拥有一些强制措施,如罚花钱设宴或请戏班唱大戏或除名等,强制其成员服从行规。

---

〔1〕 邱岳:“近代行业纠纷解决机制理论探微——以自贡盐业纠纷解决机制为例”,载《四川理工学院学报》(社会科学版)2010 年第 5 期。

〔2〕 王红梅:“清末商会商事纠纷调处的规范化”,载《盐城工学院学报》(社会科学版)2009 年第 1 期。

〔3〕 王彬、张晓萍:“社会转型中的商会裁判——以清末民初的天津商会为分析对象”,载《甘肃政法学院学报》2012 年第 5 期。

〔4〕 谈萧:“近代中国商会惩戒规则与纠纷解决之研究”,载《社团管理研究》2011 年第 4 期;“制度变迁中的自治秩序——以近代以来中国商会自治规则为例”,载《山东大学学报》(哲学社会科学版)2009 年第 6 期。

〔5〕 王志华:“民国初年商会商事公断研究——以上海总商会商事公断处为例”,复旦大学 2005 年硕士学位论文。

因此，行会裁判机构或许可被认为是官府的辅助机构，是审判机构等级系列中的一部分。[1]

还有一些学者在华洋商事纠纷研究中，注意到商会和华商同业公会的重要作用，它们或直接出面处理华洋商事纠纷，或通过在官府的要求下参加调解、为华洋商事诉讼案件的判决提供意见、代替商人申诉等途径，与官方系统形成有益的互动。[2]

近年来还有一些以商会为研究对象的博硕士学位论文对商会的纠纷调处活动有所涉及，例如赵婷对民国时期商事公断制度的研究、孟慧敏对民初奉天商事公断处的研究、时攀对云南总商会商事公断机制的研究、杨崇艺对清末民初商事公断法律问题的研究等，[3]但缺乏突破之功，更多的是对前述有关观点的细化和证实，但对本书研究仍有参考价值。

综上所述，目前相关研究比较深入，然而就清末民初的商事公断制度而言，仍存在如下不足：

首先，上述研究缺乏历时性和共时性的考察比较，大都局限于一地一时，就事论事，或限于清末时期苏州、天津的商会理案及商事纠纷，较少触及民国与国内其他地区，没有对近代中国的商事公断制度进行总体分析与比较研究，未揭示出各地区间的差异性与共性，也未从纵向上考察商事公断制度的渊源流变。

其次，关于商事公断的法律属性问题，有的视其为商会的独立司法活动，有认为其本质上属于诉讼程序之外的民间调处，有认为属于仲裁，有认为是调解，有认为是商人法庭，非此即彼，比较混乱，未能从历史根源和法理上去

---

〔1〕［英］S. 斯普林克尔著：《清代法制导论——从社会学角度加以分析》，张守东译，中国政法大学出版社 2000 年版，第 111～120 页。

〔2〕蔡晓荣：《晚清华洋商事纠纷之研究》，中华书局 2013 年版；"论清末商会对华洋商事纠纷的司法参预"，载《学术探索》2006 年第 1 期；宋钻友："华商同业公会豫中外商业关系的调处"，载朱英、郑成林主编：《商会与近代中国》，华中师范大学出版社 2005 年版。

〔3〕赵婷："民国时期的商事公断制度"，江西财经大学 2008 年硕士学位论文；孟慧敏："民初奉天商事公断处研究"，辽宁大学 2012 年硕士学位论文；时攀："近代云南总商会商事公断机制探析"，云南大学 2011 年硕士学位论文；杨崇艺："清末民初商事公断处法律问题研究"，华南师范大学 2012 年硕士学位论文。

分析归纳以凸显其“准司法”的混合型法律属性,不利于对近代中国商事公断制度的进一步研究。

最后,上述研究多是基于商会角度的观察,或是商会史的附带研究,未触及商事公断制度本身,商事公断制度的法律架构及具体运作等显得比较单薄。正如马敏先生所言,“商会档案中包括大量的商事纠纷档案,虽然已有学者对之进行了初步的研究,但总的来讲不够充分。在学界对苏州、杭州等地商事公断处已有初步研究的基础上,我们应当发掘资料,结合上海、北京等商事公断处的资料,进一步探讨这类组织在商事调解和审理中所扮演的角色。此外,我们应当放宽研究视野,注意包括在华洋商会、海外华商会在内的近代中国商会在华洋商事纠纷中的角色,并由此完整认识与理解近代各项经济法规实施的实际效果,以及官方正式司法审判制度之外的体制外运作”。[1]

本书尝试基于法学的立场,从动态与静态、变量与常量的角度对清末民初商事公断制度进行系统考察分析。首先,商事公断制度是东西方法律文化传统与社会现实相结合的产物,其建设路径和经验对建构中国特色的商会法律制度、探索商会自治有着重要参考价值。其次,商事纠纷的解决始终是法学界和司法界的一大关注点,对清末民初的商事公断制度深入研究,可以为推动和完善当下的商事司法制度改革提供历史借鉴。最后,结合近代的社会历史背景,采取跨学科的交叉研究范式,运用多学科的分析方法,对商事公断制度进行系统全面的研究,在一定程度上可以拓展近代商法史、商会史和司法制度史研究。

二、相关概念及研究时限界定

商事、公断等是本书的基本概念,公断在后面第一章中有专门论述,在这里主要对商事以及与其相关的商人、商业等概念加以分析。

商业源自人类社会生活中的物物交换,这已是学界共识。在《左传》、

---

〔1〕 马敏、付海晏:“近20年来的中国商会史研究(1990~2009)”,载《近代史研究》2010年第2期。

《商君书》、《战国策》等早期文献中，均将“商”解释为买卖货物求利的人。可见，在中国古代文化中，“商人”与“商”的概念几乎是重合的，凡是与商人有关的活动或社会现象均可被纳入“商”的范畴。[1] 《辞源》中对“商”和“商人”的解释分别是，“商”有九种含义，其中“贩卖货物的人”无疑契合本研究主旨；“商人”则是指“买卖货物求利的人”。[2] 从定义上看，“商”和“商人”略有区别，前者外延较后者广。《汉书》中有“鬻财通货曰商”之说，《白虎通》亦云：“商其远近，度其有无，通四方之物，故为之商。”可见，与商人和商业有关的活动和现象均可被视为“商事”。当然，中国古代文化中诸如此类的解释无疑都是基于经济或文化视角而做出的，并未包含法律意义，真正赋予“商”以法律内涵则是从近代开始的。

按诸近代商事法理论，商事法可以从形式与实质、广义与狭义四个方面去分说。所谓形式的商事法，是指商法法典别于民法法典而于私法中自成一系统，亦即民商分立；实质的商事法是指有关商事之法规而言，虽无独立之商法典，但有关商事法规散见于民法及其特别法中；广义的商事法不仅包括关于私人间商事上之法规，即国家与国家间所有涉及商事上之法规条约，亦在其范围之内；狭义的商事法则专指私法的商事而言，而将国际商事法除外。[3] 因此，对于本书中所言的商业、商人、商事，无疑要将其置于“狭义的商事法”语境中加以理解，不能全然以纯粹的今日眼光去看待。

《清稗类钞》中有记载，谓“商业，商人营利之业务也。凡买卖业，赁贷业，制造业或加工业，供给电气、煤气或自来水业，出版业，印刷业，兑换金钱业或贷金业，担承信托业，作业或劳务之承揽业，设场屋以集客之业，堆栈业，保险业，运送业，承揽运送业，牙行业，居间业，皆是也”。[4] 民国时期的《商人通例》则罗列了商业种类，共计17种，即“一买卖业，二赁贷业，三制造业或加工业，四供给电气煤气或自来水业，五出版业，六印刷业，七银行业兑换金

〔1〕 范金民著：《明清商事纠纷与商业诉讼》，南京大学出版社2007年版，第3页。
〔2〕 《辞源》（上册），商务印书馆2010年版，第570页。
〔3〕 刘朗泉著：《中国商事法》，商务印书馆2011年版，第40页。
〔4〕 徐珂编撰：《清稗类钞》（第5册），中华书局2010年版，第2277～2278页。

钱或贷金业,八担承信托业,九作业或劳务之承揽业,十设场屋以集客之业,十一堆栈业,十二保险业,十三运送业,十四承揽运送业,十五牙行业,十六居间业,十七代理业"。[1] 比较这两种说法,除少数名称有变化外,二者几乎完全一致。这意味着在近代以经营上述17种商业为常业的,都可以称为商人。当然,这只是一种比较狭义的界定,在实际生活中,人们所言的商人往往还包括一些小摊小贩和商业使用人、商业学徒等。民国南京政府时期,由于采民商合一主义,法律不再明确认定商人身份,只是规定凡以营利为目的,以经营一定商事事业为常业的,皆可称为商人。可见,自清末至民国,法律上关于"商人"身份的认定是有变化的。王保树教授在对"商"进行考察的基础上,对商的性质、范围和特点做了全面分析,他认为,"在近代经济发展中,人们已将营利视为'商'的本质。这种行为不仅表现在买卖之中,也发展到批发商、货物运送、仓库业、银行业、损害保险业等。并且,发展到与商业没有直接关系的人身保险、旅客运送、制造加工业、印刷业、出版业等",这种"广义的营利行为才是商法上的商"。[2]

近代对于"商事"的定义也众说纷纭,"有以为营利之行为者,有以为转运商品之行为者","通说以商事为媒介或补助物品流通之营利行为,则稍近似"。[3] 后文有关商事纠纷的梳理即可证明其时人们关于"商事"的认定比较模糊。由此导致近代关于"商行为"的法律界定也颇显复杂。"商行为者,法律名词,为物品运转之媒介,而藉以营利之行为也。其范围甚广,为此行为之人,是商非商,皆不置问。例如买卖即商行为之一种,其他若运送,若兑换,若保险,若寁积,若代存,若作工,若服务,若借贷,凡藉此以营利者皆是。质而言之,卖者为商人,买者亦为商人,如贩夫之所为,固商行为,即卖者为商人,买者非商人,如购物者之所为,亦商行为。其他各种以此类推。"[4]可见,在近代社会中,不仅人们对有关商业、商人、商事的认识有着偏差,即使是在

[1] 《商人通例》,载江苏省商业厅、中国第二历史档案馆编:《中华民国商业档案资料汇编》(第1卷)(1912～1928)(上册),中国商业出版社1991年版,第167～168页。

[2] 王保树主编:《中国商事法》,人民法院出版社1996年版,第4页。

[3] 刘朗泉著:《中国商事法》,商务印书馆2011年版,第51页。

[4] 徐珂编撰:《清稗类钞》(第5册),中华书局2010年版,第2278页。

法律制度设计上,也存在模糊不清之处。

综上所述,关于商业的范围界限,本书遵从清末民初的界定,持严格主义立场,但对商人和商事的概念并不采狭义的严格界定,而是取宽泛主义立场,凡是从事商业经营、以其为常业的,均认为其属商人,包括商人使用人和商业学徒在内;而与商业和商人相关联的事务均被视为商事范畴。在阅读相关文献的过程中,笔者也发现,近代商业社会中发生的纠纷样态纷繁复杂,难以明确区分,既有钱财纠葛,也有权利纠葛,还有身份纠葛、权属纠葛等,商会受理公断的纠纷百态纷呈。商人、商事概念等也是符合实际的。

最后,本研究的时限大致介于1902～1927年,也就是我们通常所说的清末民初。主要理由是,其一,1902年,上海商业会议公所成立,学界公认其为中国第一个商会;其二,1928年,南京国民政府在形式上统一全国,对商会的整顿改组也随之展开,商事公断制度虽有留存,但不复民初的繁荣,且已沦为国家司法的附属品。当然,在论述的过程中,必然会在时限上有所突破,或向上追溯,或向下探流,以明晰其源头和流变。

三、基本研究思路和方法、资料与内容介绍

(一)研究思路和方法

本书大体遵循如下的研究思路:以历史渊源考察为研究的逻辑起点,首先考察其制度架构,再转向实践层面,分析制度与实践之间的背离与契合,最后结合经济和社会背景,分析该制度的社会效应、历史演进轨迹及其深层次原因;希冀通过周密细致的历史考察和深刻的理论阐释,探寻东西法文化的共通点和契合点,揭示近代国人杰出的法律智慧与法制建设经验及其对当下构建中国特色的商事解纷机制的借鉴意义。

法律是在人的实践活动基础上生成、并不断自我更新的有机体,它不能被创造,只能是“生长”出来的;同时,法律又是民族社会生活的体现。要想了解法律制度的过去和现在,事件与运行,行动与结构,必须将其置于社会、经济、政治、文化等背景中,通过移情与理解说明历史与现实中法律制度的实际运作情况,发现历史与现实中的“活法”。因此,不仅要研究法律内史,即

法律规则与制度的历史,还要研究法律外史,即法律与经济、社会文化等社会生活领域的互动历史,亦即阐释法律的历史变迁。[1] 就商事公断制度而言,不仅要考察其发展沿革,还要将其与近代中国的社会环境结合起来分析,因而就有必要采用国家与社会的理论范式,综合运用法学分析与史学考证方法,对静态的法律文本与动态的司法实践进行周密细致地考察,并运用多学科的理论方法进行多层次、全方位地阐释。

(二)资料

目前保存完整且影响较大的商会档案,当属苏州、天津、上海、京师、保定等地,其中苏州、天津、保定商会档案目前大部分已整理出版,上海商会档案整理出版了一部分,京师及其他地方的商会档案仍藏于档案馆中,很难见到。本书所依据的商会档案资料仍以苏州、上海、天津为主,同时佐之以其他各地的一手和二手商会档案资料,其中一些资料尚为首次使用。

(三)内容框架

本书共分六章,外加导言和结语:

"导言"部分主要是介绍国内外的研究现状、相关概念、研究时限、研究目标、基本研究思路和研究方法等内容。

第一章"商事解纷形式的历史嬗替"对商事公断的历史渊源——中国传统的商事解纷形式"公议"与近代欧洲商事解纷形式"商事裁判"进行考察,并进而分析商事解纷形式历史嬗替的原因,认为从会馆公所到商会,从公议到公断,其中有传承(不变)、有断裂(变),而这种现象也恰好反映了民间商人组织及其商事解纷机制的演进既有外部压力因素,亦有自身发展之原因,是一场因外力冲击而产生的裂变,并在裂变中获得新生。

第二章"商事公断处的沿革、组成与权限"从历史沿革、人员组成、职能权限三个方面对清末民初商事公断机构——商事公断处进行考察,总结商事公断处亦官亦民、亦新亦旧、亦中亦西的基本特点。

---

[1] 谢鸿飞:《法律与历史:体系化的法史学与法律历史社会学》,北京大学出版社 2012 年版,第 201 ~ 254 页。

第三章“商事公断制度的建构”从国家和地方两个层面去考察商事公断制度的建构，分析商事公断制度的演进，比较各地商事公断制度的异同之处，认为清末民初的商事公断制度呈现出既统一又分立的发展趋势，国家和地方在制度建构过程中有目标差异，存在一定的张力，国家制度与具体实践之间存在一定程度的背离。

第四章“商事公断制度的实践与成效”通过具体案例考察商事公断的程序和依据，比较各地商事公断书的异同，分析总结商事公断的成效。认为虽然我们不能对商事公断制度做出过高评价，但该制度在清末民初的商业发展中起到了一定的积极作用却是不争之事实，而经济成本的考量、心理上的亲近、结案效率高等是商事公断成效显著的原因。

第五章“商事公断制度的法律性质与法律地位”结合商会的复杂性构成、近代中国复杂的社会环境及大转型的社会形势，分析商事公断制度的法律性质和法律地位。认为国家与社会之间的权力博弈，最终造就了一个既有调解之特点，又有仲裁之形式，同时兼具司法审判之风格的商事公断制度，成为一个介于三者之间的“第四制度”，“准司法”特征鲜明。

第六章“商会与政府的法律博弈及商人法律意识的变迁”通过考察商会与政府之间的权利博弈，以及其中所体现的商人法律意识的变迁情况。认为商会的一切举措应对，都反映出商人群体思想意识的变化。商会与政府间的力量角逐，既是社会对国家权力扩张的必然反应，也是社会群体新型法律意识重构之前的必然现象，是商人法律意识变迁的结果。

“结语”梳理纠纷、制度与秩序间的复杂关系，总结商事公断制度的历史结局及其意义。

第一章　商事解纷形式的历史嬗替

现存史料和既有研究均表明，自古至今，中国社会的民商事纠纷的解决始终存在两条路径：国家的司法裁判与民间的社会调解。[1] 虽然两条路径的最终指向都是纠纷的解决，但是从某种角度而言，民间社会的自发解决机制是纠纷进入国家司法审判机制的前期阶段，虽然不是必经的，但却是极具效率的和普遍的。由于商事纠纷的独特性与专业性，使得人们总是自觉或不自觉地将其与民事纠纷区分开，因此，两者的解决途径有着很大的不同。一般来说，乡土社会的商事纠纷与民事纠纷解决无甚大区别，大多遵循宗族、乡约、乡老里正等途径；而城市里则不然，商事纠纷的解决多跟宗族无涉，而是与商人组织如会馆公所等密切相关。[2] 在漫长的历史演进过程中，这一纠纷解决机制变化缓慢。自19世纪中叶以来，西力东侵，世事变幻，民商事纠纷解决机制也因此发生剧变。就商事纠纷的解决而言，一个融合中西的解纷机制逐渐形成，对其时的商业经营及商事法制建设产生深远影响。这一机制

---

〔1〕［美］黄宗智："重版代序"，载《清代的法律、社会与文化：民法的表达与实践》，上海书店出版社2007年版。

〔2〕由于广袤的农村基本上没有商人团体组织，自然不存在商人组织参与解决商事纠纷的情形，因此乡村社会的民商事纠纷解决主要有族内解决、族间调解、经官办理三种。参见范金民著：《明清商事纠纷与商业诉讼》，南京大学出版社2007年版，第26页；王日根、陈瑶："试论清代至民国宁化的民间经济纠纷及其解决"，载李长莉、左玉河主编：《近代中国的城市与乡村》，社会科学文献出版社2006年版。

就是本书的研究中心对象——商事公断制度。虽然学界对此已有一些研究，但这些研究均未从一个较长的时段去纵向考察该制度的渊源流变、历史嬗替；而一些关于传统社会商事解纷机制的研究，普遍关注商人组织在纠纷解决中的地位和作用，对商事纠纷解决形式本身却近乎无视。故而，本书在此试图对商事公断制度的源流进行考察，首先细致梳理传统社会商事解纷形式——公议，然后从横向和纵向的角度去考察近代中国商事公断制度，试图描绘出近代中国商事公断制度的历史变迁轨迹。

所谓"公断"，即公正裁断之意，与今日民法上的"公断"（仲裁）并不等同，也与传统中国的"公断"有所区别。（具体详见后文）应该说，清末民初时期的公断是在继承传统中国商业行会调解商事纠纷职能的基础上，吸收借鉴欧洲商事裁判的部分功能，最终形成的一个融合东西方法律文明的新生事物。因此，其历史渊源有二：一为传统中国行会解决商事纠纷的"公议"机制；二为近代欧洲的商事裁判制度。故而，下文首先分别就二者进行论述，进而梳理近代商事公断制度的确立过程，分析商事解纷形式历史嬗变的因由。

一、传统商事解纷形式——公议

对于如何描述和界定传统中国民间社会的纠纷解决形式，学界的意见并不一致，如调解、调处、调停、裁定、裁决、裁判、仲裁等。虽然目前以近现代法言法语来界定、解释的仍居主流地位，但已有一些学者在研究中开始使用或提炼固有语词来表达己意，因为在他们看来，只有这些"本土语词"才可以形象而充分地描述与解释"本土现象"。

之所以选择"公议"一词来描述传统中国民间商事纠纷的解决形式，除上述研究立场的缘故外，还有如下几个方面的原因：

首先，是基于"公议"这一词汇在商事解纷中的使用频率。在现存的有关传统中国民间纠纷解决的资料中，我们发现有很多的词汇来描述这一过程，其中使用最多的应属"众议"和"公议"，其他还有"集众评议"等。"众议"一词一般在民事纠纷如户婚田土等纠纷中使用较多，现存的徽州契约文书足可为证。[1] 而"公议"则更多地见于有关明清时期会馆公所解决商事纠纷的史料中,如巴县档案、有关工商碑刻资料及工商行会史料等。

其次,是基于"公议"一词在日常生活中的含义。自古至今,"公议"的使用非常广泛,其含义也有多层:其一,按公利标准而议论。例如,现代著名作家叶圣陶的《多收了三五斗》中米店先生对农民询问米价的对答:"我们同行公议,这两天的价钱是糙米五块,谷三块。"其二,公众共同评论。例如,《韩非子·说疑》中云:"彼又使谲诈之士,外假为诸侯之宠使,假之以舆马,信之以瑞节,镇之以辞令,资之以币帛,使诸侯淫说其主,微挟私而公议。"[2]《明史》中有类似记载:"三十六年,昖卒。光海君珲自称署国事,遣陪臣来讣,且请谥。帝恶其擅,不允,令该国臣民公议以闻。"[3]其三,公众的议论,舆论。例如,《后汉书·袁术传》载:"绍议欲立刘虞为帝,术好放纵,惮立长君,託以公义不肯同,积此衅隙遂成。"唐韩愈《顺宗实录五》曰:"(执谊)既而为叔文所引用,初不敢负叔文,迫公议,时时有异同。"《二刻拍案惊奇》卷十二则有:"晦翁错问了事,公议不平,沸腾喧嚷。"[4]无论是哪种含义,上述所举各例都有《现代汉语词典》中的解释之意,"大家在一起评议"。[5] 其中除叶圣陶先生《多收三五斗》中的记载外,其余各例均有"公众评议是非"的含义。正如《菜根谭》中所云,"市私恩,不如扶公议;结新知,不如敦旧好;立荣名,不如种隐德;尚奇节,不如谨庸行"。[6] 上举各例表明,"公议"在传统中国的日常生活中是一种常态行为、自然行为,并非昙花一现的偶然现象。

无疑,这一为众人所支持的行为现象同样频繁出现于民间的商事纠纷解决之中,并且逐渐形成具有固定程序和形式的纠纷解决方式。现存四川巴县档案中,有关工商行业的条规、工商纠纷的调处,都会出现"公议"字样,如

---

〔1〕 日本学者中岛乐章在《明代乡村纠纷与秩序》一书中依据徽州文书对其有所描述,但未对这一解纷形式进行学理分析,管见所及,未有其他论著谈及这一问题。参见[日]中岛乐章著:《明代乡村纠纷与秩序》,郭万平、高飞译,江苏人民出版社 2010 年版,第 86~114 页。

〔2〕 (清)王先慎撰,钟哲点校:《韩非子集解》,中华书局 1998 年版,第 406 页。

〔3〕 《明史·外国传一·朝鲜》。

〔4〕 (明)凌蒙初:《二刻拍案惊奇》,吉林文史出版社 2006 年版。

〔5〕 《现代汉语词典》,第 380 页。

〔6〕 (明)洪应明:《菜根谭》,凤凰出版社 2008 年版,第 68 页。

“公议成规”、“请凭八省客首公议”等。尤其值得我们注意的是，商事纠纷解决中的“公议”兼具上述三层含义，其中又以第一层含义为主，因为传统中国的商人组织包括行、帮、会馆、公所等的主要职能之一就是维护众商利益，商事纠纷的解决必须符合众商之“公利”。要想做到这一点，自然需要“集众公议”。1715 年的北京《创建仙城会馆记》碑刻即证明了这一点：设立会馆乃“由利乡人，同为利，而利不相闻，利不相谋，利不相一，则何利？故会之，会之，则一其利，以谋利也，以是谓由利也”。[1]

明清时期，长程贸易开始发达起来，区域性的经济圈逐渐成形，出现了一些著名的商业中心，如清代有名的“天下四大聚”——北京、苏州、汉口、佛山与“四大名镇”——佛山镇、景德镇、汉口镇、朱仙镇，其中除北京为政治文化中心外，其余均因工商业发达而著称。同时，由于官营手工业行业的式微，商人私营经济获得了更大的发展空间。伴随着商业形势的繁荣与新的市场机制形成，一些新的商人团体组织如官牙、会馆、公所等开始出现，成为明清时期商业大发展的显著特点之一。[2]

现有资料表明，会馆最早大约出现于明初永乐年间，为安徽芜湖人在京师设立。《芜湖县志》载：“京师芜湖会馆在前门外长巷上三条胡同。明永乐年间（1403～1424 年）邑人俞谟捐资购屋数椽并基地一块创建。”[3]该会馆由官绅倡设，属于志同道合的同乡之人的聚会场所，可谓之官绅会馆。明中叶之后，会馆的发展进入兴盛时期，商人会馆出现。清人顾禄所著的《桐桥倚棹录》曾载：“岭南会馆，（苏州虎丘）上塘桥西，明万历年间广州商建，清康熙五年（1666）重修。”[4]这是目前可见的有关商人会馆设立时间最久的一则材

[1] “创建仙城会馆记”，载北京市档案馆编：《北京会馆档案史料》，北京出版社 1997 年版，第 1369～1370 页。

[2] 关于明清时期商业的发展，参见傅衣凌著：《明清时代商人及商业资本·明清江南市民经济试探》，中华书局 2007 年版；王孝通著：《中国商业史》，团结出版社 2006 年；吴慧：《中国古代商业》（增订版），商务印书馆 1998 年版。

[3] 《芜湖县志》（1919 年版）卷一三，第 1 页，转引自何秉棣：《中国会馆史论》，台北，学生书局 1966 年版，第 13 页。

[4] 顾禄：《桐桥倚棹录》卷六，转引自王日根：“明清时代会馆的演进”，载氏著：《明清民间社会的秩序》，岳麓书社 2003 年版，第 184 页。

料,因此一般认为,商人会馆初设于明万历时期。

随着会馆的发展,其数量的多寡甚至成为衡量一地商业发展情况的标志之一。譬如,苏州是明清时期的工商重镇,各地商人云集,为联同乡之谊,他们纷纷创设会馆。史料记载:“姑苏为东南一大都会,五方商贾,辐辏云集。百货充盈,交易得所。故各省郡邑贸易于斯者,莫不建立会馆。”[1]

需要指出的是,与会馆同时发展的还有公所,而公所的兴起要略晚于会馆,大致以太平天国为界,大多数会馆形成于太平天国之前,甚至是鸦片战争之前,而绝大多数公所则形成于太平天国之后。[2] 虽然学界关于会馆与公所之间的关系意见存在分歧,但却基本认同二者兼具地缘与业缘两种形态,具有明显的共通性,其时的商人对此也未加区分,而是混用。总体来说,虽然清前期的会馆公所偏重于地缘形态,清中后期则侧重于业缘形态,但二者大同小异,可以说,“在清代,会馆、公所是同义词”。[3]

众多的碑刻资料和方志文献都表明,会馆公所的最初设立宗旨在于联乡谊,祀神祇,办善举。然而,深入考察后,我们会发现这些社会行为背后蕴涵着深刻的经济意义,即通过这些社会行动,达到凝聚众商之力,以利于在日益激烈的商业竞争中维持和发展本商帮的目的。“称会馆何为也?为里人贸迁有事祃祀燕集之所也。”[4]清人吴大澂对此有描述:“会馆之建,非第春秋伏腊,为旅人联樽酒之欢,叙敬梓恭桑之谊,相与乐其乐也;亦以懋迁货居,受廛列肆,云合星聚,群萃一方,讵免睚眦,致生报复;非赖耆旧,曷由排解?重以时势交迫,津梁多故,横征私敛,吹毛索瘢,隐倚神丛,动成疮痏。虽与全局无预,而偶遭株累,皇皇若有大害。踵乎厥后,既同井邑,宜援陷阱,凡此皆当忧其所忧者也。纵他族好行其德者,亦能代为捍卫,而终不若出于会馆,事从公论,众有同心,临以明神,盟之息壤。俾消衅隙,用济艰难。保全实多,关系殊

〔1〕《嘉应会馆碑记》,载洪焕春等编:《明清苏州工商业碑刻集》,江苏人民出版社 1981 年版,第 350 页。

〔2〕范金民著:《明清江南商业的发展》,南京大学出版社 1998 年版,第 255 页。

〔3〕汪士信:“明清商人会馆”,载《平准学刊》1986 年第 3 期(下)。

〔4〕“创建仙城会馆记”,载北京市档案馆编:《北京会馆档案史料》,北京出版社 1997 年版,第 1369 页。

重。推之拯乏给贫，散财发粟，寻常善举，均可余力及之，无烦类数，此会馆之建，所不容缓也。"[1]苏州《东齐会馆碑记》载："钱贝喧闹，市廛之经营，不无参差。而奸宄侵渔之术，或乘间而抵隙，此非权量于广众稠集之候，运转于物我两忘之情，相勖以道，相尚以谊，不可也。会馆之设，义亦大矣哉。"[2]可见，会馆已成为融合工商利益与儒家思想的一个社会容器，是商贾交谊的空间，排难解纷、维护本商帮利益已是其重要职能之一。而如何排难解纷、维护商帮利益，则是通过众商在会馆公议来实现的。例如苏州的金华会馆建成后，"于是吾郡通商之事，咸于会馆中是议"。[3] 甚至有商人为维持会馆的集议而诉至官府之例，如乾隆四十一年（1776 年），浙杭绸商因官员屡次借居会馆而不满，遂以"经营集议，以及祭祀神祇，均格碍难行"为由控至吴县，吴县县令最终裁决："嗣后如有当仕借作公馆者，许即屏绝"，并且勒石在案，以昭信守。[4] 可见，会馆公所已成为客商集议经营、互通信息、联合行动的场所，并受到政府的保护和支持。这种自发形成的商人团体组织，无意中已经具有自我管理的职能，并因此成为地方官府治理社会的有力工具，发挥着与乡约、家族相同的作用。正如清人所言，"吾国治乡之法，一业有一业之规约，一族有一族之规约，一乡有一乡之规约，在外之会馆，亦其一也。规约举则事无不举，规约不明则事无由行"。[5]

相较于唐宋以来的"行"，明清时期的会馆公所在对行业规制上有着很大的变化。全汉升先生就认为，行会对本行工商业的统制比较消极，规条上颇多"不准"或"不得"等内容，属于消极的禁止性规定；而会馆则比较积极，

---

〔1〕《潮汕会馆二次迁建记碑》，载上海博物馆图书资料室编：《上海碑刻资料选辑》，上海人民出版社 1980 年版，第 331 页。

〔2〕《重修东齐会馆碑记》，载江苏省博物馆编：《江苏省明清以来碑刻资料选集》，生活·读书·新知三联书店 1959 年版，第 369 页。

〔3〕《重修金华会馆记》，载江苏省博物馆编：《江苏省明清以来碑刻资料选集》，生活·读书·新知三联书店 1981 年版，第 367 页。

〔4〕《吴县永禁官占钱江会馆碑》，载洪焕春等编：《明清苏州工商业碑刻集》，江苏人民出版社 1981 年版，第 22 页。

〔5〕李景铭：《闽中会馆志》卷首《陈宗藩序》，转引自王日根著：《明清民间的社会秩序》，岳麓书社 2003 年版，第 319 页。

尽可能地保护会员利益,甚至因此与外相抗亦在所不惜。[1] 在官府的支持下,会馆公所的自我管理职能不断加强,并通过聚集众商共议,即"公议"的形式构建起一整套管理运作制度,议订条规,规范交易行为,同时对内裁决成员间的纠纷,对外为成员提供集体保护,维护其利益。乾隆时期,陕西、湖广商人贩运棉花至重庆发卖,常常因秤斤问题发生纠纷,虽官府设置针秤,但"年久弊生,较前尤甚,故买卖争竞"。乾隆五十八年(1793 年),请凭八省客首公议,将推叫斤数加入秤内,比较花秤秤码,"以一千七百二十八两为一百,铸有铁制,以冀永远无紊"。[2] 嘉庆六年(1801 年),九河绅客吕应荣等与行户再次发生矛盾,巴县"批仰八省客长协同行户等议复夺",八省"遵委公议,两愿遵照旧规……"[3]嘉庆二十二年(1817 年),重庆始建八省公所,"一切行规,悉以公所刊立石碑为断"。[4] 八省会馆实际上已成为一个跨省、跨行业的工商管理机关,代替政府行使行政管理权。当时重庆几乎所有的商业纠纷都要经过八省会馆调处,即使最终判决是由官府作出的,也往往遵循八省会馆提出的解决方案。

会员之间发生商业纠纷,须先由会馆董事或会首进行调解;如果属于重大争议事件,则须由会首召集全体会员进行公议,评判是非曲直。若会员不先将纠纷交由会馆裁决,而是直接控至官府,则会受到会馆的处罚。[5] 美国传教士玛高温(D. J. Macgowan)曾在其《中国的行会》一书中有过如此记述:"本行会公同议定:凡本会成员之间所发生的钱财方面的争端,均应服从本会仲裁,在仲裁会上将尽最大的努力就争端达成一项满意的协议。如果证明双方仍无法达成谅解,可以向官方上诉;但是,如果原告(上诉人)直接诉诸官方,而不是首先求助于行会,则其将受到公众的谴责,而且,其以后再求助于

[1] 全汉升著:《中国行会制度史》,台北,食货出版社有限公司 1986 年版,第 115 页。

[2] 窦季良编:《同乡组织之研究》,台北,正中书局 1943 年版,第 70 页。

[3] 《嘉庆六年四月初七日巴县告示》,载四川大学历史系、四川省档案馆编:《清代乾嘉道巴县档案选编》(上册),四川大学出版社 1989 年版,第 238 页。

[4] 《咸丰六年十月初二日行户黄泰茂等禀》,四川省档案馆藏,巴县档案全宗,6 - 4 - 909 - 17。转引自陈亚平编著:《寻求规则与秩序:18 - 19 世纪重庆商人组织的研究》,科学出版社 2014 年版,第 167 页。

[5] 全汉升著:《中国行会制度史》,台北,食货出版有限公司 1986 年版,第 118 ~ 119 页。

行会之事,将不再受理。行会不仅在财务纠纷上有权裁决,而且对于行会成员之间的一般性纷争也具有调停的职能。"[1]这份记述清楚地说明了会馆公所(这里所言的行会实际上就是指会馆公所这类商人团体组织)解决成员间商事纠纷的程序—"仲裁—起诉"、方式—"仲裁会",并且这一程序和方式是得到全体成员的承认的,如有违反则会受到相应处罚,如"不再受理"、罚钱或罚唱戏等,甚者会将其排斥出组织,并在商业往来中对其进行抵制。这里需要注意的是纠纷解决方式——"仲裁会"。无疑,"仲裁"是表明会馆公所在纠纷解决过程中的立场,但由于这则材料为美国人所著,"仲裁"同时也意味着非单个人所主持,恰与"会"相合,从而间接说明了解决纠纷需要众人开会公议这一习惯事实。清末进行的商事习惯调查对此也有所记载:"凡同业争议不决者,由会馆现行评议……湘潭纯阳堂公规有云:鼠细雀故,先请值年,理讫,不得迳用传单。若值年处理不清,始开公会评议,此种规约,其裨益同业,盖非浅鲜矣。"[2]

为阐明会规此类规定的宗旨,消除会员对能否公平裁决的担心,同时也是为了阻止会员不经会馆公所直接将纠纷诉至官府。在一般情况下,会馆公所都会作出如下规定:"此地本会之同乡,既有从事商业交易,具有往来账簿者,也有空手投机之人。在他们之中不发生争执是不可能的。如果此类事情发生,行会将以最有利于各方的方式排难解纷。本会在处理此类纷争之时,将持平公允,澄清事实,无所偏袒,表现出充分的合理和公平。"[3]正是由于有如此规定,会馆公所才能长期在商事纠纷的解决中居于重要地位,成为民间商事解纷机制的关键一环。

在会员与外界发生争执时,也必须先诉至会馆,由会馆出面处理,以免会员因个体势单力孤而遭受欺负。只要证据充分,要求正当、公正,会馆就一定

---

〔1〕[美]玛高温:"中国的行会",载彭泽益主编:《中国工商行会史料集》,中华书局1995年版,第10页。

〔2〕《湖南商事习惯报告书》,载彭泽益主编:《中国工商行会史料集》,中华书局1995年版,第114页。

〔3〕[美]玛高温:"中国的行会",载彭泽益主编:《中国工商行会史料集》,中华书局1995年版,第10页。

会站在会员的立场上,坚决维护其利益。设若会员确有冤情须诉,但因拙于能力而未成功时,会馆将向官府呈送一份集体请愿书,以求公正裁决,并且可以承担部分诉讼费用。但是如果一经查出原告案件不足轻重、毫无价值,或者麻烦是来自赌博、放荡生活等,会馆将对原告所有希望帮助的请求都不予受理。

总之,会馆基本上都是通过集众公议的形式来解决商事纠纷,对内是通过公议判定是非,直接介入纠纷的解决;而对外则通过公议做出是否支持的决定,属于间接介入。这里需要加以补充说明的是,一般情况下,会馆等商人组织是在两造中的双方或某一方投鸣至会首或会馆之后才开始着手解决商事纠纷,但也存在"官批民调"的情况。例如,重庆巴县档案中记载:嘉庆四年,盐鱼行与山货、广杂货行争夺鱼货生意,双方互控至官府,官府则委托八省客长等人公议;道光九年(1829年),詹尚达、汪锦华因合伙发生纠纷,詹控诉至官府,称汪锦华谋夺铺子,汪则控称詹某与其舅黄某踞铺霸贸,官府则是批令八省客长约坊街邻查明;道光二十年,巴县土布铺不肯继续帮办布行的差务费用,布行在自行协商无果后诉至官府,官府则委托八省客长邀集众人商议等。[1] 类似的案例在巴县档案中还有很多,兹不赘举。另外,巴县档案中还有一些由街邻、约保、厢长等理剖查明的商事纠纷案例。根据张渝的统计,在重庆巴县档案中所登载的商事诉讼案件中,大约有20%的案件在控诉至官府前曾经寻求过民间调解。[2] 这些档案史料说明了虽然清代商事诉讼在不断增多,但民间解决仍是商事纠纷的重要救济途径之一。而我们今天因所能见到的有关传统商事纠纷的原始史料大多是官方诉讼档案,纠纷的民间解决史料阙如而形成的商事纠纷大都呈控至官府的印象,也被证明是错误的。

二、欧洲商事解纷形式——商事裁判

历史学家业已证明,西方商业资本主义发源于11~12世纪——一个庄

---

[1] 四川省档案馆、四川大学历史系编:《清代乾嘉道巴县档案选编》,四川大学出版社1991年版,第338页、第386页、第391~392页。

[2] 张渝著:《清代中期重庆的商业规则与秩序》,中国政法大学出版社2010年版,第175页。

园生产方式和封建阶级关系的全盛时期。伴随着商业革命的蓬勃展开，近代西方商法的基本概念和制度得以形成，商法也因此“被人们看做是一个完整的、不断发展的体系，看做是一种法律体系”。[1] 与当时其他主要法律体系一样，商法也具有客观、普遍、互惠、参与裁判制、整体以及发展特性。本书所言的商事裁判即是由其参与裁判制这一特性发展而来的。

其时，拥有商事管辖权的法院有市场法院、集市法院、商人行会法院、城市法院。市场法院和集市法院的法官由市场或集市的商人们从其成员之中选出；行会法院一般是由行会首脑或其代表组成，但在商事案件中则经常选择2～3名行会的商人成员担任陪审员；城市商事法院也基本上是由商人们选举的同行组成。1154年意大利米兰城公布一项法律，准许选举“商人领事”审理商事案件。在英国，这种法庭有一个很生动的名称——“灰脚法庭”，因为到法庭进行诉讼的商人，脚上还沾染着旅途的灰尘。[2] 很快，这种法庭就成为公众权威所认可的固定的法庭。这一做法随后扩散到意大利其他许多城市，也被欧洲其他许多城市所效仿。应该说，各种类型的商事法院在欧洲各地已逐渐发展出来，包括港口城镇的地方海事法院。

无论哪种类型的商事法院，其审理程序都具有迅速和非正式的特性。例如，集市法院的审判必须在商人脚上的尘土未掉落前完结，海事法院的审判则应该在“潮汐之间”完结，行会法院和城镇法院则要求在“一天以内”完结。上诉常常是被禁止的，不仅专业法律家被排除于审理程序之外，而且专门的法律争论也引起反感。另外，法院在审理商事诉讼过程中应该“由衡平法支配”，“应该按照良心和公平原则”去处理。[3] 可见，商事法院在程序和审理上与其他城市法院和王室法院截然有别。毫无疑问，商事法院所具有的这些特征是与商业需要相一致的，既是商业革命的产物，同时也是商业革命的组

---

〔1〕［美］哈罗德·J. 伯尔曼著：《法律与革命——西方法律传统的形成》，贺卫方等译，中国大百科全书出版社1993年版，第412页。

〔2〕［比利时］亨利·皮朗著：《中世纪欧洲经济社会史》，乐文译，上海人民出版社2014年第2版，第36页。

〔3〕［美］哈罗德·J. 伯尔曼著：《法律与革命——西方法律传统的形成》，贺卫方等译，中国大百科全书出版社1993年版，第429页。

成部分,还可以说是促进商业革命的部分动力。正如伯尔曼所言,“这一特征可以从正反两个方面加以估价,因为它有助于单个商事案件的公正解决,同时,它也有助于使商法与教会的、王室的,甚至城市的控制相隔离,并维护商人的特权”。[1]

需要指出的是,城市法是伴随着中世纪西欧城市的兴起、城市不同程度的独立、自治地位的获得逐步发展起来的。其时的行会章程、市民在长期的城市生活和商业交易中自发形成的各种习惯以及城市法院的判例已经是城市法的重要法律渊源。

17 世纪,随着成文商法典的制定,商事裁判的有关内容成为其重要组成部分。1673 年法国国王路易十四颁布了法国《陆上商事条例》,共 12 章 112 条,包括商人、票据、破产、商事裁判、管辖等,其中规定商事司法由商人担任法官的商事法院职掌。1681 年法国国王又颁布了《海事条例》,其内容包括海上裁判所、海员及船员、海事契约、港口警察、海上渔猎五编,类似于后来的海商法。该法的主要作用在于排除奥勒伦海法和康苏拉度海法对法国海事活动的适用,加强王室对海事贸易的控制。

1807 年以《陆上商事条例》和《海事条例》为基础,法国率先制定了统一的《法国商法典》,开创了民商法分立体例之先河。该法典摒弃了古典商法中的商人法主义立场,而以商行为观念作为其立法基础,成为后世商行为法之立法主义精神的滥觞。该商法典共 4 篇,计 648 条。其第一篇为通则,第二篇为海商,第三篇为破产,第四篇为商事裁判。其第四篇主要规定了商事法院、商事诉讼及仲裁程序等内容。此后,欧洲的很多其他国家,如瑞士、意大利、德国等均仿效法国也制定出商法典。

与欧洲大陆法系相类似,早在 15 世纪初,英国法中就已经渗入了大量的商人法内容。此后几百年间,英国法不仅建立了仅适用于商人的一系列商业法律制度,如商业登记制度、公司制度、商业账簿制度、商人信用制度、商业信

---

〔1〕[美]哈罗德·J. 伯尔曼著:《法律与革命——西方法律传统的形成》,贺卫方等译,中国大百科全书出版社 1993 年版,第 430 页。

贷和利息制度、商事买卖和代理制度等，而且还逐步发展起近代的商人习惯法、商人法庭、海事法庭、商事仲裁等独特的制度。英国早期的商事法带有浓厚的商人自治和商人特权色彩，凡主张适用商人法的当事人，首先须证明其商主体地位。18 世纪中叶时，以曼斯菲尔德（Mansifield）大法官为代表的一批法学，力主将商人法的适用范围扩展于一切与营利性商业营业有关的当事人间，由此形成了"客观主义商法"的法律改革，其意义与法国的商行为法主义异曲同工。按照英美法学者的意见，尽管在英美法中不存在类似于大陆法那样统一的商法典，但是"商法"或"商业法"的观念却是深入人心的。许多英美法学者甚至认为：商事法，特别是其中的票据法和海商法并不是任何一个国家的法律，而是所有国家的一般法律。

这里需要特别提出的是欧洲商事仲裁制度的形成和发展。与商法一样，商事仲裁的形成和发展也与商业经济的发展密切相关。

如前所述，此时期的商事裁判机制是伴随地中海沿岸、大西洋沿岸、波罗的海沿岸以及北海沿岸等地区商业经济的蓬勃发展而形成的。与这些沿海商业城市不同，中世纪的欧洲大陆仍继续被封建法和寺院法所支配，一些商业活动如放贷收息、商业投机、差价营利等被明令禁止，即使是一些商业中介、正常的债权交易也被认为是违法，甚至许多国家法律还对商人加以歧视。当时，如果有任何商业纠纷，商人之间就选一个或几个双方信得过的人来裁判他们的纠纷，这就是现代商事仲裁的最初雏形，可以称之为临时仲裁。

所谓临时仲裁，是指不由任何已设立的仲裁机构进行正规管理，而由当事人双方对某个仲裁案自行创设自己的仲裁程序，一般要求争议各方及其律师以及仲裁员能够在一起共事。该仲裁机制具有如下几个特点：第一，跨国性和统一性，不同国家的商人之间均采用相同办法，运用相同的游戏规则来处理纠纷；第二，程序简单，不拘泥于形式；第三，案件的处理结果应该公平合理；第四，裁决结束后即宣告解散。后来，由于国家中央集权的强调，上述特点除第一个外，其余基本上都被保留了下来，并在新出现的一些专门提供仲裁服务的机构中得到进一步发展，为今天的国际商事仲裁所沿用。

在仲裁产生后相当长的一段时间内，它几乎不受法律调整。当事人有权自己选择仲裁规则和实体法作为裁断依据,即使当事人没有选择实体法,仲裁人也可以根据"善良和公平"标准或选择自认为适用的法律来居中裁判。仲裁结果也是依赖于当事人的自觉或仲裁人的个人威望而强制执行。随着商品经济的发展,仲裁所具有的一些优势凸显出来,逐渐制度化、法律化。

早在1359年瑞典就有一个地方法典把仲裁作为解决纠纷的手段列入其法令条例中;1669年瑞典更是通过立法赋予了仲裁裁决书司法上的强制执行力;1887年,瑞典制定了第一个仲裁法令,1929年通过了《瑞典仲裁法》。[1] 现在瑞典的民事纠纷,95%都是通过调解或仲裁解决的,只有5%的纠纷由法院判决,由此可看出仲裁对当地社会生活的影响力。

在英国,1347年的一部年鉴中就有关于仲裁的记载。1697年英国议会正式承认仲裁制度,通过第一个仲裁法案;1889年英国制定通过了世界上第一部仲裁法。[2] 此后,欧洲仲裁包括临时仲裁和机构仲裁都得到了较大发展。由于它具有便利、公正的特点,所以在社会中得到了广泛的认同。

值得我们注意的是,无论是在商事法院的司法实践中,还是在商事仲裁过程中,欧洲的商人行会都在其中起着重要作用。由于商业贸易的发展与封建法制之间产生了尖锐冲突,欧洲最早的商人自保护组织——基尔特(即行会)相应出现。基尔特组织出现的最初目的在于通过行业自治和行业习惯来协调商人之间的关系,处理商人之间的纠纷,以反抗封建法制。从11世纪至14世纪,随着基尔特组织的发展和壮大,其职能不断扩展,如认可和接纳商人、制定编纂商业习惯规约、组织商事法庭、裁判商事纠纷等都被收入囊中。而随着商业活动日益频繁,范围不断扩展,原本通行于沿海商业城市的商业惯例(或称之为商业习惯法)也扩展至整个欧洲大陆。基尔特组织在商人及商业活动中的影响力也越发明显,逐渐成为商事仲裁的主要力量。

总之,自中世纪以来,商事法院和商事仲裁共同构成了欧洲商事纠纷解

---

〔1〕 William H. Gill, *Arbitration Law*, Sweet & Maxwell Publishing House, London, 1975, p. 1,转引自汪祖兴著:《国际商会仲裁研究》,法律出版社2005年版,第2页。

〔2〕 William F. Fox, Jr., *International Commercial Agreements*, Kluwer Law International, 1992, p. 243,转引自汪祖兴著:《国际商会仲裁研究》,法律出版社2005年版,第2页。

决的主要方式,而这两种主要解决途径又与商人行会组织有着紧密联系,不仅其组成或形成有商人行会的参与,而且在具体的纠纷解决中商人行会也起着重要的影响作用。援用加拿大注明法学家帕特里克·格伦的话,欧洲近代以来的商事裁判机制兼具大陆法传统"以人为本"和普通法传统"审判之德"。[1]

比较公议和商事裁判这两种纠纷的解决方式,我们会发现两者之间既存在一些共通之处,又存在一些不同点。扼要来说,主要有如下三个方面:

首先,无论东西方,商人或商人组织在商事纠纷的解决中地位都很重要,影响力很大。唐宋以降,随着商业贸易的日渐发达,商人组织发展迅速,遍及全国各地大小商业市镇,在联乡谊、睦乡情之外,调解处理各种商事纠纷已是其日常活动之一;而在欧洲,商人组织也是遍及各大小商业城市,商人不仅参与商事纠纷的处理,甚且组织成立商人法院,专司裁决商事纠纷。他们都为所在地商业秩序的有序运行发挥了巨大作用。

不同的是,东西方商人和商人组织的政治法律地位不同,独立性差别明显。在中国,虽然商人的经济财富在持续增长,但商人和商人组织在社会结构中始终为官府所压制,政治法律地位较弱,只是官府管控社会机制中的重要辅助,并非不可或缺,独立性阙如;与此相反,欧洲商人在社会中的政治法律地位很高,亲身参与国家政治活动,如国家的立法、司法等,是国家政治法律机构的重要组成部分,独立性明显。

其次,在商事纠纷的解决依据上,东西方一样,都是以商事习惯法为主。不同的是,在中国,商事习惯虽然是商人和商人组织裁判商事纠纷的主要依据,但严格来说,商事习惯在传统中国不属于正式法律体系之列,因而其地位和效力的实现就须依赖于官府的支持或认可,其在具体实践中的效果需要重新评估;欧洲则不同,商事习惯法是国家(城市)法律制度的重要渊源之一,为国家和商人所切实遵行,其法律效力毋庸置疑,实施效果自然也不可同日而语。

---

〔1〕［加］帕特里克·格伦著:《世界法律传统:法律的持续多样性》,李立红、黄英亮、姚玲译,北京大学出版社 2009 年版,第 5 章"大陆法传统:以人为本"和第 7 章"普通法传统:审判之德"。

最后,无论是中国还是欧洲,就商事纠纷的处理来说,都有国家正式的司法裁判和民间非正式方式两种途径,如中国有官府审理和商人(商人组织)调解,欧洲则有法院裁判和仲裁。在一般情况下,中国商人一般多愿意选择商人(商人组织)调解,即公议,欧洲商人也似乎更愿意选择仲裁。可见,东西方社会传统有着惊人的相似。然而,这种相似背后却隐藏着深刻的不同:民间非正式解决方式在东西方的待遇不同。在中国,公议只是官府审理的辅助,存废在乎官府一念之间,非属国家正式序列,而欧洲则不然,仲裁经过一段时间发展后,成为国家法律制度的正式一员。商人选择的原因也有所差异,中国商人是出于避免倾家荡产、降低诉讼成本的目的,欧洲商人则是基于寻求公平合理的结果这一前提。

当然,上述异同,更多的是基于中国传统社会中的"公议"和欧洲的"商事仲裁"两者之间的比较而来。但也正是这些共通之处,为近代中国政商两界精英的商事司法制度模式选择提供了思路,从而为近代中国商事公断制度的建构提供了范式。钟天伟就曾对中西商情进行比较,认为"西国以商税为岁入之大宗,故视工商为国家之命脉。各埠均设商会,京都且设总会,而延绅爵为之领袖。其权足与议院相抗,每有屈抑,许径诉巴力门衙门,故商人得恃无恐,贸易盛而国势日强。中国则不然,目商贾为市侩,薄工艺为细民,平日抑勒百端,有事视为鱼肉,故其势涣散,而不能自立,更何能与洋商颉颃?"[1]类似的看法甚多,如汪康年就认为"不明许商人立会,致商人无自主之权",是近代中国商人陷入困境的根源之一。[2] 还有论者就西方各国的相关制度进行了分析,认为西方各国保护工商,除具备有形的兵力以"维持内国地方志秩序,保护海外侨民之安谧"、无形的法律可以"防患杜弊止讼息争,使一班工商隐然受其惠而不觉"外,尚有各种公设机关和私设机关,前者有理财局、主税局、监督局、通商局、商工局、特许局、商事裁判所、贸易事务官等,后者则包括商业会议所、同业组合、手形交换所、商业征信所、商品陈列所、劝业博览

---

〔1〕 钟天伟:"扩充商务十条——上南皮张制军",载邵之棠辑:《皇朝经世文统编》卷五十七,理财部二·商务。

〔2〕 汪康年:"商战论",载陈忠倚辑:《皇朝经世文三编》卷三十,户政八·商务二。

会等。[1] 可见，在时人的心目中，仿效西方诸国设立商会，是振兴中国商业、保护华商利益之重要举措。近代中国商会自成立之日起，就担负着沉重的历史使命，虽然以振商、护商、联商为主要宗旨，但也兼具西方公设机关如商事裁判所、贸易事务官等职能。由此，“公断”制度得以出现。

三、近代中国商事解纷形式——公断

什么是“公断”？“公断”一词对于中国人来说并不陌生。在古代一些律学著作或判牍中，“断”一般是用来表示“裁断”或“审断”的意思，如“慈而有断”、“为理主断不过掺也，必慈以制其忍；为令主慈不过纵也，必断以去其滞”。[2] 当然，其中也内蕴有秉公裁断的意思。公断就是对“举公义，释私怨”行为的描述。《辞海》则将其解释为“仲裁的另一名称”。[3] 可见，“公断”一词有三层含义：其一，秉公裁断。例如，郑观应《盛世危言·日报》云：“如有无端詆毁、勒诈财贿，祇准其禀明上司委员公断，以存三代之公。”山西晋剧《明公断》中的“公断”也有此义。其二，官府判决。例如，《老残游记》第十四回：“赎身一事又分两层：以私商为第一步，公断为第二步。”其三，仲裁的另一名称。此种用法常见于现代民法理论著作中。而在本书中，“公断”取第一层含义。理由基于如下几点：第一，本书中的“公断”主体并非官府，而是商人团体组织，属于与国家相对的社会；第二，公断主体在“公断”中的立场和地位均属中立，与两造并无直接利益纠葛；第三，公断的结果对于两造并无强制拘束力，仅存在一种内在的约束力，两造可以依凭自己意愿来决定是否遵行。应该说，近代政商精英选择用“公断”一词来指涉商会裁决商事纠纷之机制，大体也是出于如斯考虑，其一是希望商会始终能秉持中立立场，其二则是希图借此明示商会理案行为与国家司法行为之不同，以期其能够维护商民利益，维护商界利益。

在浩繁的近代商会档案中，“公断”一词可以说是商会解纷行为的另一

〔1〕佚名：“论今日亟当振兴实业”，载《申报》1912年4月29日、4月30日。
〔2〕（清）贺具生：“《理信存稿》跋”，载黎士宏著：《理信存稿》，清康熙九年刻本。
〔3〕《辞海》1999年版缩印本，上海辞书出版社2000年版，第796页。

种表述。即使是在清末商会初建时期，商会本身也对“公议”与“公断”有着明确区分。我们可以从上海商务总会在1904年制定的《第二次暂行试办详细章程》以及1907年《第三次禀定详细章程九十二条》中发现例证。[1] 在这两部章程中，“公议”与“公断”都出现多次，尤以前者为显，但用法有明显差异。其中，“公议”主要适用于涉及集体利益之事，如经费的收支使用及存放、章程的修改、程序的更定、会员的资格认定，以及关涉商务之重大事件等，而“公断”则只是针对商事纠纷的解决。民国时期，不仅拥有解决商事纠纷之权的商会附设解纷机构被明确定名为“商事公断处”，国家还制定和颁布了相关的公断章程。可见，以“公断”描述近代商会的理案解纷行为是极为合适的。

无疑，近代中国的“公断”一词虽然其含义未有大的变化，但由于它与学习西方、与洋商争利的商战等联系在一起，加上政府的法律规制，最终促使其发展成为一项卓有成效且影响深远的商事解纷机制，并且由商事领域拓展至民事领域。故而，在一定意义上，“公断”一词的近代勃兴其实也表征着近代商事法制的发展，反映了社会精英观念意识的一种变化。需要指出的是，近代中国的公断制度与今天民法上的“公断”同名异质，后者乃是仲裁的另一名称，而前者则是一个“混合物”。[2]

自1902年第一个商会设立伊始，解决商事纠纷就是其重要职能之一。《上海商业会议公所第一次核定章程六条》规定：“遇有应会之期，应议之事，必须群集相议。……特会者，遇有不平之事，欲求申诉，由受屈之人先三日将事由告知，本公所刊发传单，邀集公正绅商，届期同为调处，以评区直，捏诬者受罚。”“本公所有关商务大局者，不能不秉公与闻，以陈积弊，如有亏负倒欠等案事，可曲谅其短，即邀集商董会议了结，固可省事息争，万一奸猾之徒，难以理喻，立即详请商宪严饬地方官按律惩办，以儆效尤。”[3] 随后，1904年颁

[1] 上海市工商联合会等编：《上海总商会组织史资料汇编》（上），上海古籍出版社2004年版，第69~79页、第81~94页。

[2] 张松：“民初的商事公断法律性质浅析”，载《南京大学法律评论》2011年春季号。

[3] 上海市工商联合会等编：《上海总商会组织史资料汇编》（上），上海古籍出版社2004年版，第49~50页。

布的《商会简明章程》规定："凡华商遇有纠葛，可赴商会告知总理，定期邀集各董秉公理论，以众公断。如两造尚不折服，任其具禀地方官核办。"[1]从法律上明确了商会有对商事纠纷进行调解公断的权利，如果调解不成，双方仍可以诉诸官府。以此为契机，各地商会不仅将该条权利写进自己的章程细则之中，还纷纷创设专门受理商务纠纷的裁判机构，如苏州商会设有理案处，有若干专门理案员；天津商会则设立评议处，以素有名望的商人担任评议员；成都商务总会则创设了商事公断处。

1906年商部颁发商会理结讼案统一格式，并对此加以说明：各商会"凡遇各业此等倒欠钱债讼案，一以竭力劝导，从速理结，以息讼累为宗旨。故凡有赴商局控追以及奉督宪发局饬讯之案，皆由议员饬由该会各业商董遵照奏定章程，传齐中证，开会集议，凭两造当面秉公议劝理结，俾其勿延讼累"。[2]商会也就取代商务局成为正式的受理商事纠纷的组织。"商会从事受理商事纠纷的活动，不仅是工商业者的殷切期待，并且得到了清政府的认可，而不是商会自行其是地独断专行，这也是市民社会独立从事有关社会活动的一个明显特征。"[3]以此为契机，各地商会纷纷设立商事裁判所，专门负责受理商事纠纷。当时的报纸就曾对此加以评论，认为：过去只能有评论曲直之权，无裁判商号诉讼之权，"今若此是，商会俨然公庭"。[4] 此时的商会实质上已享有一定的司法裁判权。例如1909年，在天津从事采购药材的商号全盛祥，积欠津商货银79900余两，因无力偿还而逃遁。天津药材商无处讨回债务，不堪蒙受巨大损失，只得呈请天津商务总会受理，请求查封全盛祥。天津商务总会收到呈文后，立即派员查实，随后查封全盛祥所有存货及财产，并将其存货与财产变卖偿还债主，在一定程度上弥补了天津药材商及其他各商号的

[1] 《东方杂志》1904年第1期。

[2] 《大清光绪新法令》（第16册），上海商务印书馆宣统二年铅印本，第38页。

[3] 朱英著：《转型时期的社会与国家——以近代中国商会为主体的历史透视》，华中师范大学出版社1997年版，第294页。

[4] "保定商会设裁判所讼案"，载《华商联合报》1909年第8期。

损失。[1]

1907 年成都商会改商事公断处为商事裁判所,开国内之先河。商事裁判所的宗旨为"以和平处理商事之纠葛,以保商规、急商累",使"工商界免受官府之讼累,复固团体之感情"。[2] 设立商事裁判所得到全国广大商界的支持,1909 年 11 月 19 ~ 20 日,在上海召开的第一次商法讨论会讨论商法草案提纲时,就有代表提出"各商会宜自设商事裁判所,免与官吏交涉",[3]但最终并没有得到政府的支持。

民国成立后,北京政府对于成立"商事裁判所"继续持反对态度。1912 年 11 月 1 日 ~12 月 5 日,北京政府在北京召开了临时工商会议。司法部将拟订的关于在商会内附设商事公断处的章程交给工商部会核,结果遭到四川商会代表盛在珦的强烈反对,"设立商事公断处仅能调处事件,于法律上仍无裨益,应请仿照法国制度另设商事裁判所专司商业诉讼"。[4] 司法部对此明确反对,于 1913 年 1 月 16 日致函工商部称:"惟法院之设立废止,通例皆以法律定之,增设法庭必有法文以为根据。现在法院编制法另有民事刑事分庭,并无得设裁判所之规定,径自设立既有非法之嫌,追加条文又侵立法权限。但据称商事最贵敏捷,诉治繁多,不免延搁之弊。此种情形实为事实,所有既有充分之理由即不可不有补救之办法,本部现状变通办理,暂就商埠及商务繁盛之区地方审判厅内酌加民事法庭专理商事诉讼,庶几不居商事裁判之名而有商事裁判所之实,即不违反惯习亦不轶越法文。"[5]此后,工商部曾提出变通办法,于各大商埠及商务繁盛之区添设商事裁判所,其余普通商会地方如有设立必要者于地方审判厅酌加民事法庭专理商事诉讼,但还是遭到了司法部的婉拒。

---

〔1〕 天津市档案馆等编:《天津商会档案汇编(1903 ~ 1911)》(上册),天津人民出版社 1989 年版,第 861 页。虽然该案件本土保护主义色彩很浓,但却从侧面表明当时商会的权限较大。

〔2〕《四川成都商会商事裁判所规则》,载《华商联合报》第 17 期。

〔3〕 天津市档案馆等编:《天津商会档案汇编(1903 ~ 1911)》(上册),天津人民出版社 1989 年版,第 286 页。

〔4〕"工商部致司法部据工商会议议决设商事裁判所函",载《中央商学会杂志》第 1 卷第 2 册。

〔5〕"司法部因商事裁判所一案复工商部函",载《中央商学会杂志》第 1 卷第 2 册。

在上海总商会的呈请下，司法与农工商两部对商会进行改组，规范商会理案行为，明令各商会必须设立商事公断处，对商事纠纷进行仲裁，从而减轻官方司法裁判组织的压力。1913 年 1 月 30 日北洋政府司法、农商两部公布《商事公断处章程》，同年 7 月 28 日、次年（1914 年）11 月 19 日又两次对其进行了修正。章程总则规定："商事公断处附设于各商会，公断处对于商人间商事之争议立于仲裁地位以息讼和解为主旨"；公断处设处长一人，评议员九至二十人，调查员二至六人，书记员二至六人。[1] 公断处的权限主要在两方面：一是两造商人自行声请者；二是法院委托者。

至此，商事公断处成为合法的民间商事裁判专门机构，直至 1949 年中华人民共和国成立，才逐渐退出历史舞台。

四、解纷形式近代嬗变之原因

自清迄至民国，虽然政府始终在努力进行"法律建构"，试图规制弊端，消解日益滋长的纠纷积案，却未臻成效，商事纠纷的民间解决途径始终能够存在，其原因何在？

首先，官方与民间的一致需求是商事纠纷民间解决途径始终能够存在的主要原因。明清以降，伴随着商业经济的快速发展，商事纠纷日益滋多。这一点我们可以从宋元以来有关"健讼"与"息讼"、"惧讼"的记载中略知一二。对于堆积如山的讼案（包括积案），仅凭官府有限的人力和物力去解决，显然是力有未逮。而儒家素来"重义轻利"的观念虽然在宋元时期有所变化，如"义利双行"观念的出现，但重义的一面却未有根本改变。因此，视"钱债"为"细务"在政府官员心目中也就成为"天经地义"，而将"钱债纠纷"交由社会自行解决更是理所当然。就商民来说，民间解决存在便捷、维权成本低且能实现"双赢"（纠纷两造能够和谐相处，不致成仇）等优点，自然成为一般情况下他们的首选。加之官府部分官员对"钱债纠纷"的漠视与拖延，甚至从中渔利，致使一些诉讼人因此家破人亡，更是加剧了商民的"惧讼"心理，宁愿

---

〔1〕"商事公断处章程"，载前司法部编：《增订司法例规》第五类"民事公断"。

通过第三方调处,乃至让渡部分利益,破财消灾,也不想起诉至官府。

其次,商事纠纷民间解决的良好效果也是该解纷途径存在的重要原因。虽然目前尚未发现有资料证明传统会馆公所解决商事纠纷的效果如何,但我们还是可以从一些相关史料间接推知其成效应不致太差。而近代商会处理商事纠纷的效果则有确证。据学者统计,仅苏州总商会自 1905 年成立至次年 12 月就受理各种商事纠纷达 70 余起,其中 70% 以上顺利结案,迁延未结而纠讼于官府的不到 30%;到 1911 年 8 月,共计受理讼案 380 余起。[1] 正是因为会馆公所及商会的理案效果,才使商事纠纷的民间解决途径始终有其存在的必要性和可能性。"存在即是合理"固然有以偏概全之虞,但也从侧面说明其有着实际价值。

最后,制度的缺失也是一个不可忽视的重要因素。秦汉以来,州县是政府架构的最低层级,人员少,而管辖的范围及人口却很大,国家对乡村社会的统治须借助地方精英来实现。由于政府的管理目标在于社会秩序稳定与政权巩固,因而其重点是防范与惩治犯罪,亦即以刑盗命案为核心,"钱债"等民商纠纷则被置于次要地位。这种模式直至民国时期仍沿用不辍。就法律制度而言,先秦以来的国家制定法中始终只有寥寥数条有关商事行为的规定,如《唐律疏议·杂律》中的"校斛斗秤度"、"器用绢布行滥"、"市司评物价"、"私作斛斗秤度"、"买卖不和较固"等律文,明律"市廛"门的"私充牙行埠头"、"市司评物价"、"把持行市"、"私造斛斗秤尺"、"器用绢不如法"。[2] 这些条款的目的是规范和维护交易秩序,即将商业交易这一关系作为调整对象,并以刑罚作为调控手段,具有鲜明的公法性质;而对于交易行为中的具体违法行为则缺少规定,导致无法可依。这一现象在晚清民国时期虽然有所改变,但因诸多条款舶自西方,所以实际可操作性不强。从政治架构到法律条文的缺失为商事纠纷的民间解决途径提供了生存空间。

然而,随着社会经济形势的急剧变迁,传统的社会管理模式逐渐变得不

---

〔1〕 马敏著:《马敏自选集》,华中理工大学出版社 1999 年版,第 285 ~ 286 页。

〔2〕 清律与明律基本相同。参见薛允升著:《唐明律合编》,法律出版社 1999 年版;或参见法律出版社的中华传世法典之《唐律疏议》、《大明律》、《大清律例》。

合时宜,亟待更张。商事纠纷的民间解决形式也需要与时俱进,从传统会馆公所的“公议”逐渐走向近代商会的“公断”就变成大势所趋。由于近代中国的政治、经济、文化诸方面均发生显著转变,致使近代中国的商事“公断”与传统的“公议”明显不同,发生质变。下面就对引致这些变化的因素进行初步分析。

第一,社会经济从传统的道德型向近现代的市场型转变。明清时期的商业经济仍处于快速发展之中,商品经济日渐发达,形成全国性的产业分工和区域性市场格局。[1] 步德茂的研究表明,在整个18世纪,人口增长的不堪重负和市场的诱惑力逐渐改变了农村经济的面貌,侵蚀着既存的经济制度以及合作、互惠的原则,传统的强调非正式制度、传统、风俗和道德信仰等经济行为开始发生渐变,中国经济已经开始萌生出“前资本主义社会”的一般特征——高度私人化的经济交换形式。[2] 易言之,在18~19世纪中叶,社会经济已从传统的道德型向市场型转变,只是这种转变的速度比较缓慢。19世纪中叶以后,由于条约制度及通商口岸的确立,对外贸易不断扩大,中国经济受外资的影响逐渐增大,被裹挟着融入世界经济洪流,市场化速度不断加快。譬如同治元年(1862年),登州与牛庄的大豆贸易开始解禁,向外国船只开放,给依靠南北帆船贸易维持生计的航运业以巨大打击。再如近代银行在口岸城市的设立,也给本土的票号、钱庄等传统金融业以剧烈冲击。市场化程度的提高,尤其是中方在对外贸易中长期处于劣势地位,促使商业精英们有了新的制度要求,从而才有了近代商会的诞生,有了近代商事公断制度的出台。

第二,官方的态度发生了变化。前文已经述及,古代中国政府对于社会的控制采取的是一种间接手段,商人会馆公所是有利于政府管理商人的,因而政府对其持支持态度。有关碑刻资料及诉讼档案可以证实这一点。商会

〔1〕［日］山本进著:《清代社会经济史》,李继锋、李天逸译,贾国山审校,山东画报出版社2012年版,第3~8页。

〔2〕［美］步德茂著:《过失杀人、市场与道德经济——18世纪中国财产权的暴力纠纷》,张世明、刘亚丛、陈兆肆译,张世明、［美］步德茂审校,社会科学文献出版社2008年版,第232页。

建立后,虽然其处理商事纠纷的效率大大高于官府,受到工商界人士的欢迎,也为政府部门所期许,譬如,商部就认为商会迅速裁决钱债讼案"功效所在,进步日臻",[1]但政府始终对赋予商会以合法的司法裁判权态度含糊,在承认商会享有商事纠纷裁判权的同时,也设置了诸多限制条件,以防止商会侵越地方官府的司法权限。而自晚清至民国,商事公断程序的严密化与制度化,实际上也反映出此时期政府对商会理案的支持与限制,以及商会自身对于裁决商事纠纷的自信、对商事纠纷裁判权的欲求,并因此导致双方之间的法律博弈。[2] 官方态度的前后变化,既是从"公议"向"公断"转变的诱因,又是限制"公断"向"裁判"迈进的源头。

第三,商人主体意识不断增强。1850 年以后,条约口岸的兴起以及毗邻地区生产专业化的发展,多少改变了人们的职业结构。[3] 1870 年以后,由于洋务运动的蓬勃开展,官员和士绅纷纷从商,扩大了商人队伍。1900 年时,许多人亦官亦商,致使经商活动已经变成仕途以外另一个受人尊敬的职业选择了。商人内部的"绅商"阶层,成为致力于经济现代化的富有革新精神的企业主。"这种有官绅背景的人涌入商人行列,有助于在意识形态上重新确立商人在中国社会中的地位。"[4]而开埠以来西方列强对华经济扩张日益发展的情势也刺激了商人的主体意识。1840 ~ 1894 年,外国列强在各通商口岸设立的工商金融企业总数达 857 家之多。[5] 汹涌而来的西方商品和资本,给中国传统工商业带来了严峻挑战,也使得中外商务交涉日益频繁。然而,由于中国商界相互之间既少联络,又乏统一,势单力薄,视野狭窄,在对外的商战中,屡屡以失败而告终。从朝野到民间,从政府要员到普通商民,对此均深有感受。例如,清末商务大臣盛宣怀认为:"虽有各帮董事,互分畛域,涣散

---

〔1〕《商部颁发各商会理结讼案格式》,载《东方杂志》1906 年第 8 期。

〔2〕张松:"清末民初商会与政府的法律博弈",载《求索》2011 年第 8 期。

〔3〕[美]吉尔伯特·罗兹曼主编:《中国的现代化》,国家社会科学基金"比较现代化"课题组译,江苏人民出版社 2010 年版,第 139 页。

〔4〕[美]费正清、刘广京编:《剑桥中国晚清史(1800 ~ 1911 年)》(下卷),中国社会科学出版社 1985 年版,第 409 页。

〔5〕虞和平著:《商会与早期中国现代化》,台北,东大图书股份有限公司 1995 年版,第 57 页。

不群,每与洋商交易往来,其势恒不相敌。"[1]郑观应也曾指出:"华商人心涣散,各自怀私挟诈,致使外人乘瑕蹈隙,坐收渔利。"[2]

如果说1903年清廷发布设立商部的上谕意味着国家对商人地位的正式承认与关注,那么1902年上海商业会议公所的成立则标志着商人主体意识的觉醒。在商人领袖的领导下,商会通过一系列的改革方案,把商人的活动领进社会关注的领域,商会成为当时流行的各种进步思想的大容器。"到1912年商会已呈现出完全是自身的风格和形式,商会采用了许多进步的意见和规划,并且它们不再受旧的行会组织限制来达到那些新目的。"[3]商人主体意识的不断增强,成为商事纠纷民间解决途径现代化的源动力。

除却上述诸方面外,有关制度的完善也是引起商事解纷形式近代嬗变的重要因素。如前所述,明清时期,虽然"公议"已是人们处理商事纠纷的一种常用形式,但其程序简单粗陋,且很随意,制度规制阙如。至近代,经济往来愈加频繁,需要通过完善严密的法律制度对其进行规制调整,商事纠纷的解决亦然。因此,政府通过学习西方各国,颁布一系列规章,明确其职责权限,严格其程序,一个比较缜密的制度体系已然建构起来。制度上的跨越转型所带来的直接后果就是,一种新的解纷形式——"公断"脱胎而出。

需要说明的是,虽然这里强调变化的一面,但并非否定或忽视其不变的一面。事实上,"公断"和"公议"两种形式之间有着内在的承续关系,并不是两个完全不同、没有联系的事物。而商会与传统会馆公所之间割不断、理还乱的关系,又进一步强化了这种内在联系。因此,在变的外表里面,仍保留着不变的因子。

五、小结

综上,我们发现,近代中国民间商事解纷形式的嬗变与商人组织的变迁

[1] (清)盛宣怀撰:《愚斋存稿》(第7卷),盛氏刊本1939年版,第36页。
[2] 郑观应著,夏东元编:《郑观应集》(上册),上海人民出版社1982年版,第699页。
[3] [美]陈锦江著:《清末现代企业与官商关系》,王笛、张箭译,虞和平审校,中国社会科学出版社2010年版,第236页。

是如影随形,步调一致。伴随着商人组织从会馆公所向商会的衍变,商事解纷形式也从“公同议定”(“公议”)演进为“公断”。同时,在这一演进过程中,由于经济结构的变化、政府管理社会模式与观念的渐变,以及商人主体意识的不断增强,政府与商人组织之间的关系也由传统的“官民相得”转为“官民紧张”,双方之间出现权益之争,商人组织的商事解纷行为也由相对比较单纯的自发行为转变为具有较强官府性的半官方行为,解纷风格也由以往较为随意自由向严肃严格转变。(这一点将在后文再做进一步的叙述分析)民间商事解纷形式的如斯嬗变,在一定意义上也是近代中国法律制度转型的一丝折射。它不仅反映出近代中国商界精英的法律意识变迁,同时也是近代中国政界包括法律界精英建设新型法律制度理念及设想的一个试验成果。

总之,从会馆公所到商会,从公议到公断,其中有传承(不变),有断裂(变),而这种现象也恰好反映了民间商人组织及其商事解纷机制的演进既有外部压力因素,亦有自身发展之原因。以此观之,认为近代商会“作为一种制度安排并非根源于中国传统社会内部,而是以政府主体命令和法律为引导,仿效西方商会,自上而下建立的,属于强制性制度变迁”[1]的见解,或许并不那么准确全面,而是半强制半主动。商事公断制度的建立自然也具有类似性征,在模仿学习西方“商事裁判”的同时,也承续了“公议”的历史惯性,是一场因外力冲击而产生的裂变,并在裂变中获得新生。

---

〔1〕 张东刚:“商会与近代中国的制度安排与变迁”,载《南开经济研究》2000年第1期。

第二章　商事公断处的沿革、组成与权限

自近代商会设立以来,商事纠纷裁判就是其重要职能之一,同时也是其深入参与各项社会活动、彰显自身影响力的重要途径之一。根据政府颁布的一应法律法规,各地各级商会均应成立专门机构负责商事纠纷裁判事务。虽然清末时期,各地商会裁判商事纠纷机构的叫法各异,但进入民国之后,却都有了一个统一的名称——商事公断处。以往学界对于商事公断处的历史沿革变迁、职能权限等问题关注较多,如朱英、马敏、付海燕、郑成林、常健等学者均有论及,认为自清末至民初,商事裁判机构经历了一个从简单到完善的过程,权限也日益明确具体。[1] 无疑,这一结论是符合历史事实的,揭示了近代中国商会商事裁判机构的某些共性特点。然而,这些研究几乎都是基于对上海或是苏州一地的考察,虽然具有典型性,但毕竟不能反映全貌,各地商会商事公断处的差异性特点未能呈现;同时,学界对商会领导层的人员组成情况有考察,但并未论及商事公断处,因而对商事公断处的特点形成分析就不是很深刻。笔者认为,商事公断处虽然属于商会的附设机构,但仍具有一定的独立性,其人员组成和商会领导层成员组成还是有着一些明显差别的,且其变动不像商会那样频繁,因而具有自己的一些特点,值得做进一步考察。有鉴于此,本章在既往研究的基础上,综合运用历史考证和法律分析的方法,

〔1〕 参见前述这些学者的相关论文。

对清末民初的商事公断机构,即商事公断处的历史沿革、人员组成、职能权限等进行考察,分析其中西混合、新旧杂陈的特点及成因,并比较沿海与内地间的异同,探索其共性与差异性,希冀能够呈现出商事公断处的历史多面相。

一、历史沿革

1895 年,鉴于"中国各省商行自为风气,间有公所会馆,章程不一,地方官吏更不关痒痛,公事则派捐,讼事则拖累,商之视官,政猛如虎",加之洋商和华商税赋待遇迥异,洋商运货只需正、子两税,而华商则逢关纳税,遇卡抽厘,负担畸重,何以至此?"良由官商隔阂,官既不恤商艰,商复何知官法?"[1]御史王鹏运因此奏请于各省设立商务局,"俾得维护华商,渐收利权"。该御史奏请经总理衙门议复,向皇帝建议"于省会设立商务局,由各商公举一般实稳练素有声望之绅商,派充局董,驻局办事,将各省物产行情,综其损益,逐细讲求"。[2] 1898 年,清政府谕令设立商务局,并著令刘坤一、张之洞拣派通达商务、明白公正之员绅,试办商务局事宜。[3] 同年,张之洞上奏"汉口试办商务局及应办要事八端疏",提出商务局所有应办之事有:启发、倡导、合力、塞漏、祛习、保护、体恤、奖励,其中祛习和保护就包含有兼理商事纠纷之职能。[4] 张之洞所拟办法被朝廷谕令颁行,商务局这一经略商务之机构也宣告正式成立。

1901 年袁世凯拟订《山东省试办商务局暂行章程》,经由皇帝批准颁行。该章程明确规定:"商家财产讼案,先须请董事评议,不许迳赴有司衙门,以免拖累。如董事未能了结,再赴商务局申诉,由局委员秉公调处。如无行无董各业,准其迳赴商务局控诉。至评议、调处各案,倘有理屈者梗顽不服,或逃匿不来,即由局发县追惩,并按月分案摘由,呈报巡抚查核。"[5]商务局的解

---

[1] 《光绪政要》卷二一,第 32 页。

[2] 《光绪政要》卷二一,第 33 页。

[3] 《清实录》卷四二一,第 517 页。

[4] 《光绪政要》卷二四,第 31 ~ 33 页。

[5] 天津图书馆、天津社科院历史所编:《袁世凯奏议》(上),廖一中、罗真容整理,天津古籍出版社 1987 年版,第 345 页。

纷职能已很清晰。然而奈何“中国商民平日与官场隔阂,情谊未能遽孚,而不肖官吏或且牵掣抑勒,甚至报关完税多所需索,商船验放到处留难,遇有词讼,不能速为断结,办理不得其平,以致商情不通,诸多阻滞”。[1] 商业发展多方掣肘的情形未曾得到改善,加之商务局官员均为候补人员,官僚习气浓重,其诸多职能也就成为一纸空文。正如盛宣怀所言,“局为官设,仍用候补人员,不用商董,未免官与商视同秦越,商情甘苦终难上达于官”。[2]

1902 年年初,盛宣怀受命与各国专使商谈修订商约。各国在谈判前事先征询其在华商会的意见,提出“一揽子”修约方案,而中国则无所适从。盛宣怀因此函请上海江海关道袁树勋传令召集各会馆公所的董事商议筹建商会事宜。同年正月十五日,上海商业会议公所成立。首任总理为严信厚,副总理为周晋镳,议董 28 人,其中理事 10 人,书记 2 人,会计 1 人,庶务 1 人,其余 13 人担任交涉调查各事,由总理或副总理临时指定。[3] 是为中国历史上第一所商会。

商业会议公所参照西方各国商会制度而组成,严信厚等采纳了洋商总会及地方商务局章程的一些内容,整合订立出上海商业会议公所第一次章程六条,明确其有调处商事纠纷之权。[4] 上海商业会议公所成立后,改变了上海商人一盘散沙的情况,也在一定程度上纠偏了原有会馆、公所、商帮等旧式商人组织强烈的地方性和排他性特点,成为晚清商战的重要助力。

1903 年 7 月 10 日清政府以振兴商务为由,设立商部。《时报》曾评论此事曰:“政府鉴于商战不利,惧将无以自存于生计竞争之世也,于是创立商部。”[5]商部下设四司:保惠、平均、通艺、会计,职权颇大。其中会计司,专司税务,银行货币,各业赛会、禁令、会审词讼、考取律师,校正度量衡以及本部

---

〔1〕 (清)朱寿朋编:《光绪朝东华录》(五),中华书局 1958 年版,第 5091 页。

〔2〕 《愚斋存稿》卷七,奏疏 5,第 37 页。

〔3〕 上海工商社团志编纂委员会编:《上海工商社团志》,上海社会科学院出版社 2001 年版,第 214 页。

〔4〕 上海市工商业联合会、复旦大学历史系:《上海总商会组织史料汇编》(上),上海古籍出版社 2004 年版,第 50 页。

〔5〕 《时报》光绪三十年(1904 年——编者注)十二月初四日,转引自沈祖炜:“清末商部、农工商部活动述评”,载《中国社会经济史研究》1983 年第 2 期。

报销经费等。[1] 商部也拥有裁决商事纠纷之权力。这无疑是行政兼理司法体制的延续。由于与其他各部门及地方督抚多有权限冲突,商部颇受掣肘,但不可否认商部对于发展近代中国工商业、建立有关商业制度所起的促进作用。1906 年清政府发布上谕,“饬令先行厘订官制”,以为“立宪之预备”,改组中央各部门,工部和商部合并,改称农工商部,原属商部的轮船、铁路、邮政事务划出,另设邮传部管理。[2]

商部成立后,开始大力推广上海商业会议公所经验,劝设商会;同时,着手制订商会简明章程二十六条,经奏准颁行全国。《商会简明章程》第 15 条规定:“凡华商遇有纠葛,可赴商会告知总理,定期邀集各董秉公理论,以众公断。如两造尚不折服,任其具禀地方官核办。”[3] 商会被正式赋予裁决商事纠纷之权。此外,章程第 16 条还对华洋商事纠纷处理进行了规定:“华洋商人遇有交涉龃龉,商会应令两造各举公正人一人秉公理处,即酌行剖断。如未允洽,再由两造公正人合举众望夙著者一人,从中裁判。其有两造情事,商会未及周悉,业经具控该地方官或该管领事者,即听两造自便。设该地方官领事等判断未尽公允,仍准被屈人告知商会,代为伸理。案情较重者,由总理禀呈本部,当会同外务部办理。”[4]

至此,一个解决商事纠纷的权力机制网络基本构建起来,即商部——商务局——商会。在这一机制网络里,商部地位最高,拥有指挥全局和重大问题的决策权,具体的纠纷解决事务则多由商务局和商会完成。然而,商部要想真正实现其职能权力,却非易事。

商务局的创设早于商部,作为省一级经略商务机构,其不仅管理地方商务,还征收各种商税,为各地督抚所掌控。商部欲将其纳入麾下,必然会与地方督抚展开权力争夺。

1904 年清廷下令,将各地的商务局转为商部的分支机构,结束了商务局

---

〔1〕《光绪政要》(第 25 册),第 23 页。
〔2〕《光绪朝东华录》光绪三十二年(1906 年)七月。
〔3〕《东方杂志》1904 年第 1 期。
〔4〕《东方杂志》1904 年第 1 期。

的归属之争。虽然名分有了，但商部想取得商务局完全的实际控制权却是步履艰难。同年，商部向清廷上奏，拟在上海和汉口“由商部遴选通达时务，熟悉商情人员充当总办，令江南、湖广两总督及该省巡抚派遣委员办理事务。若遇有禀请开办矿务或兴商立案者，则令其就近办理，再由商务局转禀商部”。[1] 商部希冀通过这一手段来实现其控制各省商务局的目标。然而，商部此举却遭到各省督抚的抵制。商部只好退而求其次，变通办理，即各省商务局总办仍由督抚选“谙习商学通达政治之员派充，应即出具切实考语，造具履历清册”，咨报商部，再由商部“酌量加劄”，作为商部商务议员。[2] 如此一来，各省商务局总办一身兼两职，遇有公事，直接呈报商部，“如有应行商办事件，仍分咨各省督抚，妥筹办理”，同时接受商部和督抚的双重管辖与考核。[3] 商部正是通过这些举措，将各省商务局变成其分支机构，实现了权力的部分掌控。

为密切两者之间的联系，进一步巩固对各地商务局的渗透和掌控，商部还议订了《各省商务议员章程》，规定“商务议员有提倡考查之责，凡属农工路矿，应兴应革之事务，当悉心体察，随时报部，以祛壅蔽而挽利权”，并从选派委任、各应行事项、考核奖惩等方面对商务议员的职能权限做了进一步的规制；商务议员的职责除调查联络商情，办理商政，保商护商外，排解商事纠纷也是其中之重要一种，“商人禀呈事件如系毫末争执之事，应由商务议员设法排解，以免涉讼；其事关重大以及创立公司等事件申报本部，酌核办理”。[4] 《各省商务议员章程》的颁布，改变了以往各省商务局各自为政的混乱局面，从制度上明确了商务议员的司法职责，更重要的是商部也可以借此通过商务议员实现其权力掌控。

不可否认，各地商务局对清末工商业的发展起到了一定的积极作用，但终属官办机构，衙门作风顽固，加之其中部分商务局无所作为，敷衍塞责，清

〔1〕“商务”，载《东方杂志》1904 年第 9 期，“商务”，第 110 页。
〔2〕“商务”，载《东方杂志》1904 年第 9 期，“商务”，第 110 页。
〔3〕“商务”，载《东方杂志》1904 年第 9 期，“商务”，第 110 页。
〔4〕《商部议派各省商务议员章程》，载《东方杂志》1904 年第 11 期。

政府希望其能改善“官商隔阻”局面的目的也始终未能实现。[1] 即使在商部建立之后,商务局的状况有所改善,但起色也并不大。就商务局的司法职能来说,亦是如此。当时有一些地方商务局也采取了一些措施,以改变商民因“钱债争讼延宕纠缠,致令破产倾家,甚或牵动市面,影响商界”[2]的现状。例如,苏州商务总局提议添设裁判员,专管商务词讼;[3]汉口商务局则设立附属机构“传审公廨”,专为“代追武汉商贾积欠”。[4] 但这些举措犹如隔靴搔痒,对于积重难返的“官商隔阂”效果乏陈。

“振商、保商、护商”是清政府设立商务局的目的,联络工商是商务局的重要职责之一。在商会设立之前,一些商务局就规定各行商公举行董一人,“以期上与商务总局可以禀承,下与各该行业商可以筹议,务使分者能合,散者能聚,彼此声气联络,互相维持”。[5] 各董事中又公举总董事二人,遇有重大紧要事件,由总董事赴商务局商同妥筹。商人遇有窒碍不便之事,也可以禀告商务局。有的商务局则明确规定,总董与各行董赴局参加会议,须“踵议院成法”,以诸人意见相同为定,如各董与商务局总办和会办意见不合,也允许各董“据实申陈,以凭复核办理,无所用其顾忌,庶上无压制之情,下无束缚之患”。[6] 可见,此时商务局与商人代表间关系密切,合作良好。

商部设立后,在全国范围内倡设商会是其重要工作。《各省商务议员章程》规定,提倡推广商会是各省商务局职责之一。汉口商务局在成立伊始,即制定办法,拟邀集在汉的各省各帮商董入局议立商会。[7] 袁世凯在其《创设东省商务局拟定试办章程折》中,也明确提出,要在商务局之外,“分立商会,

---

[1] 关于清末商务局的具体探讨,参见朱英:“论晚清的商务局、农工商局”,载《近代史研究》1994 年第 4 期。

[2] 章开沅等主编:《苏州商会档案丛编》(第一辑),华中师范大学出版社 1991 年版,第 527 页。

[3] 章开沅等主编:《苏州商会档案丛编》(第一辑),华中师范大学出版社 1991 年版,第 527 页。

[4] 《汉口商务局拟设传审公廨章程》,载《东方杂志》1904 年第 9 期。

[5] 天津图书馆、天津民科院历史研究主编:《袁世凯奏议》(上),天津古籍出版社 1987 年版,第 344 页。

[6] 《福州商务局章程》,《皇朝经世文新编续集》卷十,“商政 3”。

[7] 朱英:“论晚清的商务局、农工商局”,载《近代史研究》1994 年第 4 期。

公举董事,以讨论利病,联合声气”。[1] 商会在发展商业经济中的作用已然为人们所周知,从中央到地方的各级官吏都将其视为振兴商务之重要力量,是政府规制商业秩序的重要臂助。

在清政府的极力倡导之下,各地纷纷在省城和繁华商埠设立商务总会;并以《商会简明章程》为准据,设立裁决商事纠纷之机构。下面就以上海和成都两地为例,略述商会裁判机构的变迁。

1904 年上海商务总会成立,其宗旨之一就是“维持公益,改正行规,调息纷难,代诉冤抑,以和协商情”。[2] 商会下设庶务议董六员,专司公断调查中证各事。经过几年的运行,上海商务总会“秩序虽已井然,纲目尚嫌未备”,“尤宜及时厘订禀准”,[3]乃于 1907 年三月初九日举行特别大会,当众宣布,全体赞成,至是稿本始定,并经农工商部批准后施行。较之第二次章程,此次章程更加详备。该章程规定,商务总会下设理案议董五员,职司监理钱债纠葛、词讼诸事;同时,在章程第 64 条后另附理案试办章程 10 条,对商会理案的具体程序及一些细节问题作出了规定,明确要求钱债纠葛经总协理、议董共同集议后,须将“议决布告,并登报宣布。若理屈者愿遵公断,即不必登报,以存厚道。仍按季摘叙简明事由,具报农工商部备案”。[4] 从庶务议董到理案议董,清末上海商务总会的理案机构也是在不断完备之中,其效果也很明显,为政府和商人所认可。

1911 年武昌起义爆发,各地纷纷响应,宣布独立,江苏亦列其中。鉴于原来商务总会系清商部所委任,例应取消,因此上海商人也欲图维新,建立商务公所。1911 年 9 月 26 日,各业全体大会公举会长、副会长、董事,通告成立,沪军都督并拨给办公之处。由是,上海就存在商务总会和商务公所两个

---

〔1〕 天津图书馆、天津社科院历史研究所编:《袁世凯奏议》(上),天津古籍出版社 1987 年版,第 343 页。

〔2〕《上海商务总会第二次暂行试办详细章程》,载上海市工商业联合会等编:《上海总商会组织史资料汇编》(上),上海古籍出版社 2004 年版,第 70 页。

〔3〕《上海商务总会第三次缮修章程上农工商部禀》,载上海市工商业联合会等编:《上海总商会组织史资料汇编》(上),上海古籍出版社 2004 年版,第 80 页。

〔4〕《上海商务总会第三次禀定详细章程九十二条》,载上海市工商业联合会等编:《上海总商会组织史资料汇编》(上),上海古籍出版社 2004 年版,第 81 ~ 94 页。

全市性商人组织,互有纷争。然而,两者不可能长期并存,因此各方几经磋商,于1912年2月邀集各商董事集议,一律赞成"归并",公定名称为上海总商会。同年5月,上海各商举行大会,公举议董、总理、协理,宣告上海总商会正式成立。唯其时民国初造,有关商会的各项政策法令尚未更定,除与民国政体有悖外,上海总商会的一应制度章程均循前清旧例。天津、苏州等地商会的情况亦与此类似。

民国成立后,各地工商界联名呈请工商部,表达了仿效四川成都、重庆商会,设立专门机构,处理商事纠纷的请求。1912年6月工商部咨请司法部:"近复据四川成都、重庆两处商务总会会呈,以现在各级法官未尽通晓商情,往往有误会而误判者。值此振兴商务之时,商事裁判既难猝设,惟有仿照前清部议,设立商事公断处成规,略加更改,以为目前补救之计,既可实行保商之宗旨,兼可为改设裁判之根基。"[1]司法部于7月答复,同意设立商事公断处:"将来商事发达,诉讼繁多,如有必要情形,自应另设商事法庭,以期便利。此时似非所急,毋庸预为筹办。至商事公断处为仲裁裁判,其性质与国家法院迥不相同,该商会等如为调处商人争讼起见,自可准其援案设立。唯此等公断处,必须两造合意受其公断,不得稍有强迫。其公断后如有一造不服,仍应受该管法庭正式审判。"[2]此后,工商部又数次向司法部表达了设立商事裁判所之意愿,但均遭拒绝,只同意设立商事公断处。

1913年司法部和工商部会同制定的《商事公断处章程》颁布,为各地商会提供了明确的指导,将各地商会附设的裁决商事纠纷机构名称统一为"商事公断处"。上海总商会在接悉《商事公断处章程》颁布消息后,随即着手筹备成立商事公断处。3月1日上海总商会举行第三次常会,讨论公断处办事细则问题,会议议决先行办理职员选举;15日第四次常会举行,商事公断处第一届职员选举结果揭晓,共选出职员27人,候补9人,并决定于本月22日

---

〔1〕"工商部咨司法部各省商会请设商事公断处是否可行并妥筹商事诉讼划一办法统希核复饬遵文",载《政府公报分类汇编》(第33册)"商业",第71页。

〔2〕"司法部咨工商部商事公断处准援案设立如有一造不服仍应受法庭审判之",载《政府公报》1912年7月10日第71号。

召开第一次职员大会,互选评议员、调查员,推举处长,并研究办事细则;22日第一次职员大会举行,由于到会者不及半数,互选处长一事推迟,须全体到会才可投票决出。4月5日经秘密投票,沈联芳当选为第一任处长。至此,导致商事公断处的筹备工作告一段落。但由于商会法尚未颁布,上海总商会拟定的公断处办事细则须报司法、工商两部核准,导致商事公断处迟迟未能正式成立。直到同年10月,在司法、工部两部的批复经江苏省省长转行到会后,此事才重新被提上议事日程。11月22日第二十二次常会议决,"一月一日为一年更始之期,以是日开办商事公断处甚属相宜",决定"民国三年一月一日先行试办,届期呈报工商、司法两部并江苏省长"。[1]

1914年上海总商会附设的商事公断处开办之后,即开始受理各类商事纠纷,包括商民呈请商会处理的商事纠纷、内地法院及英法公堂移交商会的纠纷案件。据笔者管见所及,上海的商事公断处应该是民国成立后设立比较早的,如苏州商事公断处成立于1914年7月1日,京师商事公断处设立于1915年。而其他地区的商会商事公断处机构设立则更晚,如汉口总商会于1924年8月1日才开办商事公断处,[2]天津商会直至1924年仍是由评议处调处商事纠纷案件。另外,云南总商会在民元全国工商会议之后,即呈工商、司法两部,请准立案,于1913年5月成立商事公断处。[3] 奉天商务总会也于1913年《商事公断处章程》颁布之后,即着手筹备设立商事公断处,处理商事纠纷事宜。[4] 根据司法部官员李炘的统计,自1915年迄至1925年,全国各地建立的商事公断处合计达到178家,设立较多的省份有河南(13个)、江苏(33个)、四川(28个)、湖南(16个)、浙江(14个)、福建(13个)(具体可以参见表2-1)。该表是司法部根据各地汇报的数据统计而来的,各地可能会存在未报或漏报的情形,因此,实际设立的商事公断处数目应该较此数字为多。

---

〔1〕 上海市工商业联合会编:《上海总商会议事录》(一),上海古籍出版社2006年版,第154页。

〔2〕 付海晏、匡小烨:"从商事公断处看民初苏州的社会变迁",载《华中师范大学学报》(人文社会科学版)2004年第2期。

〔3〕 龙云修、周钟岳等纂:《续云南通志长编》(下册)"公断和解",云南省志编纂委员会1986年版,第49页。

〔4〕 孟慧敏:"民初奉天商事公断处研究",辽宁大学2012年硕士学位论文。

当然,与当时所设立的商会数目相比,以 1916 年农工商部统计的数字 1633 为基数的话,[1]这一比例大概为十分之一,可见比例并不高。需要指出的是,虽然商事公断处的设立并不普遍,但各地商会理案的商事公断制度却是存在的,譬如天津商会就在相当长的一段时间内都是由评议处来调处商事纠纷的。究其原因,乃是因为当时各地商事公断处的成立、商事公断细则的制定都需要经过中央政府农工商部和司法部的审核许可,费时费力,故而一些地方商会为省却繁琐程序,也为了避免受政府部门的窠臼,干脆就不设立商事公断处而代之以其他机构行使商事裁判职能,或设立了却不报告。

表 2-1　1915~1925 年商事公断处设立　　　　单位:个

省份＼年份	15	16	17	18	19	20	21	22	23	24	25	合计
京兆	2		1					1	1			5
河南	1		2	1	1	3	1			1	3	13
山东	1	1	1	1		1		1				6
广西	3									1		4
奉天	4					1				1		6
吉林	2								2			4
广东	1		1	1								3
湖北	2		3	1		1		1		1		9
四川	15	3	6						3		1	28
江苏	14	4	1		4	1	1	3	2	3		33
湖南	4	3	6	1	2							16
直隶	1			1				1	2		1	6
浙江	4	2	1		1	1		2	2		1	14
福建	4	2	1	1	1	3	1					13
安徽		1		1						1		3

〔1〕 参见农商部统计科:《中华民国五年第五次农商统计表》,中华书局 1919 年版,第 383~386 页。

续表

省份 \ 年份	15	16	17	18	19	20	21	22	23	24	25	合计
甘肃			1				1					2
黑龙江				1		1	1					3
陕西				1								1
贵州				3								3
江西					2						1	3
热河								1		2		3
合计	58	16	24	13	11	12	5	10	12	10	7	178

资料来源:李炘:《考核商事公断处情形报告书》(1926),民国北洋政府《司法公报》第36次临时增刊;《法律评论》1926年。

1927年国民党控制上海政权,上海的商会经过改组后,商人组织也不复民初的政治地位和影响力,虽然商事公断制度仍得以保留,但其商事裁判功能大为萎缩,能够发挥的功效也就可想而知了。

与上海一样,全国其他地方的商会理案机构也大都经历了类似的变迁,如苏州、天津、重庆等,在此不赘。其中值得一提的是成都商务总会裁判机构的变迁,颇有特点,彰显了当时商人政治法律意识的觉醒。

四川境内,第一个成立商务总会的是重庆,也是长江上游第一个商会。成都作为川省督抚治所所在地,是当时川省的政治经济文化中心,实为商务发源之所,官绅皆认为不能落后于重庆,当务之急乃是设立商会。因此,1905年9月在官府号召下,成都商界召开会议、制订会章,成立成都总商会,商务总局札委盐商、候选知府舒巨祥为总理,银号老板、补用知府乔世杰为协理。[1] 根据《四川成都总商会章程》的规定,成都总商会承担的职能有如下各项:惩倒骗、保行商、昭诚信、兴制造、备书报、卫商业、除讼累、惩败类、奖有

〔1〕 王笛:《跨出封闭的世界——长江上游区域社会研究(1644~1911)》,中华书局2001年版,第569页;邓小林:"略论清末四川总商会的建立及其意义——兼与上海总商会比较",载《涪陵师范学院学报》2004年第20卷第1期。《天津商会档案汇编》(1903~1911)(上册),第303页"各地商务总会立会情形简表"则载其成立时间为光绪三十四年(1908年)六月。本书采前说。

人、广联络、结团体、列商品。[1] 与同时期的其他商会相比,成都总商会章程中所拟事项要更细致、具体。

1907 年 8 月成都总商会设立商事裁判所,公拟裁判所章程 101 条,依此裁判商事纠纷。该章程遵从《商会简明章程》之规定,在第 1 条中即明确了其基本权限:“本商会查照《奏定商会章程》第七、第十五、第十六等款,应有保商、振商之责,及代商伸理各事与裁判之权,因遵于本会中附设特种机关,为商事诉讼之处理”;第 2 条则规定:“本商会所设之机关,专以和平处理商事上之纠葛,以保商规、息商累为宗旨。然直接则为曲直是非之判断,间接亦有强制执行之性质,应名曰裁判所。间接强制执行者,即由商会禀申商务总局,移行地方官照律分别惩罚押追是也。”[2] 此二条说明成都总商会章程虽是遵照清政府所颁之《商会简明章程》而订,但隐然有强化其商事裁判自主权之意。从 1907 年 10 月 21 日开判至 1909 年 1 月 23 日,成都总商会共处理商事纠纷案件 23 起,为政商两界所称许,“解决各节尚属明白平允,极得两造诚服,商众翕然称便。其始不愿认裁判经费者,今则争先恐后愿认经费”。[3] 或许这里的叙述有所夸大,但商会的理案效果优于官府却是确定无疑。

成都总商会虽然是第一个“吃螃蟹”的人,但并未引来众多跟随者。在全国各地众商会中,仅见保定商务总会设立有类似机构——商务裁判所(名称极接近),办理商号一切诉讼案件。同属四川的重庆总商会则是设立商事公断处,裁处商事纠纷,每遇纠纷,“重庆知府或亲往参加,或派员出席,并担任监督,商会会长和本帮的帮董则为主要的仲裁者,处理办法决定后,则由知府交给巴县县堂执行,商民莫敢违抗”。[4] 重庆总商会所设立的“商事公断处”这一名称也成为民国时期商会裁判机构的正式称号。

---

〔1〕《四川成都总商会章程》,载《四川官报》乙巳第 21 册,“专件”,转引自王笛:《跨出封闭的世界——长江上游区域社会研究(1644 ~ 1911)》,中华书局 2001 年版,第 572 页。

〔2〕《四川成都商会商事裁判所规则》,载《华商联合报》第 17 期,“海内外公牍”,第 1 页。

〔3〕《商务局详商事裁判所著有成效请咨部立案文并批》,载《四川官报》戊申第 3 册,“公牍”,转引自王笛:《跨出封闭的世界——长江上游区域社会研究(1644 ~ 1911)》,中华书局 2001 年版,第 573 页。

〔4〕 中国民主建国会重庆市委员会、重庆市工商联合会文史资料工作委员会编:《重庆工商史料选辑》(第 5 辑),1962 年刊,第 128 页。转引自王笛《跨出封闭的世界》,第 573 页。

二、人员组成

自商会裁判权确立伊始，商事裁判机构（如评议处、理案处、公断处等）的人员组成就有明确规定，如任职资格、选举程序、职责等。早在1901年，严信厚在给盛宣怀的禀文中即提出，要想使商会一应事宜稳妥有序运行，“非惟得一精通商务、娴习公事之提调一员，寓居总会联络官商不可”。[1] 1902年9月，盛宣怀和张之洞联名上奏，提议严信厚为上海商业会议公所总理，另由严信厚及各业公举道员周晋镳为副总理，并解释说：“该二员精于综核，熟悉商情，其平日声望素为沪上各界所信服，畀以斯事，当能措置裕如。”[2]从上述两则史料可知，在商会草创时期，选才用人的标准是熟悉商务和公事，声望高。这一标准可以说是古往今来的普遍标准，直接被继续沿用。

1902年严信厚等拟订的商业会议公所简明章程就明确规定：“遇有不平之事，欲求申诉，由受屈之人先三日将事由告知，本公所刊发传单，邀集公正绅商，届期同为调处，以评区直，捏诬者罚。”“如有亏负倒欠等案事，可曲谅其短，即邀集商董会议了结，固可省事息争。”[3]由此规定可知，当时商事纠纷的处理人选条件首先是德和名望，如公正绅商；其次是才，如商董，是当时各个行业公举的代表，既具备相应的“德”，又了解个中情况，不易被欺蒙。

1902年6月22日上海商业会议公所第一次常会召开，除总理严信厚，副总理周晋镳由政府委任外，另选出议董28人，其中理事10人，书记2人，会计1人，庶务2人，交涉调查议董13人。具体名单如下：理事议董郁屏翰、劳敬修、印锡章、林莲荪、杨信之、叶鸿英、夏粹芳、朱衡斋、朱吟江、胡稑芗，书记议董陈子琴、沈联芳，会计议董叶明斋，庶务议董祝兰舫、周舜卿，交涉调查议董朱葆三、陈润夫、苏筠尚、王子展、顾馨一、丁钦斋、沈缦云、唐露园、庞莱臣、

---

〔1〕 上海市工商业联合会等编：《上海总商会组织史料汇编》（上册），上海古籍出版社2004年版，第45页。

〔2〕 上海市工商业联合会等编：《上海总商会组织史料汇编》（上册），上海古籍出版社2004年版，第47页。

〔3〕 上海市工商业联合会等编：《上海总商会组织史料汇编》（上册），上海古籍出版社2004年版，第50页。

施善畦、洪念祖、张乐君、傅筱庵。[1] 这些议董均为各个行业公举出来的代表,在上海商界地位很高,分量很重,因此,由他们主持做出的商事纠纷裁决结果就具有较强的公信力。

1903年清政府颁布的《奏定商会简明章程》明确规定:各地商务总会设总理、协理各一员,分会设总理一员,由各地会董齐集会议,公推熟悉商情、众望素孚者数人为候选人,再由会董会议,或另行公推,或留请续呈任,议决结果呈禀商部,由商部察夺委任。至于商会董事,则由各地商家公举决定,根据各地商务繁简程度确定人数多寡,总会以二十人至五十人为限,分会以十人至三十人为限。公举人选确定后,一个月内如无异议,则由总理将各会董职名向商部禀报,以备稽查。此举类似于今日之公示,表明当时商会的人员选举制度颇为缜密,意在确保会董能最大限度地符合选任条件:"公举会董,应以才地资望四者为一定之程,如下所列,乃为合格:一、才品:手创商业,卓著成效,虽或因事曾经讼告,于事理并无不合格者;二、地位:的系行号巨东或经理人,每年贸易往来为一方巨擘者;三、资格:其与该处地方设肆经商已历五年以外,年届三旬者;四、名望:其人为各商推重,居多数者。"[2] 此条规定,不仅保证了各地商会会董均为当地各行各业之佼佼者或领头人,在本行业内拥有很大的话语权,同时也使会董的范围能够覆盖各领域和各年龄段,使这一时期的新兴行业以及由洋行买办等转变而来的新型商人均被囊括其中。更重要的是,此规定基本奠定了清末及民国时期的商会定位:是由一批商界精英所领导的商人团体组织,虽然名义上宣称代表全体商人的利益,但实际上却执行大商人及其团体的意志决定。商会如此,其下附设的商事纠纷调处机构自然也不例外。

1904年四月和五月,上海商务总会先后拟订《上海商务总会章程二十三条》和《上海商务总会第二次暂行试办详细章程七十三条》,就商务总会的宗旨、事务规条等项目作出了规定,其中关于人员选任的规定尤为细致。《上海

---

[1] 上海市工商业联合会等编:《上海总商会组织史料汇编》(上册),上海古籍出版社2004年版,第50~51页。

[2] 《东方杂志》1904年第1卷第1期,第204页。

商务总会第二次暂行试办详细章程七十三条》规定商务总会设领袖议事 18 人,其中庶务议董 6 人,分察公断调查中证各事;总理、协理以及各议董选举均采取机密投筒法,以得数多者当选;总理、协理由议董中选任,议董则由会员内选任,均必须符合如下条件:第一,品行方正者;第二,在沪有实业者;第三,谙习公牍、明白事理者;第四,身任会员者;第五,年在三十岁上下者(总理、协理须年在四十岁上下者)。[1] 与上述《商会简明章程》对照比较,可以看出,这些条款均是对《商会简明章程》相关内容的演绎细化,只是二者都没有对商事纠纷调处人员作出明确规定,而是隐含在上述条款之中。

1907 年 4 月,上海商务总会重新修订章程,并呈禀农工商部核准施行,是为《上海商务总会第三次禀定详细章程九十二条》。与前述章程相比,在人员选任方面规定更为细致,首先是在议董中专设理案议董 5 人,负责监理钱债纠葛、词讼诸事;其次是提高议董(包括总理、协理)的任职资格条件,由"在沪有实业者"改为"的系行号巨东或经理人,每年贸易往来为一方巨擘者",与商部《商会简明章程》相同,总理、协理的任职年龄也改为"三十五岁以上者"等。[2] 议董选任资格条件的提高,保证了大商人对商会的领导权,也增强了其在商会事务中的话语权,就商事纠纷的调处而言,如此规定也在一定程度上保证了商会在调处商事纠纷中的权威和公信力。

其实,上海商务总会早在 1906 年的议董选举中就已明确了各议董的分工职责,据《时报》报道,上海商务总会在 1905 年年终时经全体会员投票选举议董 19 人,1906 年正月二十一日又经各议董会议分任监理会中各事,议定由周金箴(周晋镳)、李云书、谢纶辉、刘柏生、陈子琴为理案议董,监理钱债纠葛词讼诸事。[3] 可见,商会中的职责分工实践早于制度,也表明商人一贯的实用主义倾向。虽然没有资料说明其时上海商务总会为什么会做出如此的分工安排,但大抵不外乎实际需要和外部示范影响两方面的原因。

---

〔1〕 上海市工商业联合会等编:《上海总商会组织史资料汇编》(上册),上海古籍出版社 2004 年版,第 70 ~ 72 页。

〔2〕 《上海商务总会第三次禀定详细章程九十二条》,载上海市工商业联合会等编:《上海总商会组织史资料汇编》(上册),上海古籍出版社 2004 年版,第 81 ~ 94 页。

〔3〕 《时报》,1906 年 2 月 18 日。

1912年民国成立,上海商务总会也因其为前清商部所委任,照例取消。是年2月27日,上海总商会成立,另订新章,修改了入会、会费及选举章程。兹抄录于下:

一、各业会馆、公所团体入会者,会费仍照旧章。惟向例仅举业董一、二人代表入会为会员,现拟普通选举,即于各业团体中按营业之大小、会费之多寡,酌定推举代表之人数。

一、各业团体出会费至一百两以上者,得举会员一人,以多至十人为止。

一、各业商号商人不附入团体、单另入会者,会费酌分三种,一百两、五十两、三十两。每年担任会费五十两以上者,得举其店东或经理人入会为会员;三十两者,得举为会友。会友有选举权,会员有被选举权。

一、各业入会之商号,开明行业招牌、住址、电话及经理人姓名,到会注册,由本会填发入会证据,编列号码,以备查考,而资维护。

一、团体入会者由各业会馆或公所开单报告,亦按户注册,填发入会证据。

一、会员由各业普通选举,分别入会注册,即由入会会员复举会董三十一人,再由会董公举总理一人,协理二人。[1]

与清末商务总会章程相对照,此次修改后的章程规定明显宽松,入会资格条件降低,会董名额增多,意味着范围扩大。但同时也引发一个问题,由于凡是入会者须得会员、会友两人介绍,而其时新入会之人,每与会友、会员多不相识,只能由总理或协理介绍,致使总理、协理不堪其繁。故而于1912年8月31日在总商会第五次常会上,贝润生协理临时提议略微变通,如有妥实店

[1] 《申报》,1912年3月29日。

铺字号介绍者,亦得准其入会。众人均赞成。[1] 经此变通,入会条件更为宽松,使商会的人员基础更加广泛,影响也不断扩大。

1914 年 9 月 12 日经参政院议决的商会法公布,共 60 条;11 月 27 日又公布商会法施行细则 20 条。商会法及其施行细则规定商会会员不限人数,但以中华民国之男子、为商会区域内公司本店或支店之职员为公司之代表者,或商会区域内各业所举出之董事为各业之代表者,或自己独立经营工商业或为工商业之经理人者均可以充任;设会长一人、副会长一人、会董自十人至三十人不等;会董由会员投票选举,会长、副会长由会董投票互选,选定后须禀报该管地方长官,详由地方最高行政长官咨报农商部。同时,规定商会有"因关系人之请求,调处工商业者之争议"的职务,各地商会均应就其详拟章程,由地方最高行政长官咨陈农商部核准后施行。[2]

1914 年商会法及其施行细则公布后,遭到各地商会反对。1915 年 12 月 14 日由大总统申令参政院重新议决的商会法公布实施。此次商会法条款减少至 46 条,对总商会和商会的会董人数进行了修改,规定总商会会董人数为 30 人至 60 人,商会会董人数自 15 人至 30 人。[3] 1916 年 2 月 1 日政事堂制定商会法施行细则 19 条公布,规定各地总商会和商会均应附设之公断处,负责调处工商业者之争议和商会间之争议。[4]

然而,早在 1913 年民国北京政府司法部和农商部就一同会订并公布了商事公断处章程。该章程于 2 月公布,同年 7 月 28 日、1914 年 3 月 19 日两次修正。鉴于各地制定的公断处办事细则"失之疏略或涉于繁冗不切实用者实居多数。且各地异制,办法分歧,尤非整齐划一之道",[5] 司法部和农商部于 1914 年 9 月 18 日会同订定商事公断处办事细则,颁行全国。商事公断处

[1] 上海市工商业联合会编:《上海总商会议事录》(一),上海古籍出版社 2006 年版,第 21 页。

[2] 上海市工商业联合会等编:《上海总商会组织史资料汇编》(上册),上海古籍出版社 2004 年版,第 178~184 页。

[3] 上海市工商业联合会等编:《上海总商会组织史资料汇编》(上册),上海古籍出版社 2004 年版,第 200~204 页。该商会法还修改了一切其他条款,兹不赘述。

[4] 上海市工商业联合会等编:《上海总商会组织史资料汇编》(上册),上海古籍出版社 2004 年版,第 204~206 页。

[5] 《上海总商会组织史资料汇编》(下册),上海古籍出版社 2004 年版,第 680 页。

章程和办事细则均对职员的组成、选任及任期等作了规定。章程规定:“各商会公断处应设公断处长一人,视事之繁简,得设评议员九人至二十人,调查员二人之六人,书记员二人至六人。”“评议员、调查员各于商会现任会员中互选之,以得票多数者当选,票数相同者抽签定之。互选适用连记投票法。”“处长于被选之评议员中互选之。”[1]办事细则对这些规定作了进一步细化规定:“公断处职员之选任,除书记员、评议员各依公断章程第11条、第28条规定外,其余均适用连记投票法互选,以得票满总数之过半数者为当选。当选票数同者,以年长之人列前,年龄同者抽签定之。”[2]

统观自清末至民国初期的相关规定,我们可以很清晰地发现,虽然较之清末民国初期的商会组织基础更为广泛,成员增多,但对公断处当选人员的资历、名望仍是非常看重。这一点可以说是一以贯之的。下面我们就以民国初期上海、苏州、天津等地商会公断处任职人员的组成情况为例稍加分析。

1913年3月15日上海总商会举行第四次常会,公断处职员选举结果也在这一天议事完毕后当众开筒揭晓。经开筒检票,邵琴涛、朱葆三、杨信之、陈润夫、林莲荪、印锡璋、朱五楼、郁屏翰、顾馨一、沈联芳、沈仲礼、丁钦斋、朱吟江、苏筠尚、祝兰舫、李云书、沈缦云、傅筱庵、叶鸿英、叶明斋、胡稑芗、夏粹芳、陈一斋、周舜卿、唐露园、张乐君、张知笙27人当选为职员,朱鉴塘、余鲁卿、宋汉章、田澍霖、王子展、钱达三、施善畦、庞莱臣、李征9人当选为候补职员。[3] 后顾馨一、苏筠尚因连任南商会总、协理,实难兼顾公断处事务,故辞去公断处职员一职,由朱鉴塘、余鲁卿二人递补。同年4月5日根据部颁章程和细则,用机密投票法选举出来公断处处长,最终结果为沈联芳当选第一任公断处处长。[4]

第一届公断处职员27人均为当时上海商界举足轻重的人物,他们大多曾担任过清末上海总商会的领导或议董,如朱葆三、李云书、邵琴涛、郁屏翰、

---

[1] 《上海总商会组织史资料汇编》(下),第678页。

[2] 《上海总商会组织史资料汇编》(下),第681页。

[3] 上海市工商业联合会编:《上海总商会议事录》(一),上海古籍出版社2006年版,第71~72页。

[4] 《申报》,1913年4月6日。

沈缦云、周舜卿、林莲荪、丁钦斋等。下面根据清末和民初上海总商会的同人录，将各人简要情况以列表形式标出，对于公断处的人员组成情况也可以从中略窥一二。

表2－2　上海公断处第一届职员简要情况

姓名	籍贯	年龄（岁）	董事	执业	备注
邵琴涛（廷松）	江苏元和	48	振华堂洋布公所代表	大丰号	
朱葆三（佩珍）	浙江定海	65		四明商业银行、华安合群保寿公司	曾执业地产公司（慎余号）
杨信之（兆鳌）	浙江乌程	66	丝厂茧业总公所代表、丝业会馆代表	泰康祥	曾为义丰银行买办
陈润夫（作霖）	江西清江	73	江西会馆代表	天顺祥	
林莲荪（世杰）	浙江鄞县	54	南市钱业公所代表	立余钱庄	
印锡璋（有模）	江苏嘉定	49	振华堂洋布公所代表	李柏记	曾执业源盛纱号
朱五楼（方干）	浙江吴兴	50	北市钱业	福康庄	
郁屏翰（怀智）	江苏上海	61	洋布业振华堂	敦裕洋布号	曾任老公茂纱厂总办
沈联芳（镛）	浙江乌程	44	丝厂茧业总公所代表	恒丰号	
沈仲礼（敦和）	浙江鄞县	56	华商保险公司	华安合群保寿公司	
丁钦斋（骏照）	浙江定海	62	洋货商业公会代表	锦章号	
朱吟江（得傅）	江苏嘉定	39	震巽板木公所	久记	

续表

姓名	籍贯	年龄（岁）	董事	执业	备注
祝兰舫（大椿）	江苏全匮	58		华兴面粉公司	曾任轮船业怡和商行总买办
李云书（厚祐）	浙江镇海	47		中华银行	曾执业商船会馆（天余号）
沈缦云（懋昭）	江苏无锡	46		信成银行	
傅筱庵（宗耀）	浙江宁波	42		华兴保险公司	
叶鸿英（逵）	江苏上海	54	东洋货业代表	源昌	
叶明斋（韶奎）	江苏吴县	47		正金银行、龙华制革公司	买办
胡稑芗（善登）	浙江余姚			中国银行	
夏粹芳（瑞芳）	江苏青浦	43		商务印书馆	
陈一斋（永清）	浙江上虞	61	北市钱业	永丰	
周舜卿（廷弼）	江苏无锡	62	五金业（铁业）	昇昌五金行、华昌机器榨油公司	
唐露园（元湛）	广东香山	53	广肇公所代表	电政局	
张乐君（嘉年）	浙江鄞县	61	北市糖业商会集益堂代表、米豆业萃秀堂、仁谷公所代表	恒大	

续表

姓名	籍贯	年龄（岁）	董事	执业	备注
张知笙（武镛）	江苏吴县	51		江苏银行	
朱鉴塘（炯）	江苏吴县	45	苏府绵绸业代表	久成	
余鲁卿（之芹）	安徽黟县	65	当质业代表	万昌	

备注：此表系根据1909年、1911年上海商务总会同人录、1912年上海总商会同人录编制，年龄系根据各表信息推得。董事一栏空缺者系不合帮议董，反之则为合帮议董。

从表2－2中我们可以很清晰地发现如下一些特点：首先，这27名公断处职员年龄多处于40～60岁，处事经验丰富，阅历广，精力充沛。其次，公断处职员所从事的行业范围较广，既有传统行业如当质业、钱业，也有新兴行业如银行业、保险业，虽大都属于服务业和轻工业，几乎没有从事机器制造业的，但这和近代中国工业结构基本一致，受时代所限。再次，其中一些职员从事过多个行业，对于各行各业的情况甚为熟悉；有的曾经在洋行担任过买办，熟悉外国商务，能够和洋商直接交流沟通。复次，这些职员籍贯属于上海本地的较少，只有郁屏翰和叶鸿英两人，其他分别来自江苏、浙江、安徽、广东四省，其中来自江苏本省13人，浙江12人，广东和安徽各1人，可见当时上海商界主要为苏浙商人所把持。最后，最主要的还是这些职员都是各业的翘楚，自身经营规模都很大，如徽商余鲁卿在上海即开有三家典当行，在行业内威望高、影响力强。商事公断处职员的这样一种组成情况实际上也是当时商会议董人员组成情况的缩影。

需要指出的是，民初上海总商会第一届商事公断处职员，他们不仅在晚清时期就当选为上海商务总会的议董，而且其中很多人在此后也曾多次当选上海总商会议董[1]和商事公断处选职员。例如，朱葆三在晚清时期就曾担任过上海商务总会的协理、总理之职，在1914年又当选为总商会协理，张知笙于1916年、1918年连续两届当选为商事公断处处长。这种情况，一方面说明当时上海商界上层并没有因为政治体制的更替发生剧烈变动，另一方面也表明当时上海商业的发展情况比较稳定，没有大的经济波动。商事公断处的人事变动相应较小。

总之，民初上海第一届商事公断处职员组成是与当时上海的商业结构、商业发展情况、商人自身情况等密切相关，就公断处本身而言，与商人的资历、信誉、行业地位联系更为紧密。当然，商事公断处职员的组成特点并非上海一地所特有，其他地方商会也具备这些特点。

苏州商事公断处成立于1914年。是年4月28日苏商总会确定公断处选举办法："本会会员均有选举权与被选举权，选举用记名连记式，每票举十八人。当选正额二十七人，候补九人，以投筒票数三分之一为当选。一次不足额，举行第二次投票，以足候补人名额为止。"[2]5月12日开筒检票，选举出公断处职员27人，庞式鋆被互选为处长，苏绍柄等二十人当选为评议员，蔡恩铨等六人被派定为调查员。

从表2-3中可以看出，苏州商事公断处第一届职员构成具有如下一些特点：首先，在年龄构成上，主要在40~50岁和60~70岁两个区间范围内，阅世广，经历多，其中又以40~50岁的占多数，有16人，总体上可以说是分属于两代人，意味着他们的价值观有着很大的不同。其次，在籍贯来源上，主要来自江苏、浙江、安徽三省，除来自浙江5人、安徽1人外，其余均来自江苏，其中又以苏州本地吴县最多，有17人，说明在当时苏州商界，本土势力极为强大。最后，在执业范围上，从典业4人、钱业4人、纱缎和绸缎业6人、珠宝业3人、烟业（销售）3人、广货业2人、木业2人、纸业1人、米业1人，纱厂1人。可见，资本实力雄厚的行业占据优势地位，传统行业一统天下，新兴行

---

〔1〕 1915年北京政府公布商会法，总理制改为会长制，议董改为会董。

〔2〕 马敏等主编：《苏州商会档案丛编》（第2辑），华中师范大学出版社2004年版，第95页。

业代表阙如，与上海总商会商事公断处的成员构成有明显不同。

苏州商事公断处职员来源构成如此，苏州总商会会员的来源构成亦相同。这种情况是和近代苏州工商业发展状况相一致的。在较长时期内，传统商业和家庭手工作坊式的丝织业在苏州畸形繁荣，旧式商业资本和金融资本占据绝对优势。据民国初年刊行的《苏州总商会同会录》，可以稽考的字号共计721家，涉及30多个行业。其中，主要为官绅商人服务的，如纱缎、绸绉、金银、珠宝、玉器、烟酒等行业即达15个之多，共237户。[1] 另据民国元年的一项统计，苏州典当铺共50家，资本额1741701元；钱庄共13家，资本额211400元。[2] 上述商号、钱庄和典铺有一部分是由所谓"城居地主"兼营的。这些"城居地主"往往一面设栈收租，进行封建性地租剥削，另一面又兼营工商，或开设典当铺、钱庄，从事高利贷盘剥。

表2-3　苏州商事公断处第一届职员履历清册

姓名	年龄(岁)	籍贯	执业	备注
庞式鋆	61	浙江吴兴	典业	处长
苏绍柄	63	江苏上海	建烟	评议员(下同)
杭祖良	60	江苏吴县	纱缎	
尤先甲	72	江苏吴县	绸缎	
宋度	46	江苏吴县	钱业	
倪开鼎	61	浙江海宁	珠宝	
洪玉麟	47	安徽歙县	钱业	
庞延祚	44	浙江吴兴	典业	
石福宏	45	江苏江都	钱业	
邹宗淇	44	江苏吴县	纱缎	
吴本齐	47	江苏吴县	杭烟	

〔1〕马敏、朱英著：《传统与近代的二重变奏——晚清苏州商会个案研究》，巴蜀书社1993年版，第11页。

〔2〕江苏省实业司编辑：《江苏省实业行政报告书》"总务"，民国2年。

续表

姓名	年龄(岁)	籍贯	执业	备注
王立鳌	43	江苏吴县	典业	
蔡康	44	江苏吴县	纸业	
程仁鼎	60	江苏吴县	绸缎	
刘敬襛	41	浙江镇海	木业	
潘祖谦	73	江苏吴县	典业	
蔡增钅荣	63	江苏吴县	绸缎	
陈祥麟	46	江苏青浦	西烟	
沈传淦	49	浙江吴兴	钱业	
徐家振	64	江苏吴县	广货	
杨世璜	44	江苏吴县	珠宝	
蔡恩铨	65	江苏吴县	米业	调查员(下同)
施莹	63	江苏武进	广货	
季厚柏	42	江苏吴县	木业	
王兆祥	43	江苏吴县	纱缎	
姚铣	44	江苏吴县	纱厂	
李宗灏	47	江苏吴县	珠宝	

资料来源:《苏州商会档案丛编》(第2辑),第98~99页。

1916年苏州商事公断处第一届职员任期届满,27名职员中有20人继续当选公断处第二届职员,庞式鋆当选连任处长;1918年公断处职员第三届选举又有17人当选连任,宋度当选为处长。1920年公断处第三届、1922年公断处第四届、1924年公断处第五届、1926年公断处第六届职员选举均有第一届职员名列其中[1],说明第一届公断处职员的资历名望在民国初期的苏州商界是毋庸置疑的,在一定程度上保证了公断处公断商事纠纷的成效;同时也表明民初的苏州,新式工商企业发展速度并不快,其江南商品经济中心城

---

〔1〕 此处的"第三届"、"第四届"、"第五届"、"第六届"意指1916年按照《商会法》改组后计数,并非从1914年商事公断处成立时起算。

市的地位已被上海所取代，不复再有。公断处第五、六届职员的职业构成即是一有力佐证。与公断处第一届职员相比，虽然时间已过去了 10 多年，但丝绸业仍在其中占据显要位置，典当业和钱业虽然有所减少，但银行成员增加了，而其他行业仍以消费服务业为主，如珠宝业、杂货业、豆米行、药行、茶行等。[1] 可见，职员的职业构成与第一届相比并没有太大变化。

1913 年奉天商务总会商事公断处成立，设立处长 1 员、评议员 16 员，调查员 6 员，书记员 1 员，书记生 2 名，处丁 4 名。[2] 根据辽宁省档案馆藏的奉天省长公署档奉天商事公断处职员清册，商事公断处职员有处长 1 名，评议员 16 名，调查员 6 名，候补评议员 6 名，候补调查员 2 名，书记员 1 名。[3]

表 2－4 是民国初期奉天省商务总会商事公断处第一届部分职员简介情况表，从该表可以看出，奉天商务总会商事公断处第一届职员年龄多在 40～60 岁，与上海、苏州总商会商事公断处第一届职员的年龄区间大致相近；其次，这些职员从事的行业多为服务行业，如粮油、食品、丝绸、布、杂货、金银首饰等日常消费品行业，基本上都属于传统行业，新兴行业包括传统行业中资本雄厚的银钱业都未见身影，与苏州总商会商事公断处的职员行业构成有点近似，但与上海总商会商事公断处的职员行业情况有较大差别。这种情况应与当时奉天（沈阳）的工商业构成有密切关联。

表 2－4　奉天省公断处第一届职员简介

职位	姓名	年龄（岁）	籍贯	履历
处长	崔形麟	53	奉天人	奉天商务总会协理、奉天福玉兴粮米铺行业总经理
评议员	王秉德	53	山东蓬莱人	奉天兴隆高级房行业执事
	尤万临	44	直隶昌黎人	奉天东兴合洋烛公司执事

---

〔1〕 参见《苏州商会档案丛编》（1919～1927）（第三辑）（上册）所载“苏州总商会商事公断处第五届选举清册”、“苏州总商会商事公断处第六届选举清册”，第 148～149 页、第 152～154 页。

〔2〕 奉天省长公署档案，卷宗号：JC10－3062，第 121 页，辽宁省档案馆藏，转引自孟慧敏：“民初奉天商事公断处研究”，辽宁大学 2012 年硕士学位论文。

〔3〕 孟慧敏：“民初奉天商事公断处研究”，辽宁大学 2012 年硕士学位论文。

续表

职位	姓名	年龄	籍贯	履历
	王远兴	54	奉天沈阳人	奉天顺和首饰行业执事
	胡胜木	45	山东黄县人	奉天吉顺昌绸缎布庄行业执事
	陈仲义	58	直隶乐亭人	奉天福盛兴杂货行业执事
	李向谭	38	直隶乐亭人	奉天恒兴盛丝货行业执事
	刘爱贤	37	奉天沈阳人	在奉天自东关开设实源号杂货行业总经理
	王永绪	31	奉天海城人	奉天兴隆布铺行业执事
	李锟	32	直隶抚宁人	奉天德增永布铺行业执事
	何吉奉	41	奉天沈阳人	奉天恒泰长金店行业执事
	王鹤年	43	直隶抚宁人	奉天义长杂货行业执事
	张福金	59	山东黄县人	奉天增盛顺丝房行业执事
	武联枢	42	直隶临榆人	奉天广和油坊行业执事
	王继盛	47	直隶胡龙人	奉天泰山源石磨房行业执事
	张桂丹	47	直隶昌黎人	奉天世议泉烧锅行业执事
调查员	田广运	63	山东齐东人	奉天自关东开设庆丰客店行业执事
	冯福轩	44	直隶昌黎人	奉天泰和堂药铺行业执事

资料来源：孟慧敏：“民初奉天商事公断处研究”，辽宁大学 2012 年硕士学位论文。

上述民国时期上海、苏州、奉天等地商事公断处的职员组成情况有相同之处，也有相异点，是由各地的工商业经济构成状况所决定的。虽然只是中国众多城市中的 3 个，但这三个城市可以说是近代中国城市的 3 种类型代表：现代化的都市、传统商业中心城市、内陆城市。因此，其商事公断处的人员组成情况还是具有一定的代表性的，基本上能说明民国初期商事公断处的人员组成相对比较稳定，人事变动幅度较小。

与当时商会领导层变动频繁的情况相比，民国初期各商会商事公断处的人事可谓波澜不惊。为什么会有如此明显的反差？

究其原因，笔者认为，最主要的还在于制度规定不同。1915年12月24日公布的商会法就会长、副会长、会董的任期作了明确规定："会长、副会长及会董均以二年为一任期。其中途补充者，须按前任者之任期接算。""会长、副会长及会董任期满后，再被选者得连任，但以一次为限。"[1]而商事公断处的职员选任规定则有所不同。1913年部订商事公断处章程规定："评议员、调查员之任期以二年为限，其续被选举者得连任，但连任不得逾二次。"[2]此条虽然在后来被改为："处长、评议员、调查员之任期二年，但得连任一次，第一次改选时，用抽签法抽得半数，连任第二次以后，仅改选业经连任之半数"，[3]但仍保证了部分职员可以连任多届。两相比较，商会法的规定明显约束了领导层成员的长期连任。实际上，很多解任的商会会董，往往在间隔一届任期后，会再次当选。例如，上海总商会1924年第五届选举出来的35名会董中，朱葆三等12人就是1920年因不能连任而未当选者。[4]

其次，在于各被选之人对于其职务的态度不同。以上海为例，历届当选会长和会董中都有人欲辞职，如担任总理最多届的周金箴就多次提出辞呈。1916年按照新商会法，商会第一次改选，宋汉章、陈润夫当选为会长和副会长，二人皆以自身事务繁忙而辞不就职，而依法升补的沈仲礼和张知笙二人得知即将接任会长、副会长之职，亦坚辞不就。最后，总商会不得不呈请农商部核准，举行重选。而张知笙在1914年6月第一届公断处处长沈联芳辞职后，即代理处长一职直至1916年第二届选举。虽然张知笙在1916年6月3日第十一期常会提出，"镛谬承公举本会公断处处长，自知菲材，黾勉从事，两载而兹，仅免陨越，毫无建树，良深愧恧，今届选举之期，镛亦两载期满，为此

〔1〕上海市工商业联合会等编：《上海总商会组织史资料汇编》（上册），上海古籍出版社2004年版，第202页。

〔2〕上海工商业联合会等编：《上海总商会组织史资料汇编》（下册），上海古籍出版社2004年版，第678页。

〔3〕"修正商事公断处章程与办事细则"，载上海市工商业联合会等编：《上海总商会组织史资料汇编》（下册），上海古籍出版社2004年版，第689页。

〔4〕《总商会初选揭晓》，载《申报》1924年6月16日。

肃函告退，乞另举贤能，是为至祷，诸希鉴谅，不胜感切”，[1]但是，张知笙还是获得了连任。两相比照，可谓待遇天差地别，个中原因为何，现在不得而知。但有一点可以肯定，那就是张知笙等商界领袖对于商事公断处的职务也许不是很热衷，但至少也不反对。

此外，政治局势的变幻也是商会领导层变动频繁的原因之一。虽然商会不属国家机构，但由于商人阶层尤其是大商人基于雄厚财力而拥有巨大影响力，政治人物需要商人的财力支持，而商人也希冀获得政治人物的庇护，使得清末民初的商人与政治紧紧联系在一起，成为近代中国商业和商人的一大特色。商会也就成为各种政治势力争夺商人乃至商界控制权的必争之地。而商事公断处只是商会附设机构之一，专职处理商事纠纷的机构，其影响力自然无法与商会本身相媲美，不被关注乃是情理之中。

总之，清末民初商事公断处领导权的更迭，虽然在总体上呈现出由社会中举足轻重的绅商、大商户、银行经理或有官衔的乡绅、地主到民族资本家、政商的走向趋势（如保定商会，其领导层即由成立初期具有官衔的乡绅、地主如董应书、樊榕、王大芹等担任，逐渐转由民族资本家如孙鸣皋、刘毓桐、于震宗等主持），[2]但其背后却未必就一定有着权力角逐，如果有，也只是非常态现象。[3] 正如《申报》在评论1916年的商会选举时所言，“商会会长一席，缘有义务而无权力也，故每届选举，大都辞不肯就”，[4]“中国无论何种选举皆出于竞争，而独商会选举则每退让未遑，此征之往事而知之者也”。[5] 商事公断处选举虽未出现辞不肯就的现象，但也没有激烈竞争、趋之若鹜的情况。

---

〔1〕《商事公断处张知笙处长任满函请重选》，载上海市工商业联合会等编：《上海总商会组织史资料汇编》（下），上海古籍出版社2004年版，第667页。

〔2〕史佳：“1907～1927年保定商会研究”，河北大学2009年硕士学位论文。

〔3〕李达嘉：《上海商会领导层改选问题的再思考》，载朱英、郑成林主编：《商会与近代中国》，华中师范大学出版社2005年版，第163～185页。

〔4〕“权利义务”，载《申报》1916年9月9日。

〔5〕“商会选举”，载《申报》1916年10月26日。

三、职能权限

在商会设立之前，除行会性质的公所可依据行规对违反者予以处罚外，商事裁判权一般操诸于官府衙门手中。此时的商事司法实践由官府主导。甲午战争后，清政府厉行振商护商政策，设立商务局以保护工商业者的利益，并规定如商家遇有财产讼案，先由行董详议，以免衙门官司拖累；如行董未能了结，再赴商务局申诉，由商务局总董秉公调处；如理屈者不服或逃匿，即由商务局提案追惩。[1] 由此而开商事裁判权分离之先例。虽然有着这些文字性的规定，但实际上商务局理结商事纠纷并没有得到切实施行。这主要是因为当时商务局只任用候补官员，工商业者无缘进入，与官府衙门并无二致，未能解决工商业者受讼案拖累的问题。在这种情况下，由一个能够真正维护工商业者利益，熟悉商务方面情况的机构组织受理商事纠纷就众望所归了。

1902 年上海商业会议公所设立时就确定了具有"追逋负"之责。1903 年的《奏定商会简明章程》中第 15 款、第 16 款规定商会有秉公理论、从众公断华商及华洋商人纠葛之权。[2] 自此，商会裁决商事纠纷之职责便以国家法令的形式正式确定下来，各地商会在拟定章程之时自然将其作为商会宗旨之一列于篇首，成为商会重要的日常事务。

既然公断调处商事纠纷已是重要的日常事务，专人专司其事就势所必然。以上海为例，在 1904 年四月的《上海商务总会章程二十三条》中尚只是规定，"务令会友与会友及与洋商人等贸易等类简易可行，收受为人调停之事"，[3]很是笼统、模糊。而在是年五月新制定的《上海商务总会第二次暂行试办详细章程》中就比较明了。首先，明确商会的宗旨之一："维持公益，改正行规，调息纷难，代诉冤抑，以和协商情。"其次，在人员安排上，于领袖议事中设"庶务议董六员，分察公断调查中证各事"。最后，规定了商会公断调处的对象："在会华商争执之件，随时为之公断调处"、"会中人员有关涉商务屈

---

〔1〕《皇朝经世文新编续集》(影印本)，第 10 卷"商政"，台北，文海出版社，第 3 页。

〔2〕《光绪二十九年清商部奏定商会简明章程二十六条》，载《东方杂志》第 1 卷第 1 期。

〔3〕《光绪三十年四月订上海商务总会章程二十三条》，载上海市工商业联合会等编：《上海总商会组织史资料汇编》(上册)，上海古籍出版社 2004 年版，第 65 页。

抑不平之事,查察属实,公议遵照部章第七条向官长申诉”。[1] 这些规定虽然仍显粗疏,但商会公断调处商事纠纷的职权已很明晰。

1907年四月,上海商务总会鉴于在过去的3年中,“平日刻意悉心体察,遇事刻意讲求,秩序虽已井然,纲目尚嫌未备”,遂“检齐旧章”,一一推勘,“就司员职道等考察所及,众商条议所陈,参互印证,刷印清单,分送职会全体会员及各业商董等请其详细讨论,各抒所见”,经签注复会后再集众取决公议,形成详细章程92条。[2] 与第二次章程相比,此次有关规定更为细致具体,其变化主要有如下几个方面:第一,在人员安排上更加合理,设理案议董五员,专司监理钱债纠葛、词讼诸事。此规定的出台应是基于纠纷解决实践的需要,有利于提高商会公断调处商事纠纷的效率及权威。第二,对商会公断调处的纠纷事项规定更为具体,商会的职责权限更加明晰。有关条款罗列如下:

> 第六十一条 凡既经入会商人,如有钱债纠葛须请本会理处,或请本会代投地方官禀函者,均由本业董事函送来会,即行酌办。如未经入会之商人,一概不予理处。
>
> 第六十二条 凡钱债纠葛,如两造均愿请商会理处,自应即予提议。若止一面请商会提议者,必须查访情由。如果事直受屈,可将情节布告。各议董会员中有五人以上之认可(认可以签字为凭),方可开议。
>
> 凡经商会允予提议之件,如总协理及议董会员中有与两造为兄弟、同族及有至亲者,或为两造中一面之股东者,均须先期陈明,并将清单缴还,届时可无庸来会与议,以避嫌疑。会中应即注明缘由,不在无故不到之列。

---

〔1〕《光绪三十年五月制定上海商务总会第二次暂行试办详细章程》,载上海市工商业联合会等编:《上海总商会组织史资料汇编》(上),第70页、第78页。

〔2〕《上海商务总会第三次缮修章程上农工商部禀》,载上海市工商业联合会等编:《上海总商会组织史资料汇编》(上册),上海古籍出版社2004年版,第80页。

第六十三条　凡经商会允予提议事件，须于下星期常会 即予提议。议决之期至多以一个月为限，不得积压延搁。如实有仍应展限之处，须布告展限缘由，并非压搁所致。

第六十四条　凡钱债纠葛商会允予理处者，由总协理交于理事或理案议董。先邀两造详询原委，由书记将问答逐句登簿，理事理案，议董及两造均签名于上。再定期邀请该业董事到会访问，所有问答亦由书记逐登，均签名于上，即行刊送与议诸人，由总理定期开议。开议时，如尚有疑窦，可再集两造问询。问毕，两造退出议室，由总协理、议董公同集议。议决布告，并登报宣布。若理屈者愿遵公断，即不必登报，以存厚道。仍按季摘叙简明事由，具保农工商部备案。附理案试办章程十条(略)

第六十五条　凡钱债纠葛，除两造自请商会理处公断后或有不遵，任向有司控告外，其余案件，经地方官移请商会公判者，两造设有不遵，应由商会据情移复地方官查办。

第六十六条　会中办事人，如坐办理事、书记、缮校、翻译、司账、庶务各员，照章月给薪费，名曰本会办事员。有行法之权，无司法、立法之权，无庸在场议事。惟每届集议，坐办须至会室听议，俟总协理、议董会员等议决办法，遵照施行。如各该员等有偏徇舞弊情事，为会员查悉，立即公议撤换。[1]

上述所列条款基本上涵盖了商事纠纷解决的全过程，从受理前到受理中，再至受理后，包括受理对象、受理类型、受理环节，以及受理过程中的回避、公断后等各种情形，已比较全面、具体。民国初期的商事公断处章程无疑是在此基础上演绎而成的。但该章程对于公断不公，即对于理案议董以及其他议董在理案过程中的徇私舞弊行为规制较少，仅有一条相关规定："总理以

[1] 《上海商务总会第三次禀定详细章程九十二条》，载上海市工商业联合会等编：《上海总商会组织史资料汇编》(上册)，上海古籍出版社 2004 年版，第 90 ~ 92 页。

下各员,如有办事不公允,经会员、会友举发者,须有在会会员五人联名,方可宣告会众,择期公议,派会员查究。如查有实迹,告知会众,公同定议,撤退另举。如系农工商部加札之员,应由本会呈诉农工商部。若未经公议决定,不得用本会之名呈诉。"[1]此条规定明显拘束力较弱,且隐含有维护包庇之意。

无论如何,上海商务总会所拟定的第三次详细章程要比第二次先进得多,其进步性是不容否定的。商会理案职能权限的明确和细化,对于当时上海商务总会的理案效率和实际效果无疑具有积极作用。

1905年,苏州商会遵照部颁奏定商会简明章程,"酌量苏地情形,参照上海商会办法,公同拟定暂行试办章程八十条",呈报商部核准施行。[2] 章程规定:"本会以保护营业、启发智识、维持公益、调息纷争为宗旨",同样将商事纠纷解决视为商会之当然职能。[3] 商会设总理一员、协理一员;议董十六员,其中包括会计二员、接待六员、庶务八员;其他会员二十员至五十员不等。章程第八章"权利"一章明确了商会的一应职责,其中涉及纠纷解决即公断的有如下各条:

第四十七条 凡既经入会注册之商号,由本会开单备文送至地方官衙门存案。嗣后,该号应事被控牵涉,应请地方官现行知照本会,分别办理如下:

该商号因号中商务被控必须传讯者,本会公同据实查复,俾良懦者得尽其词,狡黠者无可饰辩;

各商因钱债细故被控者,由本会随时酌觅担保,以免羁押之累;

各商如所犯案情重大、不关商务者,当立即派员查察,属实,本会即不任保护之责,并公议出会与否。

---

〔1〕《上海商务总会第三次禀定详细章程九十二条》,载上海市工商业联合会等编:《上海总商会组织史资料汇编》(上册),上海古籍出版社2004年版,第93页。

〔2〕"王同愈等呈商部稿",载章开沅等主编:《苏州商会档案丛编(1905~1911)》(第一辑),华中师范大学出版社1991年版,第17页。

〔3〕"苏商总会试办章程",载章开沅等主编:《苏州商会档案丛编(1905~1911)》(第一辑),华中师范大学出版社1991年版,第17页。

第四十八条 在会之人因商业纠葛(如买卖亏倒财产、钱货等),本会当为之秉公调处,以免涉讼。但须各将前后实在情形及账目等和盘托出,不得稍事欺饰。经本会核明确实,其理直者,虽为之联名电部,本会亦所担任。

第四十九条 事经本会调处,众议佥同,其理曲者,梗顽不服或避匿不到,非本会权力所及,当酌量代诉有司。

第五十条 本会调处事件以和平为主,秉公判断。如两造相持不下,听其赴诉有司。如迁延不结,两造仍愿会中调息者,本会亦不推辞。

第五十一条 甲商在会,乙商未入会者,乙商另请公正人到会调处。

第五十二条 入会各商既已循礼守法,如有土棍吏役讹诈凌压、借端滋扰商业者,本会当代为伸诉。

第五十三条 凡有不便于商,损害商务,或奉行习惯,而实为病商之政,亟应整顿改革者,本会当实力办理。

第五十四条 如遇假冒牌号,混淆市面,诬坏名誉,扰害营业,本商因此而致有吃亏之处者,告知本会查明,确系被累被诬,应公同议罚议赔,以保商业。

第五十五条 凡本会权力所不能及者,或代诉有司核办,或遵照部章第七款办理。

第五十六条 在会各商有因商务要事,欲自行具呈商部者,总理、协理表明年月后,径将原呈代寄商部,以期迅速。

第五十七条 华、洋商遇有交涉,本会酌量事理,可做代表,并遵照部章第十六款办理。

第五十八条 不论会内会外,各业中如有罔利病商,自相践踏、不顾公益、妨害民生者,遵照部章第二十四款办理。[1]

……

---

[1] 《苏商总会试办章程》,载《苏州商会档案丛编(1905~1911)》(第1辑),第27~28页。

细察上述各条,商会在公断调处商事纠纷(苏商总会当时称之为理案)方面的权限已比较清晰。首先,商会在公断调处商事纠纷时以保护商人及其利益为依归,充当其后盾。其次,商会公断调处的商事纠纷有被控至官府而牵涉者、会友间之商业纠葛者、会友与非会友商人之间的纠葛、扰乱正常商业经营秩序者、华洋商人之纠葛等。再次,商会秉公公断调处纠纷,除假冒商号、混淆市面、诬坏名誉、扰害营业而累及商人,公同议罚议赔外,其余各类纠纷当事人如不服公断,均可以赴有司告诉,商会亦可以代合法商人向官府呈诉。至于如何应对商会在公断调处商事纠纷徇私偏袒,章程中的有关规定与上海商务总会的有关规定基本相同,同样表现出对商会议董的维护之意。最后,商会与商事纠纷所作出的公断不具备强制力,两造如有不服,可以向官府提起申诉,如向商部具禀或就近其地方官核办。另外,苏州商务总会还制定了理案章程十二条,对商会公断调处商事纠纷进行了比较具体的规定,提高了商会的理案效率和公信力,也进一步提升了其权威。

1905年,天津商务总会总理王贤宾等将拟定的《天津商务总会试办便宜章程三十条》呈报商部和直隶总督袁世凯,经商部和袁世凯修正后,颁布施行。章程规定,商会设评议会董四人,专司公断调处商家纠葛,“凡商家轇轕既由本会评议,一经各商赴会告知,应由总理等定期邀集各董秉公理论,从众公断。两造倘有不服,准其分别具禀商部或就近禀请地方官核办”。[1] 同时,天津商会总会鉴于商会是“会群力群策提倡公共利益之地”,“无论大小事宜,均须集议会中,询谋佥同,以定行止。人人皆有参议之责,人人皆无独断之权,不可稍有私心,不得予有成见。惟事务纷繁,应有各司其事者,公议分设文牍、评议、考察、收支、庶务计五处,各有责成,各有权限”,制定了“天津商务总会所属各处公订办公专条”。[2] 该专条中,就评议处设有4条

[1] “王贤宾等为禀报津商会试办便宜章程会董行董与入会商号清册事上商部文及部批”,载天津档案馆等编:《天津商会档案汇编(1903~1911)》(上),天津人民出版社1989年版,第48页。

[2] 天津市档案馆等编:《天津商会档案汇编(1903~1911)》,天津人民出版社1989年版,第54页。

规定：

一、各轇轕未成讼者，妥为理处，若已成讼，本会未便评议。

一、评议两造是非，须有确切凭证。

一、两造供词抄录附卷，以杜反复。

一、不服评议，容心狡展，备文送案。[1]

无疑，上述有关评议处的四项条款极其简单粗疏，距离妥善相去甚远，以之行诸实践，自然会滋生若干问题。因此，1908 年，天津商务总会又做了修改和补充：

一、评议原被各项纠葛，以禀呈为凭，若无禀呈投会及查出已在各署成讼者，概不评议。

一、评议两造是非，须有确切凭证。

一、两造供词抄录附卷，以杜反复。

一、不服评议，容心狡展，备文送案。

一、评议之先，各议员须将本期应议案件研究一次，然后开议，以免疏忽。

一、评议时，先由两造各诉意见，由书记抄录宣布一次不误，令两造各自签字附卷，以为确据。

一、评议后，须将议定情节详细注明，评议员暨总协理坐办均应于议词后盖章，以昭慎重。

一、评议员如遇紧要事件不能到会，须函托他议员作为本议期代表，其一切责任应由两议员共负之。

一、每月杪应将评议各案，由书记分别已结、未结开具四柱清

---

〔1〕“天津商务总会所属各处公订办公专条”，载天津市档案馆等编：《天津商会档案汇编（1903～1911）》，天津人民出版社 1989 年版，第 55 页。

单,送由坐办稽核。

一、评议时,两造不得喧嚣,如有任意咆哮,应照禀定成案办理。

一、评议案件议定后,如两造延宕,至多不逾三期送案。

一、允协后,应令两造具遵允书存档。[1]

与1905年的专条相比,1908年的专条要完善得多。首先,确定了商会评议纠葛的必备条件:有禀呈投会且未向官府提起诉讼。其次,对商会评议纠纷过程中及结束后的证据留存进行了规定。最后,对评议员评议案件提出了要求。可见,与上海、苏州二地商务总会的有关章程相比较,天津商务总会的有关规定显得很简略,且对于商会在公断纠纷中的责任未有规定,较之上海、苏州二地的含糊其词显得更加不重视,隐然有将自身与官衙等同的意味。当时的报纸就曾对此加以评论,认为:过去只能有评论曲直之权,无裁判商号诉讼之权,"今若此是,商会俨然公庭"。[2] 1909年在天津从事采购药材的商号全盛祥,积欠津商货银79900余两,因无力偿还而逃遁。天津药材商无处讨回债务,不堪蒙受巨大损失,只得呈请天津商务总会受理,请求查封全盛祥。天津商务总会收到呈文后,立即派员查实,随后查封全盛祥所有存货及财产,并将其存货与财产变卖偿还债主,在一定程度上弥补了天津药材商及其他各商号的损失。[3]

从上述清末上海、苏州、天津等地商会所制定的有关规条可知,此时期商会在公断调处商事纠纷方面的职能权限已比较明确,但普遍对自身所应担的责任缺乏规制。上海商务总会虽然于1907年的《第三次禀定详细章程九十二条》中列有"责任"、"规章"等章,苏州商务总会在《苏商总会试办章程》也列有"责任"一章,但基本都是关于商会所有职员,包括总协理、议董、会友、会员、理事、书记、庶务等之责任,殊少有关纠纷公断调处的。之所以如此,笔

---

〔1〕"天津商务总会所属各处公订办公专条",载天津市档案馆等编:《天津商会档案汇编(1903~1911)》,天津人民出版社1989年版,第55页。

〔2〕《保定商会设裁判所讼案》,载《华商联合报》,1909年第8期。

〔3〕天津档案馆编:《天津商会档案汇编》(1903~1911)(上册),天津人民出版社1989年版,第861页。虽然该案件本土保护主义色彩很浓,但却从一个侧面表明当时商会的权限较大。

者推测，大概由于其时商会领导层都属有官阶在身者，自视道德素养良好，不需要规条加以明确约束，甚至认为若在章程中列出相关条款，是对其人品的怀疑。因此，津、沪、苏等地的商会章程均未作出明确规定。此种情况并非鲜见，清末其他各地商会章程规定大抵亦如此。

1912 年清帝发布逊位诏书，宣告两千多年的君主专制政体正式解体，此前已成立的中华民国成为中国唯一合法政府。政统更迭对当时拥有巨大影响力的商会也产生了很大的影响。

1913 年 1 月 28 日民国北京政府公布司法部和农商部会订的《商事公断处章程》，并于同年 7 月 28 日做了第一次修正，1914 年 11 月 19 日又做了第二次修正。1914 年司法部、农商部鉴于各地商会遵照章程第 5 条规定，自行拟订公断处办事细则并禀请各该地方长官转报核准施行，“惟自一年以来，各省报部之案不下百余起。核其内容，其中可称完备深合公断性质者虽所在不乏，而失之疏略或涉于繁冗不切实用者实居多数。且各地异制，办法分歧，尤非整齐划一之道”，因而会同订定“商事公断处办事细则”，颁布施行。[1]

《商事公断处章程》于第一章“总则”中规定了商事公断处的职能：“商事公断处应附设于各商会”，“公断处对于商人间商事之争议立于仲裁地位，以息讼和解为主旨”。[2] 此两条基本明确了商事公断处的机构性质为商会附设机构，不具备独立性，意即商事公断处不具备独立的法人资格；其基本职能乃是公断调处商人间的商事纠纷，但立场中立，以息事宁人为依归，所作出的公断裁决不具备强制力。《商事公断处办事细则》于第一章“总则”中对上述两条做了更为细致的补充规定：“公断处遵照司法、农商部会订商事公断处章程，处理商人间商事之争议，其办事规程除依该章程外，适用本细则之规定。”并就商事公断处据何来评议事件做了说明：“公断处评议事件，得依据各该地

---

〔1〕《司法部、农商部民国三年公布商事公断处办事细则》，载上海市工商业联合会等编：《上海总商会组织史资料汇编》（下册），上海古籍出版社 2004 年版，第 680 页。

〔2〕《司法部、农商部会订商事公断处章程》，载上海市工商业联合会等编：《上海总商会组织史资料汇编》（下册），上海古籍出版社 2004 年版，第 678 页。

方商习惯及条理行之,但不得与现行各法令中之强制规定相抵触。"[1]通过这些规定,商事公断处的地位和职能已很明确。虽然与清末各商会所拟章程相比,既没有多大变动,也无任何新意可言,但从国家法令层面对其进行规定则显出政府的重视,以及公断制度和公断机构对于商业发展、商会的具体运行所具有的重要作用和影响。

关于公断处的权限,章程和细则均设有专章。章程第三章"公断处之权限"共有十条,从第14条至第23条分别就公断处受理商事纠纷种类、评议员和处长权限、评议结果的效力及执行等内容进行了规定。具体如下:

首先,公断处受理商事纠纷的案件类型有二:一是尚未起诉,由两造商人同意自行向商会声请者;二是已起诉,由法院委托调处者。

其次,评议员有依据商习惯和条理等做出判断的权力,但如果需要实施某种行为时,则需要呈请管辖法院为之。另外评议员有权向理屈者酌情征收费用,如两造主张各有一部分理由的,则平均负担费用,但不得超过所争标的物价额的百分之二。至于费用的用途,评议员须向两造公布,并获得其同意。评议员在做出判断前,必须询问当事人,如有必要,可亲自或委托调查员调查争议事实。公断处处长有处理处内一切事物之权。

最后,对于评议员之公断,必须两造同意,方可发生效力;如两造不愿遵守,仍可以继续起诉;如果公断后两造均无异议,应该强制执行者,须呈请管辖法院为之宣告。

《章程》第六章"职员之裁制"则对公断处职员的各种徇私违纪行为规定了制裁措施。公断处职员如有违背职守义务、行止不检而丧失职员信用的,处长得命其退职;如处长有前述情形须退职,则由地方长官报部行之。此外,公断处职员违背职守义务,致当事人受损害时,须负赔偿损害之责。

《商事公断处办事细则》第三章"公断处之权限"和第四章"公断处职员之权限、报酬及制裁"则是对部颁章程相关内容的补充完善。

---

[1] 《司法部、农商部民国三年公布商事公断处办事细则》,载上海市工商业联合会等编:《上海总商会组织史资料汇编》(下册),上海古籍出版社2004年版,第680页。

首先，对于公断处受理商事纠纷类型，细则补充规定有：第一，商事纠纷“须在该公断处所在地之商会范围以内”，如两造营业地点不在同意商会范围内，则应由当事人合意指定，向其声请。第二，细则还列举规定了各类不得受理之纠纷，如与商事无关者、关涉民刑者、两造全无证人证物者、因非正当营业而致者、已抛弃权利者、仅有一方提出声请者等。即使是法院委托调处的，若属于前述所列类项，则仍应禀请受诉法院核办。第三，至于已经起诉案件，如当事人自愿由商会公断，应由两造共同禀请受诉法院批准，并将原诉状、辩诉状、批词全文一并录送到公断处，方可受理。第四，公断未结案件，如在外调停和息，应由两造将和息情形各自陈明，声请注销。如系已经起诉的，公断处须将两造陈明愿书禀送受诉法院。

其次，对于公断处职员的权限，细则细分了各种情形，做了如下补充：第一，公断处处长有处理处内一切事务之权，但公断之外的重要事件应与所在地商会之会长或副会长协商处理。第二，评议员之行为若违背公断主旨及逾越权限者，其行为无效。评议员、评议长经签字或公推后，非有正当事由不得拒绝。第三，调查员应就案件所称各节详查，据实报告。若在调查过程中别有所得或另有所见者，应附记于报告书，以资参考。若有应行会同该商业商董参与者，调查员应向处长声明，知照商会，函请会查。公断处应给予调查员证书，如遇不服调查及意外障碍，限于有必要之情形，得就近请警察协助。调查员不能逾越受委托调查事件范围之外，并不得有强迫滋扰行为。若有，其调查无效。[1]

1924 年司法部、农商部会同对民国三年（1914 年）商事公断处章程进行了修正，其中涉及公断处权限之处有：[2]

第一，对公断处的职能做了进一步的补充，除公断调处商人间之争议外，将受商人声请或法院委托，办理清算事宜明确为公断处的又一职能。虽然公

---

〔1〕 上述各条规定内容，参见《司法部、农商部会订商事公断处章程》、《司法部、农商部民国三年公布商事公断处办事细则》，载上海市工商业联合会等编：《上海总商会组织史资料汇编》（下），上海古籍出版社 2004 年版，第 677～685 页。

〔2〕 《商事公断处新章程》，载《申报》1924 年 5 月 7 日。

断处在以往的纠纷解决过程中也办理清算,但只是出于查清事实的目的,现在将其列为职能之一,说明公断处在有关商事纠纷解决中的重要作用。

第二,在章程第四章"公断处之权限"中增加了"评议员得询问证人、鉴定人,但不得强制其出场或具结"一条,从条文上明晰了评议员与证人和鉴定人间的权责。

《商事公断处章程》及办事细则公布后,虽然司法部、农商部均要求各地商会遵照施行,但反应不一。一些商会,如上海、苏州、京师等地反响强烈,一方面积极设立公断处机构,制定相应公断章程;另一方面则联合各地商会,对部订章程进行讨论,要求修正一些不满意之处,引发商人与政府间的博弈互动。一些商会如天津虽也积极参与商人与政府间的对话活动,但却迟迟没有设立商事公断机构,继续以清末时期的评议处来调处商事纠纷,即使司法部、农商部屡屡电催,仍无意措置。

值得一提的是,由于上海、京师地位独特,加之经济发展水平和经济环境有别于全国其他各地,因此两地商会均结合本地实际,依据部订商事公断处章程及办事细则分别制定了有关规则。

自1843年开埠以来,上海迅速从一个临海的小城镇蜕变成近代化的都市,十里洋场,繁花似锦,不仅吸引了大量来中国淘金的外国商人,同样也聚拢了大批中国商人。上海既有现代化的工业企业,也有传统的家庭手工作坊;既有现代银行,也有传统钱庄。在这样一个可称为近代中国经济桥头堡的都市里,商业往来极为频繁,商事纠纷自不会少。有同行间的纠纷,也有不同行业间的纠纷,还有华洋商人间的纠纷。为方便公断处公断商事纠纷,提高办事效率,增强其公断权威,上海商会除制定有《上海总商会商事公断处办事细则》外,还另行制定发布了《商事公断规则》(1921年)、《上海总商会商事公断处关于声请事件之通告》、《理账规程》(1925年),[1]就有关事项做出明确规定。

民国初建时期的京师,在经历了壬子年(1912年)正月兵变之后,商民被

---

[1] 参见《上海总商会组织史资料汇编》(下册),上海古籍出版社2004年版,第690~698页。

抢严重,“各商统共损失计银一千七百余万两之多”。[1] 巨大的损失,使得京师商民之间的债务纠葛急剧上升,而众多商户因无法偿还欠款而被诉诸法院,法院又不能因商户被抢而裁判其不还债,不得不依据新法令强制执行,查封债务人之财产,由此造成“京师内外城镇、衢门巷首张贴查封之布告者比比皆是。乃竟有该产被查封,其契据早已被抵押于他人,抵押者如不声诉,即失其抵押权,亦遂起诉,以因生果,又以果生因,果果因因,滋生不已。所以诉讼繁兴,积案如山,理结无日,商民胥沦于困苦,店铺闭歇逃走之日多也”。[2] 为解决此种局面,司法、农商两部经会商和实际调查后,决定仿效晚清庚子之变后,债务减成偿还的办法,以迅速清结成案。1915 年 11 月 17 日《京师被灾债户减成偿债结案办法》呈准施行。该办法的施行为京师商事公断处迅速理结商事纠纷提供了法律支撑,增强了其权威性,提高了效率。

另外,京师地方审判厅审理的涉及商民案件中,纯然为商人间商事诉讼者很少,不过2/10,其余案件有两造皆非商人者,有一为商人,一为非商人者,一些强制执行案件只是对铺店房屋进行查封,禁止其自由处分,实为扣押,并没有封闭铺店而妨碍商人营业。根据《商事公断处章程》规定,公断处只处理商人间之商事争议,而法院所委托者不过是起诉后之案件,因此,对于执行中的案件能否委托公断处调处,并无明文规定或相关解释。1918 年,司法部因“京师地方两造为商人之案件甚少,非将公断处范围稍为推广,不足以达息讼解纷之本旨”,拟定“凡被告为商人及业经判决应行执行各项案件,如有必要情形,均得由法院委托商事公断处调处,调处不谐,仍准诉之法院,以资救济”。[3] 同年二月,上海总商会认为上海商人繁盛,华洋杂处,呈请援案办理,被司法部以上海地方尚无援用京师成案之必要,批驳未准。故而,与其他各地公断处比较,京师公断处的权限范围要宽广得多。

虽然自明清以来,商人组织如会馆、公所就一直承担着调处商事纠纷的职能,但长期以来,这一职能权限并未得到政府的正式认可,属于惯例。清

〔1〕 李炘:《考核商事公断情形报告书》,载《法律评论》1926 年第 173 期,第 29 页。
〔2〕 李炘:《考核商事公断情形报告书》,载《法律评论》1926 年第 173 期,第 28 页。
〔3〕 李炘:《考核商事公断情形报告书》,载《法律评论》1926 年第 173 期,第 7 ~ 8 页。

末，政府虽赋予商会以调处商事纠纷之权，但这一权利始终未被清晰界定，因而屡有侵越行为。直至民国建立之后，北京政府司法部、农商部吸取前清各地商会办事经验，借鉴西方商会制度，拟订章程，对其从法律上进行规制，才完成商事公断制度从初创到成型的任务。商事公断处这一机构的合法地位也得到国家和社会的正式承认，成为清末民初商事纠纷解决机制中的重要组成部分。

四、小结

前面我们介绍叙述了自清末至民国初年，商事公断处的历史发展沿革、人员组成及其职能权限等有关情况，从这些史实中，我们可以比较清楚地发现商事公断处亦官亦民、亦新亦旧、亦中亦西的特点。

首先，亦官亦民。清末民初的商会是国家振商兴商、保商护商的产物，具有浓厚的官方背景，如清末时期商会的领导人基本都有官衔、官品在身，政府颁发关防等；而商会本身又是由众多商民所组成，是商人自己的组织，以维护商人利益为宗旨，在法律上属于社团法人。作为商会的附设机构，公断处自不例外。它在一定程度上可以代表官方处理事务，如可以接受官府（法院）委托公断调处商事纠纷，其职权有着国家法令的明确授予。同时，商事公断处又是由商会会员自行选出，虽然要向政府报备，但其人民性自是毋庸置疑。可见，无论是商会，还是其下设机构——公断处，都具有鲜明的亦官亦民特点。

其次，亦新亦旧。清末民初的商会是以传统商人会馆、公所为基础而建立起来的，不仅从组织和成员上承袭了传统，而且延续了其职能，其“旧”的一面清晰可见。同时，商会又是清政府仿效西方、为发展商业而倡设，是清末的新生事物，具有“新”的一面。商会如此，商事公断处亦然。公断处虽然承袭了传统会馆、公所的解纷职能，体现了其“旧”的一面，但同时，公断处自身又掺入了很多新式元素，如公断职员的选举、权限的制度化等。可见，公断处是一个亦新亦旧的事物。

最后，亦中亦西。正如前面第一章所述，商事公断制度的历史渊源有传统会馆公所的公议和近代西方的商事裁判,不仅具有中国传统的纠纷调解特点,还兼涵近代西方的商事仲裁特性,是一个中西合璧的产物,具有亦中亦西的特点。

总之,近代中国商事公断处经历了清末的孕育,至民初正式成型,其职能权限也由一开始的隐约模糊发展到民国初期的制度化、透明化。这一发展演变轨迹恰与当时的政治经济社会形势的发展趋势相一致。换言之,商事公断处的形成发展历程是清末民初中国政治经济社会转型的一个缩影,体现出鲜明的时代特色,既有其进步性,也有其落后之处。

第三章　商事公断制度的建构

从清末至民初，商事公断制度也从一个简陋的粗胚逐步进步为比较精良的成品，其中，政府专门就此制定的法律规范功不可没。换言之，正是由于有了国家层面的法律框架，商事公断制度才得以生根发芽、茁壮成长。此前，有学者对一些相关法律法规如《奏定商会简明章程》、《商会法》等做过考察，但其着眼点多在于商会的法制化、商会参与立法活动和商会的职能方面，而基于整体的视角，对从国家到地方的商事公断制度体系进行的考察和探讨甚少，因而商事公断制度的体系化特点就未能彰显。其实，前文第二章有关商事公断处的职能权限部分也可以归为制度范畴，但其属于一个中观层面的考察，而本章主要从宏观和微观层面去考察，注重静态文本的规范分析。因此，本部分拟从两个视角对民初商事公断制度的建构进行考察：第一，运用法律分析的方法，对清末民初国家层面商事公断制度的法律架构进行探究，梳理从《商会法》到《商事公断处章程》及《办事细则》，再到《民事公断暂行条例》、《公断法》（草案）的制度演进轨迹，并将其与民事诉讼制度相比较，以凸显商事解纷机制的专业性和特殊性，进而分析这一制度架构的历史特点及其影响作用。第二，采用比较分析的研究方法，选取上海、苏州、京师等地为代表，考察探析各地的商事公断制度异同。需要说明的是，严格来说，近代中国的商事公断制度正式成型于民初，加之有关商事公断制度的法律规范绝大多数都制定和颁行于民国初期，因此，本部分将考察目光聚焦于民国初期，大约从1912年至1927年。

一、国家层面的商事公断制度建构

(一)《商会法》

经历了晚清几十年的艰难发展,步履蹒跚的民族工商业在民国成立之时已有了很大起色,纺织、粮食加工、制造、造船、交通、邮电、金融、商业贸易等都成长迅速。据1912年《第一次农商统计表》的数据,此时期全国各省区上报的工厂数已达到20749家,其中使用机器动力的工厂363家。[1] 伴随着工业的迅速发展,涌现出一批具有相当实力的工商企业家。他们不仅有雄厚的经济实力,而且承续了晚清"在商言政"的传统,积极参政议政,已成为一支有着巨大影响力的社会政治力量。据统计,1912年全国共有商户组织794个,会员193,636人;1915年商会已发展至1242个,会员245728人。[2] 正是由于商会的快速发展,商人的社会影响力不断提升,其中一批影响力很强的"绅商"和"官商"跟政府越走越近,甚至与政府互为奥援,逐渐形成20世纪上半叶中国一个极具特色的商人团体——政商。[3]

经济社会形势的发展,以及商人政治影响力的持续增强,使清末制定的《商会简明章程》跟不上形势的发展,亟须修正。制定新《商会法》成为政府和商人的共识,提上了议事日程。

1912年11月1日至12月5日,北京政府工商部组织召开首届全国临时工商会议。据学者不完全统计,全国有40多个商会选派代表出席了此次会议,加上其他工商团体和特邀的工商界代表,其总数约占总人数的80%。[4] 此次会议,工商部提出了73件议案,以供会议审议,包括议决案31件,参考

〔1〕 张忠民:"20世纪30年代中国《工厂法》的颁行及其社会反响",载朱荫贵主编:《近代中国:经济与社会研究》,复旦大学出版社2006年版。

〔2〕 胡光明:"论北洋政府时期天津商会发展与演变",载《近代史研究》1989年第5期。

〔3〕 关于"政商",参见冯筱才著:《政商中国:虞洽卿与他的时代》,社会科学文献出版社2013年版。

〔4〕 朱英:"论民元临时工商会议",载《近代史研究》1998年第3期。

案16件,否决案9件,未决案17件。在31件议决案中,就包括商会法草案。[1]

在临时工商会议召开之前,工商部已先行拟订商会法草案,并交法制局修改后,提交参议院议决。后在工商界代表的一致要求下,工商部将商会法草案原案及法制局修改案一并提出,作为咨询案交与工商会议讨论议决。经过与会代表及工商部的反复商谈,充分讨论后,对工商部原案及法制局修改案做了修改后,议决通过。然而,草案的通过并不意味着商会与政府之间的分歧得到解决,双方的冲突焦点仍然存在。

1914年9月12日经参政院议决的商会法公布。该法共三章60条:第一章"总则"、第二章"商会"、第三章"商会联合会"。同年11月27日公布商会法施行细则20条。商会法及其施行细则甫一公布,就遭到全国各地商会的普遍不满和反对。上海总商会于12月19日第二十五次常会上综合各省商会及本会意见,形成禀稿,经与会各议董细细讨论后,向政事堂呈禀,认为"自商会法公布后,全国商会皆以窒碍颇多,殊难遵守",而"农商部不顾舆情,削足适履,殊不知其可也","今不事生利而空言法律,偏仰给于分利之部,而以财政竭蹶为藉口,殊非商人所仰望也",[2]明确表达了对农商部的不满。

1915年全国商会联合会以"改组商会窒碍颇多"为由,向农商部发出请求:"恳先电各省分饬缓办事。"[3]同时,商会联合会又向政事堂提出禀呈,请求修正商会法,并将商会法讨论意见书及省埠商会总商会条陈事实汇订成册,一并呈报。

鉴于全国各地商会的强烈反对,民国北京政府不得不采纳商会意见,对1914年商会法进行修改,经参政院议决后,于1915年12月24日由大总统申令公布施行。随后,又于1916年2月1日由政事堂奉申令公布商会法施行细则19条。至此,民国初期的商会法立法争议告一段落。

---

[1] 朱英:"论民元临时工商会议",载《近代史研究》1998年第3期。

[2] 《上海总商会领衔禀政事堂谓商会法窒碍难行》,载上海市工商业联合会等编:《上海总商会组织史资料汇编》(上册),上海古籍出版社2004年版,第186页。

[3] 《禀农商部请缓改组商会》,载上海市工商业联合会等编:《上海总商会组织史资料汇编》(上册),上海古籍出版社2004年版,第193页。

1915年《商会法》分九章,共46条,分别为"总纲"、"组织"、"职务"、"选举及任期"、"会议"、"解职及处罚"、"经费"、"解散及清算"、"附则",[1]对商会的法律属性、组织构成、基本职能、选举、重大事项的处理、商会职员的惩戒、经费、解散等事项进行了具体规定。

与此前的历次商会法相比,如清末的商会简明章程、民初的1914年《商会法》以及工商部草案、法制局修改案、商会联合会草案,1915年《商会法》在制度设计上更为完善,从内容框架结构到具体法律条文上都借鉴了各国如日本工商会议所法和德国、法国的工商会法精神。

首先,明确了商会法的适用对象:总商会和商会。1915年《商会法》第1条规定:"本法所谓商会者指总商会及商会而言。"而1914年《商会法》的规定则为:"本法所谓商会者,指商会及商会联合会而言。"无疑,这一变化是当时政府和各地商会之间激烈争议的结果。虽然仅就条文而言,我们无法比较两者的优劣,但结合当时的中国商会发展实际,1915年的规定明显要更为"接地气",具备更强的实际可操作性。

其次,明确规定商会按地区设立、须经政府许可、明定商会的任务和会董的选举办法等,具有鲜明的大陆模式和混合模式商会制度的特点,是一部混合模式的商会法。譬如1915年《商会法》第2条明确规定:"总商会及商会均为法人",明确了商会的法律属性为法人。按诸民国时期民商法学界的看法,"法人者(Juristische Person, Legal Person),具有人格之社会的组织体也"。[2]法人"应为权利之主体,盖由社会发达之必要,法律所以赋与人格,亦因此耳"。因此,"法人有一定之目的,有一定之机关,其本质即为一组织体,其存在即为实在,而非法律上之拟制"。[3] 根据商会的组成目的和方式,应归入社团法人一类,即因一定目的、以社员为其成立基础的法人。此一规定即与德日法等大陆法系国家不一样,也与英美法系国家不同。

---

[1] 《大总统申令公布商会法》,载上海市工商业联合会等编:《上海总商会组织史资料汇编》(上册),上海古籍出版社2004年版,第200~204页。

[2] 胡长清著:《中国民法总论》,中国政法大学出版社1997年版,第94页。

[3] 刘朗泉著:《中国商事法》,商务印书馆2011年版,第22页。

最后,对商会的组织情况进行了具体规定,包括商会的设立条件、商会的基本职能、商会职员的选举和任期、职员的解职、经费的征收和适用、商会解散,以及负责。从这些章节的名称,我们可以很清楚地发现他们对这些细节问题的处理很细腻,体例安排更加合理,逻辑性更强,目标指向也更明确,意味着1915年《商会法》的立法水平要高于以前。

前述内容表明了1915年《商会法》的优良之处,但对于本书的研究对象——商事公断制度而言,其重要性却在于该部法规的稳定性。该部法规自1915年公布后,一直施行至1929年民国南京政府颁布新的《商会法》时止,长达15年之久。因此,在民国初期这段时间里,1915年《商会法》始终是规范指导商会运行的上位法律,具有很高的权威。

然而自清末以来,虽有《奏定商会简明章程》明确规定商会具有调处商事纠纷的职能,但其地位却比较尴尬。盖因为章程未将这一赋权规定具体细化,譬如是否需要设立专门机构?调处依据为何?调处程序又为何?等等,致使各地商会于创立伊始基本都没有设立专门机构、拟订章程、由专人专司其责,而是在经过一段时期实践之后,才逐步完善起来。然而由于各地商会的自由发挥,不仅其所设立的机构名称各异,而且所拟订的章程也是各有特点,分歧较多,商会调处纠纷制度呈现出“百花齐放”、“各自为政”的纷乱局面,不利于商会调处纠纷职能的持续发展。清末商会精英欲图统一商事调处行为的努力,以及商会和政府之间的司法权力之争,其根源即在于此。

1915年《商会法》及施行细则的有关规定,在一定程度上解决了此问题,避免了商会权责不清不明。该法第5条规定,各地总商会和商会在设立之时,就必须拟订好有关章程,其中之一即为关于调处工商业者争议之规定,将商会调处商事纠纷行为纳入制度范畴;第16条和第17条、《商会法施行细则》第4条规定,总商会和商会除有因关系之请求,调处工商业者之争议的职权外,总商会还必须因各商会之请求,调处商会间之争议,这两类争议的调处权均归属公断处,对商会的调处对象进行了界定和扩充。

《商会法》及其施行细则的这些规定无疑都属于原则性规定,不仅从国家法的层面上给商会裁判行为披上了合法的外衣,更重要的是为商会商事裁判权带上了制度的“紧箍”，将其纳入国家法律规范体系范畴内。可以说，1915年《商会法》是构成民初商事公断制度的基础框架，犹如人体之“骨架”，然而框架里的“血肉”填充却有赖于此前公布的《商事公断处章程》及其细则。

（二）《商事公断处章程》及《办事细则》

1912年在北京召开的第一次临时工商会议的会议主旨是为了促进民国工商业的发展，直接目的则是希望通过大会会议，听取工商界代表的意见和建议，以利于制定工商业政策和决策。正如工商部在会前制定的《临时工商会议章程》中所宣扬的，“工商部为谋工商矿业改良发达，亟欲征集全国实业家及专门学者之意见，讨论方法，以备采择，特开临时工商会议”。[1] 工商部此举无疑与其时社会上兴起的实业救国热潮有着紧密关系，两者遥相呼应，因此，有学者认为民元临时工商会议是辛亥革命的产物。[2]

其实，工商部召开临时工商会议也属无奈之举。因为要想发展工商实业，并非易事，不仅仅需要振臂一呼、应者云集的大好形势，更需要切合实际的政策方略去规范引导。民国工商部在成立后，就曾设想“以编订法律、造就人才、辅助资本、启发智术、排除障碍为入手方法”，然而付诸实践后，却发现“言之匪艰，行之维难，非合全国之人，合力以谋不可”，“见闻有限，知虑难周，无研究机关则难图进取，非结合团体恐事鲜实功”。[3]

在此次会议上，司法部将其拟订的在商会内附设商事公断处的章程交给工商部，工商部又将其提交会议讨论。虽然有与会代表对于设立商事公断处持反对态度，提议仿效法国制度另设商事裁判所专司商事诉讼，并形成会议议决案，但最终由于司法部坚决反对，不了了之。这也成为民初商会与政府之间持续角力博弈点之一。

1913年1月28日司法部、农商部会订商事公断处章程公布，同年7月28日、1914年11月19日两次修正。1914年9月18日司法部、农商部鉴于各地

---

〔1〕 工商部编：《工商会议报告录》（第1编），“文牍”，第5页，1913年印行。
〔2〕 朱英：“论民元临时工商会议”，载《近代史研究》1998年第3期。
〔3〕 工商部编：《工商会议报告录》（第1编），“文牍”，第2～3页，1913年印行。

呈报的公断处办事细则分歧百出,为统一各地商会公断行为,又制定办事细则,颁行全国。这两部部订章程和细则便成为民初商事公断处日常运作的基本准则,也是商事公断制度的主体部分。

1914年的《商事公断处章程》共7章38条。[1] 就其内容设计来说,颇为细致详尽。该章程以《商会法》为上位法,明确了商事公断处的性质地位、成员设置、职员选任与惩戒、公断处权限、公断程序等事项。例如,章程规定公断处附设于各商会,对于商事争议立于仲裁地位,以息讼和解为主旨,另立评议场,经费由商会承担;公断处设处长1人、评议员9~20人、调查员2~6人、书记员2~6人;评议员、调查员于现任会员中互选,处长于评议员中互选,评议员、调查员任期两年,可连任,但不得逾二次;公断处可以受理两造商人自行声请(未起诉)和法院委托调处两类商事争议;评议员之判断,必须两造同意,方发生效力,如两造不愿遵守,仍得起诉,如两造均无异议,应强制执行者,须呈请管辖法院为之宣告,处长有处理处内一切事物大权等;职员违反操守,处长得命其退职,处长有类似情形,则由地方长官报部行之,若当事人因职员违背职守义务而受损害,评议员须负赔偿损害之责等事项。最后,章程还对公断章程的变更和废止、办事细则等进行了规定。

《公断处办事细则》由司法部、农商部会订,于1914年9月18日公布实施。该细则共6章61条,是对部颁《商事公断处章程》的细化,譬如:公断处的冠名、对外公牍、经费、评议事件依据等问题;职员选任过程中的一些细节问题,如选举得票数相同怎么办?当选人不足额又该如何处理?处长因事故出缺如何处置?公断处不得受理的事件有哪些?不属于同一商会管辖范围的争议事件既经起诉,而当事人自愿移转公断之事件、公断未结而在外调停和息之事件该如何处置?处长、评议员、调查员、书记员的职责权限、酬金等怎么规定?此外该细则还对公断事件的顺序、声请书格式内容、书状声请事件的处理(受理与否、公断过程、评议员和调查员应否回避)、轻微事件和须

[1] "司法部、农商部会订商事公断处章程",载上海市商业联合会等编:《上海总商会组织史资料汇编》(下册),上海古籍出版社2004年版,第678~680页。

迅速完结事件的处理、当事人、公断结果的效力、评议场、公断清册等有关事项均进行了比较细致具体的规定。从这些内容可以看出,《公断处办事细则》针对公断处设立和运行过程中所遇到的一些疑难问题作了明确的回答和规定,是在吸收各地商事公断实践经验的基础上制定出来的,并非闭门造车,其可操作性非常强,有力地弥补了《商事公断处章程》的一些疏漏。

较之清末的商会简明章程以及各地商会所制定的理案章程,1914 年商事公断处章程和办事细则的立法技术水平无疑有了很大提高。

首先,从上文有关商事公断处章程和办事细则的简略介绍可知,这两部商事公断法规基本符合现行法律规范的逻辑要求,如对章程和办事细则的适用有具体要求,明确了公断处(职员)的权利义务,规定了制裁措施。这不仅表明章程和细则本身的高质量,体现了明显的权责对等要求,同时还意味着民初立法者的法律素养也有了很大提升。

其次,我们也可以很清晰地发现,章程和细则在体例安排上已形成一个严密的体系,从开篇原则性的总括规定,到具体细致的权利义务规范、程序规范,再到相应的制裁规范和附则规范,结构完整、安排合理、层次分明。

再次,就其内容而言,虽然不可避免地其中有一些条款规定或失之疏略,或操作繁琐,但总体上来说,各项规定还是很具体细致的,基本上能够涵盖各种情形。即使章程中因为疏忽或其他原因没有预料到,也通过细则做了弥补。同时,章程和细则的规定也比较符合其时各地商会的实际,再加上各地商会前期的实践经验,操作起来还是比较方便的。因此,该章程和细则在颁布之后,各地商会并没有什么反对之声,大多能遵照施行。即使是一些没有及时设立商事公断处的商会,其在公断调处商事争议事件时也能照此理结。

最后,也是最重要的一点,就是章程和细则对于评议员和商事纠纷当事人之间的对等地位虽没有明示,但我们还是可以从一些规定中略窥一二,如评议员、调查员在公断和调查过程中不得有强制、恐吓行为,当事人有正当理由对于签订之评议员陈请拒却等。诸如此类的规定,使民初的商事公断制度摒弃了以往的官衙习气,在一定程度上脱离了传统中国社会“关系本位”[1]秩序的桎梏,不再是“相互作用的法”,[2]向着法治现代化方向迈进。遗憾的是,这一法制现代化实践具有先天不足的特点,加之后天不顺而未能竟其全功,最终半途而废。

总之,如前文所述,商事公断处章程及其办事细则是组成民初商事公断制度的具体“血肉”内容,从公断处机构的组织、构成,到职员的权限责任,再到公断处的日常办公流程,一个完整严密的公断制度体系已然建立起来,成为民初商会公断商事纠纷的基本依据,同时也是对商会理案行为的具体规范。近代中国商事公断制度至此已摆脱清末时期的粗陋,逐步走向完善。

(三)《民事公断暂行条例》与《公断法》(草案)

民国建立后,政局跌宕起伏,法制未定。鉴于各级审判衙门次第成立,民刑诉讼繁琐,亟应确定管辖之范围,1912 年 4 月 7 日司法部呈请临时政府,暂行援用前清《民事刑事诉讼律草案》中有关管辖之规定,5 月 12 日分别刊发京外司法衙门遵照施行。

1914 年 4 月 3 日司法部以民刑事诉讼律尚未颁布,判决违法而确定者,依现行章程,关于刑事得提起非常上告,关于民事尚鲜救济方法;又以检察官原以维持公法保护公益为职务,考之各国,当公益上不要时,对于民事违法之确定判决,有由总检察长上告于大理院请求撤销之县里,特拟具《民事非常上告条例》4 条,呈准政府颁行。

1915 年 2 月 25 日司法部将《民事诉讼律草案》中有关事物管辖之条款进行修正,呈请政府核准施行。1919 年 4 月 18 日司法部又以有关管辖各章条款不足以资运用,而审判之要,尤在于公平,呈请政府核准,明令暂行援用《民事诉讼律草案》第五章。

1921 年 7 月修订法律馆完成《民事诉讼法草案》。司法部向政府提出:

---

〔1〕 关于中国传统社会“关系主义”的特征,可参见梁漱溟著:《中国文化要义》,上海人民出版社 2011 年版;园田茂人:“关于中国‘关系主义’的基础性考察”,载《社会学》第 12 号。

〔2〕 [美]昂格尔著:《现代社会中的法律》,吴玉章、周汉华译,中国政法大学出版社 1994 年版,第 84 页。

"民事诉讼动关人民私权，一切程序，亟应厘定法规，俾资遵守。东省特别法院需用尤亟，应准将《民事诉讼法草案》自本年九月一日起，先就东省特别法院区域施行，仍于国会成立时，提交议决，以重法典。"[1] 11月14日政府下令将《民事诉讼法草案》改为《民事诉讼条例》。1922年1月7日政府根据司法部之呈请，明令《民事诉讼条例》自1922年七月一日起全国一律施行。

从前述可知，民国成立之后的很长一段时间内，法制建设迟滞不前，民事纠纷解决并无专门法规。如此情形，自然是无法应对其时不断滋长的民事纠纷，虽有大理院公布的大量判决例和解释例，但仍显得有些捉襟见肘。此时，具有悠久历史和丰富经验的民事调解传统显现出巨大作用，有力地弥补了民事法律法规不健全之不足。再加上当时商事公断良好效果所产生的示范效应，制定并颁布实施民事调解法规正当其时。

1921年7月10日政府以大总统令公布了《民事公断暂行条例》33条，即日起施行。该条例对公断契约、公断人、公断程序、判断书、管辖法院、依契约以外方法所定之公断等事项进行了规定。公断契约因当事人约定使公断人一人或数人判断现在或将来之民事上争议而产生效力。公断人一般由公断契约中指定或订明如何选定。当事人如有回避事由、公断人为妇女、未成年人、破产人、褫夺公权人、禁治产人或准禁治产人、非公断契约指定者等情形，可以拒却公断人。公断人须严格按照公断程序进行公断，做成判断书。公断人一旦做出判断，对于当事人而言，与法院判决具有相同效力，但其强制执行须待法院有执行判决后才可。如果公断契约由指定之地方审判厅或兼理司法县知事公署，有关诉讼须向该籍贯提起，如公断人之选定拒却、公断契约效力裁判、请求法院行为之裁判等；若公断契约未曾制定管辖法院，则向有管辖权的司法机关提起诉讼；如若管辖法院有数处，以最先参与公断程序之法院为管辖法院。

由于《民事公断暂行条例》的制定机关是修订法律馆，为国家立法机关，

---

〔1〕 谢振民编著：《中华民国立法史》（下册），张知本校订，中国政法大学出版社2000年版，第994页。

并经国务总理靳云鹏、司法总长董康副署,以大总统令的形式向社会公布实施,较之仅以部订章程形式公布的《商事公断处章程》及其施行细则,其法律效力位阶无疑要高。因此,该条例对当时的商事公断行为具有法律拘束力自是应有之义。《民事公断暂行条例》虽然着意于民事纠纷,但并未将商事纠纷排斥在外,其第 32 条"依契约以外之方法所定之公断为法令所准许者准用本条例规定"的规定即是力证。也正是这一条规定,将该条例的适用范围显著扩大,为提高当时商会商事公断的权威和效力提供了更有力的法律支持,但同时也进一步规范了商事公断行为。

其实,如果我们仔细比较该条例和商事公断处章程,就会发现两者之间有着很大的相似成分,其中一些条款甚至基本相同。这说明立法者在制定《民事公断暂行条例》时,借鉴吸收了商事公断处章程及其办事细则的内容和精神。这一现象意味着其时民商事立法有由民商分立转变为民商合一的趋向,可以说是民国南京政府时期采取民商合一立法形式的萌芽。

此外,《民事公断暂行条例》和《商事公断处章程》在内容和精神上的接近,也意味着立法界对"公断"的法律属性的认识趋于一致。虽然没有直接资料证实这一点,但我们还是可以从胡汉民在 1929 年 12 月的中央政治会议上就《民事调解条例草案原则》提案旨趣的说明中发现这一事实。胡氏在提案中说:

> "查民事诉讼,本以保护私权,而一经起诉之后,审理程序,异常繁重,往往经年累月,始能结案,甚非所以息事宁人之旨。是以晚近各国,均励行仲裁制度,期于杜息争端,减少讼累,意至良善。我国夙重礼让,以涉讼公庭为耻,牙角细故,辄就乡里耆老,评其曲直,片言解纷,流为美谈。今者遗风渐息,稍稍好讼,胜负所系,息争为难,斯宜远师古意,近采欧美良规,略予变通,以推事主持其事,正名为调解,并确定其效力,著之法令,推行全国。庶几闾阎无缠累之苦,

讼庭有清简之观，谨拟具《民事调解条例草案原则》六项，提请公决。"[1]

胡汉民的提案经中央政治会议议决后，交法律组审查。法律组对胡汉民提出的6点原则加以修正，增改为七项，附录如下：

一、为求杜息人民争端，减少法院诉讼起见，于第一审法院附设民事调解处。

二、民事调解处以推事为调解主任，但经当事人请求，应许其各于具备下列资格之人中，推举一人助理之：(1)中华民国国民年在30岁以上者；(2)有正当职业者，但现任司法官及律师不得充助理员；(3)通晓中国文义者。

三、初级管辖及人事诉讼事件，非经调解和息后，不得起诉；其他诉讼事件，经当事人请求调解者亦同。

四、调解由一造请求者，经调解处通知相对人，而相对人无正当理由不到场者，酌科罚锾。

五、当事人均经到场者，调解期限为7日，逾期者以调解不和息论；但经双方同意延期者，不在此限。其相对人受通知后，无正当理由不到场，除在途期间外，经过5日者，亦以调解不和息论。

六、调解和息，应由书记官将和息结果，记载于登记簿，与法院判决者，有同等之效力。

七、不得以任何名义征收费用。[2]

立法院法制委员会以这七项原则为基础，拟订草案，经二读通过，《民事

[1] 谢振民编著：《中华民国立法史》（下册），张知本校订，中国政法大学出版社2000年版，第1033页。

[2] 谢振民编著：《中华民国立法史》（下册），张知本校订，中国政法大学出版社2000年版，第1033～1034页。

调解法》遂于1930年1月20日公布,1931年1月1日起施行。该法共16条,基本内容即为前述七项原则。

从上述提案旨趣说明中,我们可以很清楚地发现,胡汉民所说的“调解”乃是西方“仲裁”和中国传统的乡老评议融汇而成,意在降低当事人的诉讼成本,缓解法院的结案压力。而胡氏的这一认识,无疑也得到其他法律人士的认同,法律组的七项原则内容即证实了这一点。这一现象其实也表明近代中国法律人对于仲裁和调解的理解与区分并不像今日法学上界定的那么清晰严格。

值得指出的是,民国十二年(1923年),修订法律馆拟具《公断法》(草案)32条。[1] 由于该草案内容与《民事公断暂行条例》无异,仅删去条例最后一条,故不再赘述,在此仅针对其标题的改动,略加申述。

在古汉语中,条例和法之间的区别并不明显,如唐代诗人陈子昂在《上蜀川安危事》中说:“若纵而不括,以养贼徒,蜀州大弊,必是未息。天恩允此请,乞作条例括法。”《宋史》中也有类似记载:“甲子,陈升之、王安石创置三司条例,议行新法。”[2]清人龚自珍在其《明良论四》中亦云:“待其敝且变,而急思所以救之,恐异日之破坏条例,将有甚焉者矣。”可见,在中国传统文化体系中,条例和法在意义上是可以互通的;就法律体系而言,条例也只是法的一种形式,并不存在什么效力位阶之分。

然而,近代中国由于西方法文明的强势进入,国人对于西法的精神和体例虽存在心理上的抵制,但在实际中却有着不同程度的认同。法律的层级体系、效力位阶学说自然也为国人尤其是法界精英所接受,并将之用于具体的立法和司法实践。自清末沈家本主持法律变革开始,至民国南京政府时期六法体系建成,无不如此。按照现代法理学理论的划分,条例只是法的表现形式之一,一般是由国家权力机关或行政机关依照政策和法令制定并发布的,针对政治、经济、文化等各个领域内的某些具体事项作出的,比较全面系统、

[1] 修订法律馆编辑:《法律草案汇编》,1926年印行。
[2] 《宋史·神宗纪一》。

具有长期执行效力的法规性公文。它具有法的效力，是根据宪法和法律制定的，是从属于法律的规范性文件。而法，就其狭义定义而言，则是指国家根本法律和基本法律，如宪法、刑法、民法。修订法律馆在名称上的这一变动，含义隽永。《公断法》（草案）的拟具，不仅仅表明修订法律馆对于公断行为（包括民事公断和商事公断）的认可，要将《民事公断暂行条例》这一特定单行法规上升至国家基本法的层面，也间接证明政府对公断制度的积极效果以及良好的社会反响表示认可。

总之，1921年民国北京政府颁布的《民事公断暂行条例》，不仅仅从国家法层面对其时的商事公断行为提供了更高、更有力的法律支撑，同时也是对商事公断行为的进一步规范和约束，使民初的商事公断制度更为完善，体系更加紧密。

（四）简单分析

如上节所述，《民事公断暂行条例》和商事公断处章程及办事细则在原则、精神、具体条款内容上有着相近甚至相同的地方，这无疑是基于商事行为乃特殊民事行为这一现象而做出的。虽然如此，但二者之间还是有着很多相异之处，恰好鲜明地体现了商事行为的特殊之处，凸显出商事纠纷解决的专业性和特殊性。

首先，两者发生的前提条件和形式不同。《民事公断暂行条例》规定，民事公断行为首先必须有一个前提条件——公断契约的存在，且公断契约为书面形式。商事公断行为则没有此要求。只要两造双方同意，即可自行声请公断，且商事公断的提出可以是书面形式，也可以是口头形式。

其次，公断人的选定方法不同。《民事公断暂行条例》规定，公断人由公断契约指定或订明选定办法，若不然，则由两造各自选定。公断人一般由法院推事担任。商事公断人则是由处长签定三名或五名评议员任之。当事人除有正当理由外，不得有异议。

再次，有关时限规定不同。《民事公断暂行条例》对于受理时限未明确规定，但我们可以从其他条款中略窥一二。例如，该条例第6条规定："当事人之一造有选定公断人之权者，他造当事人得为催告，求其自受催告之日起于七日内选定。当事人两造有选定公断人之权时,其一造得于通知所选定之公断人后,向他造为催告,求其于前项期限内选定。应由第三人选定公断人者,各当事人得想第三人为催告,求其于第一项期限内选定。”从该条的3款规定内容可知,两造选定公断人的时限要超出七日。由此推知民事公断的时限很长。商事公断则比较明确,且时限较短。公断处章程和办事细则规定,以言辞声请者,应自声请之日起,于三日内完结;以书状声请者,于三日内具通知书嘱令两造于某日到场,定期评议后,于三日内通知当事人及证人,按照所定时刻到场听取公断。

最后,公断结果效力不同。《民事公断暂行条例》规定,公断人之判决于当事人间与法院之确定判决具有同一效力,但须俟法院有执行判决后才可以强制执行。而商事公断之结果则须两造同意才发生效力。

以上所举,并非两种公断行为相异之处之全部,但寥寥数条已彰显出商事公断的专业性和特殊性,如商事纠纷解决中的专业技术要求、时效要求等。两相比较,民事公断与我们今天的仲裁极其相近甚至相同,而商事公断则与司法调解很相似。[1] 造成这一现象的根源,无疑与当时政府和商会双方对于商会理案行为的不同态度有关,是双方力量博弈之后的结果,当然也与普通民事纠纷和商事纠纷之间的解决要求相关。

自1904年正式设立之时开始,直到民国北京政府时期,商会经历了一个比较长时期的曲折发展后,以《商会法》为骨架,以《商事公断处章程》及办事细则为血肉,以《民事公断暂行条例》为法律效力辅助支撑的国家法层面的商事公断制度架构才得以建成,对规范、引导当时各地商会的商事公断行为作用显著。

1914年《商会法》虽然颁行时间较《商事公断处章程》及办事细则要迟,但《商会法》中有关商会解纷的职能规定却是承自清末《商会简明章程》。换言之,商会自其成立伊始就被赋予了解纷职能。但这一职能的制度化、体系

---

[1] 笔者认为,《民事公断暂行条例》其实才是现代中国仲裁制度之始,而此前的商事公断制度只不过是政府和社会糅合中西方相关法律资源,介于调解、仲裁、司法审判三者之间,兼具三者风格特征的混合物。

化却是历清末而至民初才告竣。因此,《商会法》虽颁布时间较迟,但并不影响其对商会解纷行为的规范引导作用,对《商事公断处章程》及办事细则的拘束和指导作用自然也无须多言。

虽然1921年公布实施的《民事公断暂行条例》适用对象是民事法律关系,但作为特殊民事行为的商事行为自然不能独立其外,更何况该条例的效力位阶还较《商事公断处章程》要高,对商会的商事公断行为产生拘束力自是应有之义。

从清末的《简明商会章程》,到民初的《商会法》、《商事公断处章程》及办事细则,再到《民事公断暂行条例》以及未出台的《公断法》(草案),近代中国的商事公断制度经过10多年的发展,在承袭传统、借鉴西方的基础上,已经成为一个颇具现代性色彩的制度体系,有着层次分明的效力位阶构成。

二、地方层面的商事公断制度建构

如上节所述,国家法律规范层面的商事公断制度在民初已然建立并不断完善。然而,中国的地理区域范围辽阔,东西南北各有特点,经济发展水平参差不齐,差异极大。因此同一制度,在各地实施的情况也有所不同。

按照司法部、工商部1913年会订公布的《商事公断处章程》的规定,各地商会均应设立商事公断处,制定公断处办事细则。据现有史料记载,各地商会中较早遵照部颁章程设立商事公断处、拟订办事细则的有苏州总商会、上海总商会、奉天商会等。苏州总商会也于同年公布《苏商总会附设商事公断处办事细则》。上海总商会于1913年通过《上海总商会商事公断处办事细则》。奉天商务总会于1913年7月将所拟办事细则交由地方行政长官审核,并转呈司法部核办,因与法律不符,司法部未准。1914年3月20日奉天商务总会将修正后的办事细则交由奉天民政长鉴核并转呈报部备案。其他各地商事公断处的设置及办事细则的拟订均要晚于苏沪等地,如京师商事公断处设立于1915年,未曾拟订办事细则,是因其时农商部和司法部会订的公断处办事细则已公布施行;天津总商会由于商事公断处迟迟未设,直至1924年才公布《天津总商会商事公断处章程》。下面针对各地区的商事公断制度,比较分析归纳各地区间存在的差异性与共性,同时将商事公断的制度与实践进行对照比较,揭示二者的背离与契合,以形成对商事公断制度的整体性认识。

(一)苏州商事公断制度

苏州总商会附设商事公断处办事细则公布于1913年,具体日期不知。该细则共分七章47条。[1] 苏商总会就办事细则多方征询建议后,于1914年3月28日根据司法、工商部办法商事公断处章程第5条规定,将细则呈请江苏民政长鉴核并请咨行法院、转报司法、工商两部会核。4月14日民政长韩国钧以"应查照部颁章程第五条,呈县会由该管地方审判厅核定",批示商会应将细则呈交吴县知事公署核定转呈。[2] 随后,该细则经吴县知事公署核定,于6月17日呈由民政长转报司法、工商部会核。7月21日两部会核,认为"该细则除后列各条应行修正外,其余尚无不合,准予先行备案"。[3] 仔细查阅司法部、农商部会核修正意见,两部的关注点主要在于一些字词的变动和增删,如"案件"改为"事件"、"呈请"改为"禀请"、"报到"改为"报告"、"核理"改为"判断"。[4] 如果我们深入体味一番,就会发现这些字词的变动背后隐含着司法部、农商部对于商会理案的微妙态度。虽然从法律规范分析的视角而言,需要讲究字词的准确性和专业性,司法部和农商部的一些字词改动无疑是符合这一要求的,但还有一些字词如"案件"、"呈请"等的改动,则意味着司法部、农商部对于商事公断处的法律地位、公断行为的法律属性有着明晰的界定:商事公断处只是社会解纷机构,不属于国家司法机关序列,要接受各级政府部门的管理和指导,商事公断行为自然也只是社会的解纷行为。再联系1912年全国临时工商会议上,司法部和各地商会及其代表间就商会理案引发的争议,对司法部和农商部所作出的这一改动之举也就比较容易理解了。

---

[1] 载马敏等主编:《苏州商会档案丛编》(第2辑),华中师范大学出版社2004年版,第83~88页。

[2] 载马敏等主编:《苏州商会档案丛编》(第2辑),华中师范大学出版社2004年版,第89页。

[3] 载马敏等主编:《苏州商会档案丛编》(第2辑),华中师范大学出版社2004年版,第90页。

[4] 参见"吴县知事公署为请修正并抄报商事公断处办事细则致苏商总会函"(1914年7月28日),载马敏等主编:《苏州商会档案丛编》(第二辑),华中师范大学出版社2004年版,第90~91页。

然而，苏州商务总会尚未来得及将修改后的办事细则呈报核准，1914 年 9 月 18 日司法部和农商部就会同制定公布了统一的商事公断处办事细则，要求全国各地商会遵照施行。以此为准据，苏州商务总会结合本地实际，又另行拟订了《苏商总会理案章程》制定了《苏州商事公断书式》和《公断书面式》、《苏州商事公断处理案邀集单》等，对商会理案行为做了进一步的严格规范。同时，苏州商务总会还根据《商会法》、《商事公断处章程》及办事细则等，拟定了《苏州商事公断处选举办法》，严格公断处职员选举。下面就这些辅助制度略加申述。

其一，理案制度。苏州商务总会制定的"理案章程"共计 20 条，主要分为两部分。第一部分主要是有关理案程序的规定，共 12 条；第二部分则是有关谈判员权限的规定，共 8 条。

第一部分又可以分为两方面内容。其一方面主要是有关钱债纠葛的公断。首先规定了公断处理案的基本程序，明确要求一应问答和判断均须记录在案并书名签字，以示公正："凡钱债纠葛商会允予理处者，由原告开具节略到会，送交理事员，面询原委，转送总、协理公阅。至常会期，邀同原被两造，并中证人到会，提议总协理、谈判员、议董入座，研究情节，秉公判断，将问答语由书记员逐一登记，两造有申辩处及谈判议董驳诘之词，一并载明，书名签字。决议后，由书记员详细登录断语，谈判议董亦书名签字，以示不再更动。"[1]接下来，针对两造、中证、旁听等进行了规定，要求两造必须按期到会听断，如无故不到，即作情虚论；公断时需要询问的中证、两造代表、各该业董事等，均须到会；如两造有欲入会旁听的，须由代表人介绍方可，但不得超过四、五人，局外人与案情不干涉者，不得进入旁听；旁听时不得环列立听，从旁插议。可见，这些条款是基于保证公断处公断的独立、公正这一目的而设置的。另一方面主要是有关会议（公断）时的秩序规则，如会议时由总理指定一人担任纠仪，专司维持会议场所秩序，对入座、散座、违规及高声喧哗者，均

〔1〕"苏商总会理案章程"，载马敏等主编：《苏州商会档案丛编》（第二辑），华中师范大学出版社 2004 年版，第 91 ~ 92 页。句读略有改动。

以摇铃为警示;如有违反,纠仪员可以告令出座。同时,理事员对案件排定顺序,依次进入评议场接受公断;决议后如未允协,两造互有翻异,或尚多疑窦,须再详细研究,可于下期再次公断,如仍不协,不再公断。每次分班听议,谈判员和议董至少有两员入座,由总协理主派,不得推诿。最后,要求到会签名。这些规定不仅仅保证了公断处公断场所的秩序,使整个案件的公断过程有条不紊,更重要的是通过这样一些严格举措,营造出一种庄重氛围,强化公断处公断的权威。

第二部分则是对谈判员的权限进行了明确规定。例如,要求谈判以调息纷争为宗旨,无论商家纠葛已讼未讼,只要其自愿声请,都可以由谈判员详查原委,分别曲直,和平劝解;谈判员至少须两人入座,据理准驳,若与两造商业上有牵涉,得自请回避;谈判员有谈判两造事理之权,以调息纠纷为宗旨,两造须承认并尊重谈判权;据理谈判后,若有不承认的,或复加判决,或作为无效,须请总协理分别其不承认之当理与否;如谈判无效,商会不再理处。仔细分析这些规定,我们会发现,虽然名义上是对谈判员的权限进行规制,但其内里却隐含着对两造当事人的一种潜在威慑,如强调对谈判权的承认与尊重,并声称若谈判无效,商会不再理处。其潜台词乃是:既然你请我调处,你就得听我的,如果不听,后果自负。这样就迫使两造当事人不得不斟酌思量一番,比较权衡商会公断与官府诉讼之间的利弊得失。当然,这里存在一个前提条件,那就是谈判员须秉持公正中立的立场,不偏袒徇私。

将理案章程和司法部、农商部颁行的《商事公断处章程》及办事细则进行一番比较,其易操作的特点显而易见,更为接地气。同时,其中的一些规定,隐隐然已逸出部颁章程的有关内容规定,有意无意中扩大了商事公断处的公断权限,增强了其公断结果的效力和权威。

其二,公断书制度。苏州商务总会除制定了比较详细的《苏商总会理案章程》外,还专门设计了公断书样式,与部颁章程中有关规定一起型构起公断书制度。下面我们首先了解一下苏州商事公断书式和面式。

材料一：苏州商事公断书式[1]

公断书式

两造人等（姓名）、（籍贯）、（年龄）、（住所）、（职业）

右开人等因某事件争议，各具诉书，声请到处（如有法院委托调处，当云本某法院委托）。现经本处邀集两造当场质证，由评议员公同评议，特为公断如左：

争议之事实：

（叙述两造诉书之内容及到处质证情形）

评断之理由：

（叙述所有如此评断之原因）

中华民国　年　月

苏州商事公断处

评议长（姓名）印

评议员（姓名）印

评议员（姓名）印

材料二：公断书面式[2]

某某商会商事公断书副本

公断书式

两造人等（姓名）、（籍贯）、（年龄）、（住所）、（职业）

右开人等因某事件争议，各具诉书，声请到处（如有法院委托调处，当云本某法院委托）。现经本处邀集两造当场质证，由评议员公

〔1〕 马敏等主编：《苏州商会档案丛编》（第2辑），华中师范大学出版社2004年版，第92页。
〔2〕 马敏等主编：《苏州商会档案丛编》（第2辑），华中师范大学出版社2004年版，第93页。

同评议,特为公断如左:

争议之事实:

(叙述两造诉书之内容及到处质证情形)

评断之理由:

(叙述所有如此评断之原因)

某某商会商事公断评议长姓名

材料三:苏州商事公断处理案邀集单[1]

苏州商务总会章程第七章开会议事条内,按照部章第九款,商家有事应赴商会集议,预发传单,邀集共同议断。兹于月日午后点钟,为事,今邀业代表董事先生,约同此案原被中证到会集议。此布。

商务总会订

公断书式和公断书面式其实就是公断书的正本和副本,因此,两份文件的内容完全一样,只是在落款格式上有所不同,正本上必须署明年月、苏州商事公断处、评议员姓名与签印,以示慎重;副本则仅署评议长姓名,以供存档备案。对照部颁《商事公断处章程》第33条规定,"评议员理结后须作成公断书,记载年月日,盖印署明,交付当事人,但既经起诉之件,并须呈送誊本于受诉法院",[2]以及办事细则第57条规定,"公断处受理事件每届三个月,应由处长造具清册,分别已结、未结,详载左列各款,禀由各该省高等审判厅长报部一次:一、第三十三条第一款至第三款所载各事项。(当事人姓名、年龄、籍贯、住址;其职业;其牌号及营业地点。)二、受理事件,由当事人之声请或法院之委托。其由于当事人声请者分别载明以言词声请或书状声请,其由法院

[1] 《苏州商会档案丛编》(第2辑),第93页。

[2] 《司法部、农商部会订商事公断处章程》,载上海市工商业联合会等编:《上海总商会组织史资料汇编》(下册),上海古籍出版社2004年版,第679页。

委托者应载明委托法院之名称。三、公断之结果。四、争议之原因。五、公断之根据及其要旨。六、公断之效果。七、公断终结后有无强制执行。八、评议终结之年月日，并评议该事件之员名”，[1]苏州商务总会所制定的公断书样式基本符合部颁章程及细则的规定要求，但同时也略有调整，或合二为一，或直接略去，大体是以易于施行为准据。

此外，苏州商务总会还专门制定了理案邀集单，实为一份邀请通知单，对与争议事件有关的行业代表、董事发出邀请通知。因为这些人对于本行业的情况极为熟悉，有他们在公断现场，在一定程度上使原被中证等人不敢做虚假陈述或证词，从而避免公断处因情况不熟悉被蒙骗或作出错误判断。这样一份理案邀集单，无形之中具有两个方面的作用：一方面，对于公断参与人如该业代表董事、评议员等，存在一定的约束力，形成一种社会舆论监督，保证公断的公正性。因为通过布告，大家都知道其参与了该争议事件的公断，若有徇私偏袒致使公断不公的话，会损害其自身名誉威望。另一方面，对于原被两造及中证来说，由于有了同行业代表在场，迫使其不敢肆意妄言，弄虚作假，起到一定的威慑作用，能够在一定程度上保证公断的权威性。

其三，职员选举制度。前面所述的理案制度和公断书制度可以说在形式上对商会公断行为进行了规制，能够在一定程度上保证公断行为的权威和公正。然而，真正能够影响和决定公断行为的还是人。因此，选择对的人，选择合适的人来担任公断员就至为重要。这就需要比较完善的选举制度。

民国初期的苏州商会较之清末已发生明显变化。这些变化不仅体现在会员组织基础上，也体现在一些具体制度上。就选举制度而言，拥有选举权和被选举权的人数增加，选举商会领导层的方式也有所改变。譬如，选举方法由清末时期的“机密投筒法”改为“记名连记式”投票法，“从某种程度上可以说选举的透明度得到增强，选举人需要更加谨慎和负责地行使其选举权利”。[2] 其次，改变选举人选举权数，由“选举权照前例每业年纳六十元者一

---

〔1〕《司法部、农商部民国三年公布商事公断处办事细则》，载《上海总商会组织史资料汇编》(下册)，第684～685页。

〔2〕朱英著：《近代中国商会、行会及商团新论》，中国人民大学出版社2008年版，第156页。

权,过一百六十元者作为两权,余依此类推",[1]改为"凡年纳会费三十元者有一选举权,六十元者两权,以次递增",并在选举票上均注明权数。[2]

1913 年的部颁《商事公断处章程》规定:"评议员、调查员各于商会现任会员中互选之,以得票多数者当选,票数同者抽签定之。互选适用连记投票法","并须按照原额预选三分之一之候补人","处长于被选之评议员中互选之"。[3] 1914 年的《商事公断处办事细则》对公断处职员选举作了更细致的规定:公断处职员之选任,"以得票满总数之过半数者为当选。当选票数同者,以年长之人列前,年龄同者抽签定之。候补人之预选,准照前二项之规定";"若当选人不足额数时应照章再选,以足额为止";"选举职员,应由商会会长或副会长预订期日,招集现在商会会员举行之。前项之招集,应于十日前通告";"选举确定后,由商会具备证书函请当选人收受任事,并将当选人姓名、年龄、籍贯、住址、职业及得票数目报地方长官,详请本省最高行政长官咨部备案。其已设法院地方,并应报明法院备案";"处长因事故出缺,应即改选。评议员、调查员因事故出缺时,以候补人依次递补。补缺各员之任期以补足前任未满之期为度"。[4] 由前述内容可知,从公断处职员的选举投票办法、选举程序、选举前的准备,到选举过程中出现的意外应急处理,再到选举后的报备工作等均有规定。通过这些规定,公断处职员选举制度已初步构建起来。

遵照部颁《商事公断处章程》和《商事公断处办事细则》的有关选举制度规定,结合苏州本地实际,苏州商务总会于 1914 年 4 月 28 日发布《苏州商事公断处选举办法》规定:"本会会员均有选举权及被选举权,选举用记名连记式,每票举十八人。当选正额二十七人,候补九人,以投筒票数三分之一为当

---

[1] 《苏商总会通告选举规定》,载章开沅等主编:《苏州商会档案丛编》(第 1 辑),华中师范大学出版社 1991 年版,第 66 页。

[2] 《苏商总会关于政体变更后选举事项的常会纪要》,载马敏等主编:《苏州商会档案丛编》(第 2 辑),华中师范大学出版社 2004 年版,第 21 页。

[3] 《司法部、农商部会订商事公断处章程》,载上海市工商业联合会等编:《上海总商会组织史资料汇编》(下册),上海古籍出版社 2004 年版,第 678 页。

[4] 《司法部、农商部民国三年公布商事公断处办事细则》,载上海市工商业联合会等编:《上海总商会组织史资料汇编》(下册),上海古籍出版社 2004 年版,第 681 页。

选,一次不足额,举行第二次投票,以足候补人名额为止。总、协理为本会行政领袖,前项选举只有本身会员选举权。定五月五日将选举票分送各会员,以便先期投筒。定十二日午后一时开筒。"[1]5 月 5 日这一天,苏商总会就商事公断处选举事宜向各议董代表发出通告。同时,向各位议董代表送上商事公断处选举票、选举人名单各一纸,要求其"照填封固,先期投入本会投票柜内",以便于 5 月 12 日午后一时开筒,并宣称"逾期不误"。[2]

与部颁章程和办事细则的相关条款内容相比,苏商总会发布的选举办法和措施做了一些灵活变动。譬如章程规定,公断处职员选举以得票满总数之过半数者为当选,而苏州商事公断处选举办法则规定以投筒票数三分之一为当选。此举无疑降低了职员当选门槛。当然,苏商总会在选举上的这一变动并非突然而为,而是承自以前。1912 年政体变更,苏商总会改选之期临近,是次选举即规定以得票 1/3 以上为当选。[3]这一规定一直沿用至 1926 年公断处第六届选举。

按照部颁章程及细则规定,公断处处长于当选评议员中互选出。苏商总会在公断处评议员选举结束后,又发布了《苏州商事公断处处长选举注意事项》,对公断处处长选举进行了规定:"选举票用记名单记法,以得票满三分之一为当选,票不足额,如法再选,以足额为止。投票人如有事不克大会,得委任代理,惟须具切实委托书为证。"[4]与公断处职员选举不同,公断处处长选举采用记名单记法,因为只需选出一人即可。由于处长有处理处内一切事务之权,处长选举颇为重要,因此要求全体职员都得参加。如确因故不能到场参加选举,也必须委任代理,且须有委托书为证。此一举措一方面防止了职员借故没有参加选举而对处长处事提出质疑;另一方面也提高了职员的选

---

〔1〕《苏州商事公断处选举办法》,载马敏等主编:《苏州商会档案丛编》(第 2 辑),华中师范大学出版社 2004 年版,第 95 页。

〔2〕《苏商总会为商事公断处选举事宜致各议董代表通告》,载马敏等主编:《苏州商会档案丛编》(第 2 辑),华中师范大学出版社 2004 年版,第 95 页。

〔3〕马敏等主编:《苏州商会档案丛编》(第 2 辑),华中师范大学出版社 2004 年版,第 24 页。

〔4〕《苏州商事公断处处长选举注意事项》,载马敏等主编:《苏州商会档案丛编》(第 2 辑),华中师范大学出版社 2004 年版,第 97 页。

举参与意识。但关于公断处处长选举有效票数的规定在1920年第三届公断处选举时有所变动,由“1/3”改为“过半数”。1922年商事公断处第四届选举办法议案中即对此改动做了确认:“互选处长用记名单记法以得票满总数之过半数者为当选”,[1]该规定此后一直被沿用。

苏州总商会以部颁章程和细则为准据,制定公布自己的理案章程、公断书制度、职员选举制度,建构起一个形象初具的公断制度,并在其中展现出自身特点。

(二)上海商事公断制度

较之苏州,上海总商会所建构的商事公断制度更为细致周密,主要由《上海总商会商事公断处办事细则》、《上海总商会商事公断处关于声请事件通告》、《总商会商事公断处查账处章程》、《商事公证规则》、《理账规程》等构成。其中,《上海总商会商事公断处办事细则》是其他章程制度之基础。

早在1913年3月1日举行的上海总商会第三次常会上,与会议董们即提议筹备办事细则。随后,总商会先行拟就公断处办事细则草案,送交公断处当选职员研究。3月22日公断处召开第一次职员会。经与会职员公议,“将原稿及各位意见请有法律学问者纂修,使无触背可行为准”。[2] 随后,《上海总商会商事公断处办事细则》草案经过征询各方意见,并奉司法、工商两部修改核准,由上海总商会照录,于1913年11月22日第22次常会通过。[3] 该细则共8章37条,规定了公断处的宗旨和性质、公断处公断商事争议的程序、公断处的职员组成及其职责、证人和担保人、争议事件受理范围、当事人应为和不应为等事项。

统观该办事细则,其内容章程大抵依据部颁《商事公断处章程》而设,但又结合上海本地实际,有所增益删改。正如议董沈联芳所云,“办事细则,部饬商会拟定者,为因地制宜。应请坐办将本会原有理事规则逐一核改,应存

---

[1] 《苏州总商会商事公断处第四届选举办法议案》,载华中师范大学中国近代史研究所等编:《苏州商会档案丛编》(第3辑)(上册),华中师范大学出版社2009年版,第141页。

[2] 《商事公断处议案》,载《申报》1913年3月24日。

[3] 上海市工商业联合会编:《上海总商会议事录》(一),上海古籍出版社2006年版,第148页。

者存之，应删者删之，应修正者酌量修正”。[1] 其中一些条款即是承自以前，如有关证人、担保人之规定，不得受理争议事件事项等。总体来说，这部办事细则在逻辑结构上还是比较严密合理的，一些规定也颇具代表性，为后来司法部和农商部会订的《商事公断处办事细则》所吸收。其优点很明显，但缺点也很突出，其中最著者当属缺少对职员违规行为的制裁内容。为什么会有此种缺失，个中原因不得而知。也许在商会议董的心目中，由商会会员所选举出来的评议员们（甚至就是他们自己）属于道德自律性强的，不会做出违规公断的事情，所以不需要此类规定。1914 年 9 月 18 日，司法部、农商部公布商事公断处办事细则统一施行，该细则因此被废止，但仍对此后的商事公断处公断商事争议事件有着影响和作用。

此外，上海总商会还制定有其他一些与商事公断相关的制度。

其一，事件声请制度。上海总商会在制定办事细则后，又拟定了《上海总商会商事公断处关于声请事件之通告》，对声请程序与要求、评议场规则、旁听规则等进行了规定，是为事件声请制度。根据该通告的具体内容，该制度的具体制定施行时间应于 1914 年司法部、农商部会订公布之《商事公断处办事细则》以后。例如该通告第 2 条规定：“声请书应遵照公断处办事细则第 34 条，于投递时间购司法部所定诉讼印纸一角，贴于声请书首页。”[2] 此处所言“办事细则”即是指司法部、农商部会订公布的《商事公断处办事细则》，因为只有部颁办事细则第 34 条有同样规定，总商会制定的办事细则没有。当然，这里也不能排除通告是总商会根据部订办事细则，对已有议事规程进行修改而来的可能性。但无论如何，有一点可以肯定，即该通告的制定公布时间应晚于办事细则的制定公布时间。通告由三部分组成，具体申述如下。

第一部分是有关声请程序与要求等事项，共 11 条。关于声请须注意的问题，通告规定：凡声请公断者，必须向公断处领取声请书用纸，按照公断处

---

〔1〕 上海市工商业联合会等编：《上海总商会议事录》（一），上海古籍出版社 2006 年版，第 67 ~ 68 页。

〔2〕 《上海总商会商事公断处关于声请事件之通告》，载上海市工商业联合会等编：《上海总商会组织史资料汇编》（下册），上海古籍出版社 2004 年版，第 696 页。通告具体内容见该书第 696 ~ 697 页。

所定声请书格式分别记载。同时,须预先缴纳系争物价额百分之二或百分之一公断费用,俟断结后,再行结算;如声请者非会员,须由其本业公会或公所董事备函,或由本埠殷实店铺盖章作为介绍。以言词声请者,受理后仍应补充声请书。

关于公断时限,通告规定:公断处接受两造声请书后,于五日内由处长签订评议员,定期到处共同审查。一面通知两造到场询问,开始评议,如该事件非调查不能明晰,得由评议员长宣告延期。当事人无故不到,或依部定公断处办事细则展期,仍借故不到,撤销该事件。宣告评议终结后,令两造签字,由公断处于七日内作成公断书宣布。

关于公断后的赔偿缴纳事项,通告规定或按照部定公断处办事细则第50条,责令理屈人觅具殷实信用之保人担负责任,或函请管辖法院强制执行,如公断处认为该理屈人确有信用,得免除担保。

第二部分是评议场规则,共5条。规定当事人到场,应先向书记处签名报到;评议员询问时,当事人及证人依次陈述,不得搀越;两造辩论须出以和平,各待词毕,然后发言;评议未毕,当事人不得先行退出;当事人违背本规则时,评议员有制止之权。

第三部分是旁听规则,共5条。规定凡旁听者,须先向书记处报明姓名、职业,由书记指定席次入座;非商人或案外无关系之人,非经特许,不得旁听;凡精神丧失或酗酒者,禁止旁听;旁听人不得任意喧哗及其不规则举动,违者,评议员得令其退出;旁听人对于争议事件无发言之权,违者即令退出。

上海总商会商事公断处发布的这一通告,与苏州商事公断处的"理案章程"相类似,其规范对象都是声请人及其相关人等,因此,具体内容也很接近,如对声请的要求、对评议场秩序的维护。可见,通告是基于部颁商事公断处章程及办事细则而做的补充细化,起到了进一步规范公断处的公断行为,明确当事人及相关人权责的作用。

其二,查账制度。商事争议以及商业钱债纠葛多涉及账目,因此欲辨明事实曲直,查清账目最为关键。上海总商会商事公断处自成立以后,受理各商事声请争议事件颇多,法院、英法租界公堂也将凡关于账目纠葛而有疑义之案移交商会清查，视商会之查复为最有力之证据，据其评定是非曲直，关系綦重。

鉴于清查账目任务日重，加之“一案发生，其账目往往多至数十册，兼之我国簿记学尚未发达，各簿记法均自由设置，毫无统系，若欲详加勾稽，逐款核对，非穷数十日之时间不能得其真相”，而商会议董均有职业在身，没有这么多闲暇时间，匆促查账，易致疏误，贻害非鲜，因此，公断处处长张知笙在1916年2月12日的第三期常会提出：莫如特设查账处，另行聘选熟悉沪市各业账情及通晓新式簿记者数人，组织查账籍贯，附属于商会。[1] 经商会议董们公决，请公断处处长张知笙先生请定查账员两位，其劳金另拟查账章程即取资于查账者，并请张处长拟定条议于下期常会公决。[2]

2月26日第四期常会召开，张知笙拟定的试办查账处章程草稿公决通过。该章程由四章正文及附则部分组成，共16条。具体内容涉及查账处的机构性质、地位、职权范围、经费收支来源、人员组成、职员选任、职务权限等内容。例如，规定查账处附设于总商会、隶属于公断处，主要承担由本国法院及英法两公堂委托关于商事范围之账件、由各业请求关涉商事争议之账件及由各业请求证明账据以明信用等清查事务；查账处人员由处长、评议员及查账员共同组成；查账员可由处长延请或评议员推荐，必须品行端方、操守廉洁、熟悉沪市各业情形而账情明晰、通晓新旧簿记学；查账员受公断处指挥、按其要求处理事务等。

由于查账处的设置乃是基于现实需要，《商会法》、《商事公断处章程》、《商事公断处办事细则》等国家法律法规中均没有相关规定，所以上海总商会的这一举措可谓是创新。据笔者管见，全国仅此一家，虽为迎合现实，但无疑是突破了《商会法》和《商事公断处章程》的规定，至少也可以说是弥补了前者之不足。查账处的设置及《总商会商事公断处查账处章程》的公布实

---

〔1〕 上海市工商业联合会等编：《上海总商会议事录》（二），上海古籍出版社2006年版，第676页。

〔2〕 上海市工商业联合会等编：《上海总商会议事录》（二），上海古籍出版社2006年版，第676页。

施,对于公断处理案事务的发展起到了很好的促进作用,不仅弥补了商事公断制度之不足,使有关争议事件能够更快更好地得到处理,更是提高了公断处的地位,提升了公断处公断行为的权威和效力。

其三,商事公证制度。经过 10 余年的建设,伴随着上海商品经济的发展,上海总商会的事务也愈益繁杂。1921 年 1 月 8 日第一期常会上,时任会长聂云台提议在总商会实行分科办事,组织各股委员会,专司其责。与会议董公举田时霖、盛丕华、穆藕初三位会董负责审查起草委员会组织草案。[1] 1 月 29 日,委员会组织大纲草案提交本期常会审查公议。[2] 该大纲草案经讨论修正后,形成《本会办事职员分科职掌规程》,于 4 月 2 日第七期常会交付公议,因到会人数不足三分之二,未能付议,[3] 遂于 4 月 6 日第八期常会继续提交付议,经与会议董公决通过。[4] 规程规定,上海总商会下设财政委员会、陈列所委员会、图书室委员会、出版部委员会、交际委员会、公证委员会、调查委员会等科。其中,公证委员会由乐振葆、钱贵三、陆维镛、简照南四位议董负责。[5]

1921 年 6 月 25 日第十三期常会提议将商业上中证事务范围略事扩充,拟定公证规则 13 条草案经微小变动(于第 11 条内加列一项),全部通过,自 7 月 1 日实施。[6]《商事公证规则》共 13 条,主要涉及公证范围、审查程序、审查注意事项、审查期限、公证费用等。具体内容如下:

首先,规则规定了公证委员会的宗旨:为便于商事公断及答复官厅调查

[1] 上海市工商业联合会等编:《上海总商会议事录》(三),上海古籍出版社 2006 年版,第 1435 页。

[2] 上海市工商业联合会等编:《上海总商会议事录》(三),上海古籍出版社 2006 年版,第 1439 页。

[3] 上海市工商业联合会等编:《上海总商会议事录》(三),上海古籍出版社 2006 年版,第 1462 页。

[4] 上海市工商业联合会等编:《上海总商会议事录》(三),上海古籍出版社 2006 年版,第 1465 页。

[5] 上海市工商业联合会等编:《上海总商会议事录》(三),上海古籍出版社 2006 年版,第 1441 页。

[6] 上海市工商业联合会等编:《上海总商会议事录》(三),上海古籍出版社 2006 年版,第 1476 页。

起见，附设公证委员会，办理商事公证事宜。

其次，公证委员会的公证范围限于四类：商事契约、商店资本、商号、商标。契约应先抄录副本，资本应开具存放处所，股东议单、商号商标应描绘样本，备函送会审查。请求中证之商家不限是否与会，但须有营业处所在本会区域内。

再次，公证员将请求事项详细审查，合格者分别注入册内，不合格者通知请求人，将原件退还。审查应注意事项有：于法令有无违背、事实是否正确、有无其他纠葛。审查期限至迟不能超过 15 日。证明事项于本会商业月报专栏专载，并按公证范围划分四类，设立公证专册，载明请求人姓名、住址、注册事由、注册月日，原件粘入册内，骑缝处加盖本会关防。

复次，凡请本会公证者，应酌收公证费，每事每起收费 20 元，如权利价格或资本总额巨大，酌量征收：10 万元以上 30 元，百万元以上 100 元。

《商事公证规则》简单明了，虽然只有寥寥 13 条，但其影响意义不可小视。与上述查账处章程一样，设立公证委员会、制定商事公证规则，都属上海总商会的创举。一方面说明上海的商业经济活跃，商业制度在不断走向现代化，与国际趋同；另一方面也表明商人的法律意识不断增强，法治要求不断提高。《商事公证规则》是上海商事公断制度的重要组成部分，使商事公断处的公证职能实现制度化，进一步增强了其公证权威和效力。换言之，《商事公证规则》的出台，不仅仅意味着社会对商会、商事公断处的要求在不断增多、提高，更表明民初的上海总商会和商事公断处的社会影响和作用也在不断提升。

最后，理账制度。与前述查账不同，此制度主要是针对由商人声请或法院委托的账项纠葛调查、破产清算等事项。1924 年，司法部、农商部会同修正的商事公断处新章程第 2 条中规定："商事公断处对于商人间商事之争议，立于仲裁地位，以息讼和解为主旨，受商人之声请或法院之委托，亦得办理清算事宜。"[1] 上海总商会商事公断处为便利处理起见，拟订理账规程 10 条，

---

〔1〕《商事公断处新章程》，载《申报》1924 年 5 月 7 日。

以为施行标准,并经会董会议议决公布施行。随后,上海总商会又将该规程备函送致上海地方审判厅、上海公共租界、法租界会审公廨、各业及银行公会,相应请各机构查照,以促进商事争议处理,增进商人之便利。

理账规程十条具体内容如下:[1]

一、依据商事公断处章程第二条之规定,为处理便利计,另订本规程施行。

二、依据第一条之规定,类别事项如左:

一、因账项纠葛,由商人声请或法院委托调查者。

二、商店或公司因破产或解散由商人声请或法院委托清算者。

三、前条规定,除由法院委托外,第一款须由两造商人同意声请,第二款须由商店或公司之代表人声请,其由债权人声请时须得各该商店公司之同意。

四、就第二条所列事项,受声请或委托时,属于第一款者,得为相当之证明,属于第二款者,比照公司条例第六十六条,有处理一切事务之权,但法院委托时,定有委托范围者,仍照委托之范围办理。

五、除公断处原有职员外,得酌量事务情形,延用相当专门人员,承公断处处长之命,主办理账事项。

六、因办理第二条各项事务,照商事公断处章程第二十条征收费用如左:

一、一千元以上一万元以下者百分之二,但不满千元者亦作一千元计算。

二、超过一万元而在十万元以下者,其超过额百分之一。

三、超过十万元者,其超过额千分之一。

---

〔1〕 上海市工商业联合会等编:《上海总商会组织史资料汇编》(下册),上海古籍出版社2004年版,第697~698页。

前项计算，关于第二条第一款者，以系争额为标准，第二款者，以资本额为标准，但负债总数超过原有资本者，得以资本与负债二项并计除得平均数为标准。

七、除商事公断处章程第二十条规定之费用外，其他因办理声请或委托事项所生之一切必要费用，得酌量令当事人担负。

八、前二条之费用，均得酌定数目，令当事人预缴，或由清算现存财产内尽先拨用。

九、本规程由本会会同公断处处长订定，遇有修改时亦同。

一〇、本规程未尽事宜，按照商事公断处章程及其施行细则办理。

仔细分析该规程，虽然内容较少，仅有 10 条，但其逻辑机构却是比较紧致。首先，规程在第 1 条即明确宣示制定依据、目的，是以 1924 年《商事公断处新章程》第 2 条规定为制定依据，为便利公断处有关职能的施行而制定的。因此，在一定意义上可以说是《商事公断处新章程》第 2 条规定的实施细则。接下来，规程第 2 条随即阐明其实施对象为商人声请或法院委托的账项纠葛、破产或解散的商店或公司清算。然后，规程的第 3 条至第 8 条即对有关事项，如声请要求、所需证物、费用标准、人员安排等。最后，第 9 条、第 10 条则对规程的修改及未尽事宜作出了规定。从这一理账规程可以看出，此时期商会的立法技术水平已有大幅度提高。而此一规程，也在很大程度上使公断处的理账职能更为明确，权限更加清晰。

综观前述有关上海总商会商事公断处的制度章程，我们会发现，从办事细则到声请事件通告，再到查账处章程、公证规则、理账规程，已然建构起一个比较完备的商事公断制度体系：既有基本规范，也有职能章程及程序规范，从多方面、多层级对公断处的公断行为及其辅助行为进行了规制；既明确了其权限职责，又强化了公断行为的权威效力。更主要的是，上海商事公断制度体系中的一些规范章程是其他各地商事公断制度所没有的，如设立查账处和公证委员会、制定查账处章程和公证规则等，开创了近代中国商事公断制度建设之先河。

（三）天津、京师及其他地区的商事公断制度

民国鼎革后，天津商务总会并未因政制变动而有大动作，商事公断处迟迟未立，商事纠纷的解决仍延续前清模式。1912 年商务总会公布《天津商务总会补订暂行章程》，规定将商会股员三十人分作五股：交际股、会计股、庶务股、评议股、调查股。其中评议股专司评议案件，有股员六人，五日一班，每班三人。[1] 同时，另订有评议处章程，规范评议股的日常活动事项，共计 6 条，抄录如下：

一、每日下午两钟半评议事件。

一、评议时，书记随时记录，两造回答各自签字为凭，落判由股员盖戳。

一、每日上午由书记检卷缮写传议单。

一、请议被议之人，准各邀本行董一人随同陪议。倘两造不愿邀董陪议，该案中有应行调查处事项，亦可由评议员指定添请。

一、案经评议三次不能理结，照章开会议决，或送官审判，倘评议之期不落判词，查出以违章论。

一、案须送官，评议员应将判词分出曲直，俟文牍办稿时，按照判词叙入。[2]

上述寥寥 6 条，只是简单地对商会评议商事争议事件进行了规定，极其粗疏，对于具体的评议程序、评议依据、评议中应注意的事项，以及违章作何处分等均缺乏明确具体的规定，与同时期上海、苏州等地的商事解纷制度相比，无疑要落后相当大的距离。

---

〔1〕《天津商务总会补订暂行章程》，载天津市档案馆等编：《天津商会档案汇编（1912～1928）》（第 1 分册），天津人民出版社 1992 年版，第 10～13 页。

〔2〕天津市档案馆等编：《天津商会档案汇编（1912～1928）》（第 1 分册），天津人民出版社 1992 年版，第 14 页。

随着新《商会法》(1914 年《商会法》)的颁布,各地商会改组事宜提上了议事日程。天津商务总会在 1915 年年初发布了召开讨论商会改组问题的会议通知,定于旧历(1914 年)十一月二十二日下午一点钟开全体大会。后由于上海等地商会以《商会法》施行有窒碍,向农商部呈请暂缓改组,农商部批令:"上海、天津、汉口、广州、厦门、烟台、重庆登出,准其暂行变通,稍缓改组。"[1] 天津商务总会的改组工作也随之中辍。1917 年时任农商总长张国淦发布第 384 号训令,要求天津商务总会依照法定手续从速改组。[2] 1918 年 3 月 19 日天津商务总会举行选举投票,进行改选;23 日,召开天津总商会会董会议,选举叶登榜、卞荫昌为正副会长。[3] 至此,天津商会的改组工作告一段落。

1918 年 8 月 25 日天津总商会公布《天津总商会章程及办事细则》。章程和办事细则对商会理案作出了如下规定:[4]

首先,商会有"因关系人之请求,得调处工商业者之争议"的职务(章程第 15 条第 8 款),是项职务之执行有评议股负责(细则第 12 条)。

其次,在公断处未设立以前,遇有工商业者发生争议时,愿在本会评议者,得暂时依照商事公断处章程及细则办理。工商业者之争议,经本会评议后,如有不服时,可仍向法庭起诉(章程第 33 条、第 34 条)。

再次,就评议股的有关职能及职员选任等事项进行了规定。评议股由十二人组成,专司会中案件评议,以会长为议长(细则第 3 条)。职员由会董公推(细则第 13 条)。未起诉前,工商业者声请评议者及至起诉后受法院委托者,评议股均受理(细则第 15 条)。

---

〔1〕"直隶巡按使转发农商部关于沪津等地商会请求暂缓改组文并政事堂批(民国四年二月二日)",载天津市档案馆等编:《天津商会档案汇编(1912~1928)》(第 1 分册),天津人民出版社 1992 年版,第 26 页。

〔2〕"农商总长饬天津商会速依法实行改组令",载天津市档案馆等编:《天津商会档案汇编(1912~1928)》(第 1 分册),天津人民出版社 1992 年版,第 34 页。

〔3〕天津市档案馆等编:《天津商会档案汇编(1912~1928)》(第 1 分册),天津人民出版社 199 年版,第 36 页、第 42 页。

〔4〕有关各条款的具体内容,参见《天津总商会章程及办事细则》,载天津市档案馆等编:《天津商会档案汇编(1912~1928)》(第 1 分册),天津人民出版社 1992 年版,第 43~52 页。

最后,对评议股的评议性质及程序进行了规定。评议股系仲裁裁判,如有不服,两造可径向法院起诉(细则第16条)。凡一事施行评议至三次以上,两造无输诚和解完案之意,评议股即送法院审判,以免积滞。但如得两造同意或其他之原因,得延长(细则第17条)。如遇有关疑难案件,得委托调查股调查(细则第18条)。遇有与自身利害有关,或其他嫌疑时,职员得回避(细则第19条)。

从上述有关条款内容可知,改组后的天津总商会仍没有设立商事公断处,而是继续沿用以前的评议股/处,相关职能规定虽然较之民国元年(1912年)的"评议处章程"要细致具体些,但仍显简陋。

天津总商会迟迟未遵章设立商事公断处,其原因在天津商会会董陈请修订《商事公断处章程》部分条款的函中有所披露。1918年李星北、刘锦堂等14名会董联名提出陈请,认为天津为"商务繁盛之区,商事争议自必较他处繁多,而商事习惯亦各有差异","唯就天津一方面而言,公断处之章程有与地方商事习惯、且与商会名誉不甚相宜之条件,应将公断处暂缓办理"。"兹于章程中检出数条另折缮清,并将理由注明,请诸君研究决定,禀由大部核准后,再为定期成立公断处,实为公便。"[1]从这些陈述可知,该14名会董对于部颁商事公断处章程很不满意,希望能够修改其中一些条款,以期更为契合天津商情,也便于公断处的具体运行。虽然此前(1915年6月9日),天津商会全体股员曾向天津商务总会总理和协理发出呼吁,希望总协理先生速为设法筹备,急谋成立商会判断事务处,以尽商会保商保民之责。[2]然而,由于此时期天津总商会的会董们对成立商事公断处意见并不一致,有赞成,有反对,最终导致商事公断处的设立悬而未决。

1924年天津商会改组,原评议案件职能暂停。鉴于"已评未结之案颇多,新受之商民诉愿案件亦复不少,虽公断处行将成立,究需时日",天津商会遂拟将评议案件先行委托会董中数人负责办理,待公断处成立后,再行移交。

---

〔1〕"津商会十四会董陈请修订《商事公断处章程》部分条款函",载天津市档案馆等编:《天津商会档案汇编(1912~1928)》(第1分册),天津人民出版社1992年版,第323页。

〔2〕《天津商会档案汇编(1912~1928)》(第1分册),第322~323页。

5 月 23 日天津总商会会长卞荫昌发函委托会董王君直、周寅初、杨西园、王兰亭、张荫棠、刘介臣等人为临时公断处案件评议员。[1] 7 月 21 日天津总商会又推举卞白眉、萧润波、王君直、杨西园、孙俊卿、杨晓林、杜筱琴、高聚五、张品题九人为审查员，审定草拟的公断处章程。[2]

天津总商会拟订的商事公断处章程草稿分由“总则”、“职员之选举及任期”、“职务及权限”、“公断程序”、“职员之裁制”五章共 50 条，[3] 具体规定了商事公断处的地位、评议场的设置、经费来源；公断处的职员组成、选举、任期；公断处的职务、职员（评议员、调查员、处长）权限、公断处的对外交往、公断费用征收、公断程序、公断声请书的格式和内容要求、评议员的选定、公断书的作成、公断结果及其效力，以及对公断员违章行为的制裁等事项。其中比较明显的变化就是扩充了公断处的职务范围，在部颁章程所列两款之外增加了“受商人之声请或法院之委托，办理清算等事”、“准据地方商业习惯及本会向来惯例可以受理者”两款。关于“清算”，上海商事公断处已有明确制度规定，天津总商会的这一职务扩充可能是学习上海而来。后一项职务，应是天津商会结合本地商情实际而提出的。

天津总商会虽已草拟商事公断处章程，并提交审查员审查，但据笔者手头所掌握的资料来看，公断处并没有随之设立，有两方面的史料可以佐证。其一，1925 年全国商会第五次大会在北京召开，天津总商会代表在是次大会上提出“修正商事公断处章程”议案，认为“商事公断处章程颁布已十余年，而遵章成立者不多，良以该项章程条文繁复，限制太严，有公断之名目无公断之权，有失保护商权息讼和解之主旨”。[4] 天津总商会会长卞荫昌于 1924 年委托临时公断处评议员时就曾说：“案查本会评议案件，实含有公断性质，故历年办理，商界久已遵行。”[5] 两相结合，不难看出，天津总商会对于设立商事公断处存在抵制心理。其二，笔者梳理了《天津商会档案汇编（1912 ~

[1] 《天津商会档案汇编（1912 ~ 1928）》（第 1 分册），第 326 页。
[2] 《天津商会档案汇编（1912 ~ 1928）》（第 1 分册），第 327 页。
[3] 《天津商会档案汇编（1912 ~ 1928）》（第 1 分册），第 327 ~ 333 页。
[4] 《天津商会档案汇编（1912 ~ 1928）》（第 1 分册），第 627 页。
[5] 《天津商会档案汇编（1912 ~ 1928）》（第 1 分册），第 326 页。

1928)》中所载此时期天津总商会评议的各类商事纠纷案件材料,有商人之间、会馆公所之间、中外商人之间的争议,均未发现"公断处"、"公断"等字眼,更没有见到"公断书"实例。综合两方面的史料,我们基本可以确定天津总商会在1928年之前没有设立商事公断处。

虽然没有设立商事公断处,但并不意味着天津总商会没有类似制度。前文所述的评议规则、商事公断处章程草稿等都可以纳入公断制度范畴之列,只不过与苏州、上海等地相比较,天津的商事公断制度比较粗疏罢了。值得一提的是,由于天津总商会对于部颁章程和细则的"阳奉阴违",天津总商会评议处/股在公断调处商事纠纷时比较注意结合天津本地实际,遵循天津本地商事习惯,对天津本地商人有着较强的约束力。

京师地区在清末民初时期一直处于中西冲突的中心,地位特殊,且"自壬子兵变以后,京师市面亏损甚重,商民之因债务关系纠缠不结者层出不穷,事经法庭判决,强制执行,封闭铺户,所在多有,求其曲体商情,公平清理者又甚罕见"。[1] 在如此情况之下,设立京师商事公断处调处商事纠纷,就显得尤为必要。

1915年2月肃政史周登皞等向总统袁世凯陈述了京师商民因债务纠葛而陷于诉讼的困境,提出由官厅委托商事公断处先行调处的建议,获得袁世凯同意和支持,着令内务、司法、农商三部会商,拟订妥善办法。3月20日三部门拟定京师商民债务案件拟由法院委托商会先行调处会筹办法,呈明大总统。4月8日大总统批令施行。随即,农商部饬令京师商务总会总理冯麟霈、协理赵玉田等迅速筹设商事公断处。4月30日京师商务总会众商董按照章程共同投票选举职员。5月5日将职员履历及划拨补助等呈请司法部核准,其中申请划拨补助被司法部驳回,要求其按照《商事公断处章程》的具体规定办理。后因考虑到京师商民艰难,采取变通办法,由京师市政公所在公积项下按月拨给三百元。京师商务总会召集众商多次筹议,于(1915年)6月4

〔1〕 李炘:"考核商事公断情形报告书",司法公报第三十六次临时增刊(即第二百二十四期司法公报),第26页。

日禀请司法部备案。6 月 8 日京师商事公断处成立，主要受理商家双方声请事件及调处法院委托案件。虽然京师商事公断处成立时间较苏州、上海等地要晚，但由于是按照修订后的部颁《商事公断处章程》设立，加之京师为首善之区，所以意义重大，正如公断处处长李升培所言，“以为各省率”。[1] 商事公断处的设立，对于解决纠缠未结的商事纠纷，便利商民生活，促进商业发展起到了很大作用。

因壬子正月之变，京师之地商民被抢严重，“各商统共损失计银一千七百余万两之多”。[2] 巨大的损失使京师商民之间的债务纠葛急剧上升，而众多商户因无法还债而被诉诸法院，法院又不能判决商户因被抢而可以不还债，不得不依据新法令强制执行，查封债务人之财产，由此而造成“京师内外城镇、衢门巷首张贴查封之布告者比比皆是。乃竟有该产被查封，其契据早已被抵押于他人，抵押者如不声诉，即失其抵押权，亦遂起诉，以因生果，又以果生因，果果因因，滋生不已。所以诉讼繁兴，积案如山，理结无日，商民胥沦于困苦，店铺闭歇逃走之日多也”。[3] 为解决此种局面，司法、农商两部经会商和实际调查后，决定仿效晚清庚子之变后，债务减成偿还的办法，以迅速清结成案。1915 年 11 月 17 日《京师被灾债户减成偿债结案办法》呈准施行。该办法的施行为京师商事公断处迅速理结商事纠纷提供了法律支撑，增强了其权威性，提高了效率。

民国初建时期的京师商业萧条，民生凋敝，地方审判厅审理的涉及商民案件中，纯然为商人间商事诉讼者很少，不过 1/5，其余案件有两造皆非商人者，有一为商人，一为非商人者，一些强制执行案件只是对铺店房屋进行查封，禁止其自由处分，实为扣押，并没有封闭铺店而妨碍商人营业。根据《商事公断处章程》规定，公断处只处理商人间之商事争议，而法院所委托者不过是起诉后之案件，因此，对于执行中的案件能否委托公断处调处，并无明文规定或相关解释。1918 年司法部因“京师地方两造为商人之案件甚少，非将公

〔1〕 李升培：“京师商事公断处公断书序言”，载《京师商事公断处公断书录》（第 2 集）（上册）。
〔2〕 李炘：“考核商事公断情形报告书”，载《法律评论》1926 年第 173 期。
〔3〕 李炘：“考核商事公断情形报告书”，载《法律评论》1926 年第 173 期。

断处范围稍为推广,不足以达息讼解纷之本旨",拟定"凡被告为商人及业经判决应行执行各项案件,如有必要情形,均得由法院委托商事公断处调处,调处不谐,仍准诉之法院,以资救济"。[1] 同年 2 月,上海总商会认为上海商人繁盛,华洋杂处,呈请援案办理,被司法部以上海地方尚无援用京师成案之必要,批驳未准。故而,与其他各地公断处比较,京师公断处的权限范围要宽广得多。

1916 年京师总商会颁布《京师总商会简明章程》。该章程是以 1915 年《商会法》为基础制定的,包括总纲、地址、选举及任期、会议、职务、权限、息争、解职、经费、附则十章,共 32 条。[2] 《京师总商会简明章程》无疑是京师公断调处商事纠纷的基本依据之一,构成京师商事公断制度的基础。

由于缺乏相关史料,笔者无法断定京师商事公断处是否制定有自己的公断处办事章程或细则。但综合前述相关史料,我们还是可以得出一个初步印象:由于京师总商会地处政治中心,其独特地位对于自身的制度构建产生了很大影响,尤其是商事公断制度。除《京师总商会简明章程》外,还有《京师被灾债户减成偿债结案办法》等,以及司法部将"被告为商人及业经判决应行执行各项案件"均交由公断处调处的决定等,共同构成了京师商事公断制度。可以看出,京师商事公断制度与全国其他各地商会的公断制度有着较为明显的区别,就是国家赋予了京师商事公断处较充分的权限,使得京师商事公断处能自如地处理繁多的商民纠葛,取得良好的效果。

奉天商事公断处在 1913 年 4 月成立之后,开始着手草拟公断处办事细则。1914 年 3 月 20 日奉天商务总会将修正后的办事处细则和职员履历清册交由奉天民政长鉴核并转呈报部备案。[3] 由于该办事细则是按照部颁商事公断处章程所拟,较少有超脱之处,具体规定内容也与其他各地商会所拟公断处办事细则基本相同,但也略有不同。兹列举数例。其一,对职员数的规

---

[1] 李炘:"考核商事公断情形报告书",载《法律评论》1926 年第 173 期。

[2] J071-001-00862,京师总商会章程[丙辰年十月奉准(1916 年),龙泉孤儿院石印],转引自敖凯:"京师总商会研究(1906~1928)",首都师范大学 2011 年硕士学位论文。

[3] 奉天省长公署,JC10-3062,第 127 页,辽宁省档案馆藏。转引自孟慧敏:"民初奉天商事公断处研究",辽宁大学 2012 年硕士学位论文。

定,除处长、评议员、调查员外,尚有书记员、书记生、处丁等:"处长一员,评议员十六员,调查员六员,书记员一员,书记生二名,处丁四名";并且"书记员、书记生酌给薪水,处丁酌给公食,处长及评议调查各员均为名誉职不支薪水,其酬金亦充经费充足时再议"。其二,处长评议所有声请争议,评议员随同处长评议案件,调查员"承处长之委托,调查争讼案件,并有秘密调查呈报本处置权",处长权力较大。其三,办事细则规定"评议审查之际如有一造无故拒不到场,至二次以上即将该案件送请管辖法院审判"。其他各地大都规定不再受理。[1] 可见,与其他各地商会的商事公断制度相类,奉天商务总会所制定的商事公断制度也具有自己的特色。

(四)各地商事公断制度的比较分析

虽然上述苏州、上海、天津、京师、奉天只是近代中国数百城市中的5个,但却极具典型性。上海近代化程度最高,是一个国际化的大都市,国际上一应流行事物均可以在十里洋场的上海滩见到。苏州是传统商业中心,至近代虽受冲击,地位旁落,但商业仍呈现畸形繁荣。天津虽开埠较早,但由于是京师门户,受政治形势影响较大,风气并不十分开化。京师作为全国政治中心,政治功能突出,经济功能较弱。奉天为东北重镇,各业发展比较均衡,属典型的内陆型城市。正是由于各城市均具有自己独特之处,其商事公断制度相应地也凸显出其特色来。下面就结合前述各地商事公断制度内容,对清末民初地方层面的商事公断制度建构情况略加分析。

首先,就各地建构的商事公断制度体系而言,上海商会最为发达完备,苏州商会仅次之,奉天商会和京师商会稍显落后,以天津商会最次。上海开风气之先,敢于率先创立诸多新制度,如设查账处、公证处,制定相应规程等,其所建构的公断制度体系也最先进、最完善。苏州承续了清末时期的优良传统,加之有与上海相竞争的心理,其公断制度体系也很完备。奉天则表现地中规中矩,可以说是近代中国大部分省城商会的代表。京师商会的公断制度

[1] 此处各条规则均转引自孟慧敏:"民初奉天商事公断处研究",辽宁大学2012年硕士学位论文。

体系则蕴含有更多的政治意义,其政治功能强于经济功能。如果说上海是全国商事公断制度建设楷模的话,天津则可以说是其反面典型,对设立商事公断处、建立公断制度明里赞成、暗里抵制,虽然有部颁章程细则限制太多的原因,但其态度消极却是毋庸置疑。因此,天津不仅迟迟未设立商事公断处,仍以评议处/股来公断调处商事争议,其具体规程也就寥寥十多条,极为粗疏,公断制度体系只能以"简陋"来形容。

其次,就各地商事公断制度的具体内容来说,各地的商事公断制度虽然都以部颁章程及细则为准据,但详略有差。例如,上海、苏州等地的公断制度内容就极为详细具体,从公断处的性质、地位、权利、职责,到职员的选任条件及程序、职责权限、法律责任,再到公断程序、公断依据、公断效力等,另外还对因公断而衍生的职责如查帐、清算等均作出了规定,让人一目了然。既明确了商事公断处的一应权利,又从制度上对公断处的公断行为进行了规制约束,使权力运行在制度框架里,从而在一定程度上实现了商事公断处的设立宗旨:"公断处对于商人间商事之争议,立于仲裁地位,以息讼和解为主旨。"天津等地则相反,其公断制度内容比较简略,因此商会在评议商事纠纷案件时的操作余地比较大,能够灵活应变;同时,商会也可以借此暗地里扩大权限。这大概也是天津总商会迟迟不愿设立公断处的原因之一。如果我们从法治的视角去探究,那么上海、苏州是"依法治处"的代表,天津或许可以算作是"依权治处"的典型。前者已经初步形成法治思维和法律意识;后者则仍然深受权力治理传统的影响。如此分析总结也许不完全准确,但权力的影子在天津商会日常运行中时隐时现却是不争之事实。

最后,就各地商会在公断制度建构过程中的态度变化而言,苏沪奉天等地明显要比天津积极得多。上海总商会在司法部和农商部会同制定的《商事公断处章程》尚未正式公布之前,就召开会议讨论草拟商事公断处办事细则,前后几易其稿,可谓尽心尽力,热情盎然。不独上海如此,苏州、奉天等地亦如此。另外,上海总商会针对部订《商事公断处章程》中不满意的一些规定,也召集会董开会讨论,形成决议,并呈交农商部,希图能够有所变动;同时,对于因公断衍生的一些事项,如公证、清算、查账等,也是结合上海本地实际,积极向农商部阐明理由，以期获得支持。事实证明，上海总商会积极主动的行为所取得的效果还是非常不错的，其所作出的一些举措都获得了农商部的支持和赞许。两相比较，天津总商会的态度就显得比较消极。无论是设立商事公断处，还是制定相应章程细则，均没有表现出强烈的热情，甚至于在收到农商总长的饬令后也未有大行动。即使是对部订章程不满意，也没有商会的统一行动，只是由商会的部分会董联名提出意见书，因而取得的效果也就乏善可陈。上海和天津两地商会的不同态度，最终所带来的结果也大不相同，两地的商事公断制度在体系、内容、水平诸方面均存在很大差距。上海和天津是近代中国商会商事公断制度的两类反差较大的典型，在民初 178 处商事公断处中，更多的还是以苏州和奉天为代表的中间类型。

自清末迄至民初，各地商会商事公断制度也从萌芽长成小树。虽然由于各地水土环境不同，商事公断制度这一株小树也因此而烙上了鲜明的地域特色和时代印痕，但其性质、宗旨等却是相同的，都是以《商会法》、《商事公断处章程》、《商事公断处办事细则》等国家法为指导、为基础建立起来的。也正是因为这一点，民初各地的商事公断制度才能求同存异，对各地商事纠纷的有效解决、商业秩序的有序运行才起到了很好的促进作用。

三、小结

本章分别从国家和地方两个层面叙述讨论了清末民初商事公断制度的建构过程，梳理了商事公断制度体系的构成、公断制度的具体内容，并对各地商事公断制度的异同作了初步比较。总而观之，清末民初的商事公断制度呈现出既统一又分立的发展趋势，国家制度与具体实践之间存在一定程度背离。这种现象是与其时中国法律发展的整体大趋势和社会背景紧密相关的。

自清末修律以来，行政权与立法权、司法权的分离已成定局，如中央政府层面的大理院、法部，地方层面的各级审判厅衙门的设立等即为例证。然而，这种分离在很大程度上沦为一种表象。概因为此时期的中国，不仅经费短绌，人才也极为匮乏，在县一级基本上还是施行县知事兼理制度。各地地方和初级审判厅法官虽然是经考试选拔录取，法律意识强，专业素养比较高，也取得了较大的改革成就,但由于受地方行政权掣肘,司法独立仍显任重道远。[1] 国家司法权尚且如此,商会公断调处商事纠纷的权利自然也遭遇多方阻挠和牵制。因此,民国北京政府司法部对在商会设立商事裁判所,赋予其正式司法权始终持坚决反对的态度也就不难理解了。

从前述有关《商会法》、《商事公断处章程》及《商事公断处办事细则》等的具体内容可知,政府不仅界定了商会公断行为的宗旨、性质,对其受理范围和纠纷类别做出了限制,甚至对公断处职员的选任、最后的公断结果等也进行了规定,可见政府对商会公断权的干预是多方面、多层次、全过程的。固然,其中一些是出于监督的目的而设置,但更多的则是以限制为依归。有限制就有突破。政府的多方限制,也引发了各地商会的激烈反对,有明面上的联名声请,更多的则是暗地里的权力扩张,从而形成一种制度与实践的背离。[2]

当然,这种背离也因各地的实际情况以及商会的具体操作方式而表现不同,最后的收获也相差较大。例如,上海商会采取的是主动方式,积极与政府沟通,同时借助其近代化程度最高的"潮头兵"地位,合纵连横,不仅成为全国商会的楷模,影响力不断增强,而且在政府的支持许可下,权力得到合法的扩张。与上海商会不同,天津商会则迎合各地商会的呼吁,联名向政府施加压力,希图修改章程,获得权力的合法扩张。继而因此路不通,则采取消极对抗方式,不设公断机构,不制定相应章程,利用粗疏简略的原则性规定,采取灵活机动的手段,不断突破国家法律制度规定,获得实际上的"非法"权力扩张。而京师商会则充分利用其有利的地理优势,也获得了合法的权力扩张,但其模式不可复制。

自清末至民初,国家和地方两个层面的商事公断制度已逐步建立起来,然而由于国家和地方在制度建构过程中有目标差异,存在一定的张力,所以

---

〔1〕 李启成著:《晚清各级审判厅研究》,北京大学出版社 2004 年版,第 176 ~ 182 页。

〔2〕 需要说明的是,这里所言的背离,其含义与黄宗智先生在《清代的法律、社会与文化:民法的表达与实践》(上海书店 2007 年版)中所言的"表达与实践的背离"略有不同。黄先生所说的"背离"指的是司法实践与法律条文的不一致,而本书所言的"背离"则指的是地方商会突破政府的权力限制,其中有条文和实践的背离,但更多的则是制度与制度的背离。

最终形成国家制度与地方制度一定程度的背离。如何处理这种张力、背离？不同商会给出的答案不完全一致，最终的收获自然也各有不同。虽然殊途同达，但积极主动的方式无疑更易达成目标，也更易被认可。

第四章　商事公断制度的实践与成效

一项法律制度的发展与演变，必然离不开该制度的具体实践与效果，清末民初的商事公断制度自不例外。自清末至民初，商事公断制度体系逐渐建立和完善，前文已对其进行了文本考察和分析。然而，商事公断制度在具体纠纷解决实践中又是如何运行的？其成效怎样？对这些问题尚需要作进一步的深入考察。目前，学界对于商事公断处的实践成效基本形成共识，普遍认为商事公断处对于商事纠纷的解决有着积极作用。但对这一积极作用的定位定性还是存在分歧，有拔高者，也有低评者，还有调和论者。笔者认为，无论持何种立场，均应基于历史事实而定。历史告诉我们，商事公断处在商事纠纷解决中的效率问题，不仅受商会包括商事公断处的社会影响力所限，也与该纠纷的主客体的社会地位有关，更与纠纷争执的标的额联系紧密。因而，商事公断处的公断效率有时很高，但有时又迟延耽搁，效率颇低。但总体上而言，商事公断处的理案成效还是颇为明显的，颇受政府和社会的好评。本章试图对从两个方面对清末民初商事公断制度的实践成效进行考察研究。一方面通过综合整理苏州和上海等地商会档案中所记录的案例，梳理商事纠纷的类型和特点，考察商会受理商事纠纷的情况；同时，结合具体纠纷案例，采用实证的方法，从法理的视角去考察分析商事公断的程序与依据，并与政府司法机构的司法实践相比较。另一方面则以第一部分内容为基础，对商事公断制度的成效进行考察，并进而分析其原因。

一、商会受理商事纠纷情况分析

(一)清末民初苏州商会受理商事纠纷的情况

我们首先来看看清末商会成立伊始时所受理的商事纠纷情况,再对照比较民国初期的商事纠纷,就会有一个比较明显的认识。由于清末商会的理案情况史料以苏州商会最为齐全,而其他如上海、天津、京师、奉天等地商会的记载相对散乱,遗失颇多,故此处选择以苏州一地为代表,虽然不可避免地具有局限性,不能代表全国,但却可以从中窥见商事纠纷的发展趋势(见表4-1)。

表4-1　苏州商务总会受理的商事纠纷情况
[光绪三十一年(1905年)十月~三十二年十二月][1]

编号	案由	结果	日期
1	缏线业商人濮茂之等被归德云擅自认捐代呈商部请免一案	已准	光绪三十一年(1905年)十月
2	萃昌同兴陈顺兴缎庄被昆山万盛缎布号亏欠一案	已结	光绪三十一年(1905年)十月
3	福来康参店商人丁秉彝禀控彭姓冒牌请给示禁一案		光绪三十一年(1905年)十一月
4	庞正裕纱缎庄禀控泰生祥孙瑞芸拐货避匿一案		光绪三十一年(1905年)十二月
5	药行商人经显廷张慎甫被姚郑氏控告由本会分拆股款一案	已结	光绪三十一年(1905年)十二月
6	德泰森烟店商人张蓉亭房屋被华怡园诬控押迁一案		光绪三十一年(1905年)十二月
7	酒作董事请免摊捐一案	已准	光绪三十一年(1905年)十二月
8	纱缎业商人李文模等开办学堂一案	已准	光绪三十一年(1905年)十二月

〔1〕资料来源:"苏商总会布告十五阅月各宗理案",载《苏州商会档案丛编》(第1辑),第523~527页。

续表

编号	案由	结果	日期
9	缎业商人杭祖良等禀机工加价请县给示一案	已准	光绪三十二年(1906年)正月
10	常熟梅里请设立商会分会一案	已准	光绪三十二年(1906年)正月
11	平望请设立商务分会一案	已准	光绪三十二年(1906年)正月
12	源昌泰珠宝店被控买朝珠一案	已结	光绪三十二年(1906年)二月
13	纱缎业控郑蓉经卷逃一案		光绪三十二年(1906年)三月
14	济泰典铜元被扣请牙厘局查释一案	已准	光绪三十二年(1906年)三月
15	珠宝业杨洪源请移上海商会追杨正源汇票款一案	已结	光绪三十二年(1906年)三月
16	镒源庄庞秉铨控徐津士倒骗一案	未完	光绪三十二年(1906年)四月
17	武阳商会为轮船撞沉稻船索赔一案		光绪三十二年(1906年)四月
18	张振庠等请设常昭梅里商船分会一案	未准	光绪三十二年(1906年)四月
19	星记桐油号禀报失窃桐油请缉一案		光绪三十二年(1906年)四月
20	奉准商办苏嘉铁路公司一案	已开办	光绪三十二年(1906年)闰四月
21	苏缎业商人鲍和清被诬控担保请摘释一案	已结	光绪三十二年(1906年)闰四月
22	星记桐油行金润之被大丰豆行倒亏请着股东赔款一案	已结	光绪三十二年(1906年)闰四月
23	芦墟米业陆荣光请减硖石米行行用一案		光绪三十二年(1906年)闰四月

续表

编号	案由	结果	日期
24	上海水果业索取阊门立昌堃记水果行欠账一案	未完	光绪三十二年(1906年)闰四月
25	钱业仁和庄鸿源庄请移追硖石镇谦吉钱庄汇票款一案	已结	光绪三十二年(1906年)闰四月
26	经纬业吴子谓被巡警殴伤委员鞭责一案	已结	光绪三十二年(1906年)闰四月
27	米业董蔡恩铨请仓穀变价平粜粮一案	已准	光绪三十二年(1906年)五月
28	乾丰糟坊倒闭各债户请分偿一案	已结	光绪三十二年(1906年)五月
29	嘉兴商会移追张鸿昌同盛泰欠款一案		光绪三十二年(1906年)五月
30	苏沪玉业潘宝书与宁帮互控一案		光绪三十二年(1906年)六月
31	阊门宝善昌钱庄倒闭一案		光绪三十二年(1906年)六月
32	烧酒业吴章钜等请立案示禁冒牌一案	已准	光绪三十二年(1906年)六月
33	振源永绸缎店亢维彦等禀控俞顾氏捏折图诈一案	已结	光绪三十二年(1906年)六月
34	职商欧阳元瑞等禀设瑞丰小轮船公司一案	已准	光绪三十二年(1906年)七月
35	南濠复兴南货店曹宝如请追南浔徽面馆方辅臣欠款一案		光绪三十二年(1906年)七月
36	珠宝业倪开鼎请移农务局清理基地一案	已结	光绪三十二年(1906年)七月
37	福源豆行严炳生请追娄县粉坊王仪新欠款一案		光绪三十二年(1906年)七月
38	无锡堆栈出粜仓穀一案	已结	光绪三十二年(1906年)八月

续表

编号	案由	结果	日期
39	盛泽镇争鲁罉一案		光绪三十二年(1906年)八月
40	职商倪开鼎等请设苏商体育会一案	已开办	光绪三十二年(1906年)八月
41	盛泽镇请设立商务分会一案	已准	光绪三十二年(1906年)八月
42	各商会移请禀减牙税十倍一案		光绪三十二年(1906年)八月
43	盐货行正大、南货行万源等控追青镇沈爽齐欠款一案		光绪三十二年(1906年)八月
44	稻香村茶食店被徐汝霖打毁货物一案	已结	光绪三十二年(1906年)八月
45	阊门水果店余鸿源被同业张兆卿捏控押迁一案	未结	光绪三十二年(1906年)八月
46	绣货业沈调笙被控冒夺基地一案		光绪三十二年(1906年)八月
47	猪行吕万泰控平望肉店翁万顺等欠项追偿一案	已结	光绪三十二年(1906年)九月
48	吴江绅士刘长灏等请设立江震商务分会一案	已准	光绪三十二年(1906年)九月
49	太湖渔业蒋惠仁等禀控烟差违禁一案	未结	光绪三十二年(1906年)九月
50	乾元庄王霭人控森昶庄股东洪仁甫顾新之汇票一案	未结	光绪三十二年(1906年)九月
51	恒孚银楼与正丰永争冒牌一案		光绪三十二年(1906年)九月
52	信隆药行顾文栋控姚涵甫索扰一案	未结	光绪三十二年(1906年)九月
53	维大洋货店朱嘉祐索账被高慰祖讹诈一案	未结	光绪三十二年(1906年)九月

续表

编号	案由	结果	日期
54	盛康余洋货店亏倒各店庄存款一案	未结	光绪三十二年(1906年)十月
55	纱缎业公禀图董丁春之干预机捐一案		光绪三十二年(1906年)十月
56	绸绫业大有裕职商吴保涵请追镇大庄欠款一案	未结	光绪三十二年(1906年)十月
57	周庄德和酱园控追昆山茜墩复兴酒号欠款一案	已结	光绪三十二年(1906年)十月
58	怡和祥施炳卿、许兰坡控夏怀新欠项一案	未结	光绪三十二年(1906年)十月
59	苏缎业王长青控吴鸿甫吞洋请追一案	已结	光绪三十二年(1906年)十月
60	缎业方丽泉请追松江谦益帽店、袁花镇锦昌帽店欠款两案		光绪三十二年(1906年)十月
61	桂带店刘万源控玉山县永大升京货店欠洋请追一案	已结	光绪三十二年(1906年)十月
62	上海钱业王德基等请理同和庄尹殿华股款一案	未结	光绪三十二年(1906年)十月
63	立成祥米店被巡察学堂下灶讹诈一案	已结	光绪三十二年(1906年)十一月
64	洽记福米行为九丰行定货不斛一案	已结	光绪三十二年(1906年)十一月
65	裕丰昌木行控追唐鸿茂木行欠款理结议案	已结	光绪三十二年(1906年)十一月
66	东汇永兴木行邹大钧被累误提一案	已结	光绪三十二年(1906年)十一月
67	祥申阁装潢店请追湖州永庆祥装潢店欠款一案		光绪三十二年(1906年)十一月
68	三星纸烟公司请三县给示保护一案	已准	光绪三十二年(1906年)十一月

续表

编号	案由	结果	日期
69	苏绅会呈请将南漕改折一半以济民食一案	已准	光绪三十二年(1906年)十一月
70	昆山绅士张方中等公禀请设立昆新商务分会一案	已准	光绪三十二年(1906年)十一月
71	芦墟泰丰米行陆映澄请追海宁州斜桥镇徐森源米行欠款一案		光绪三十二年(1906年)十一月
72	浒关蓆业公禀请留董事张冕杰一案		光绪三十二年(1906年)十一月
73	宏盛丝行梁幼亭控张万兴卷逃王双泉同谋请押追一案	未结	光绪三十二年(1906年)十一月
74	米业谢少米、金鉴如扭解罗同兴磨坊欠款一案	未结	光绪三十二年(1906年)十一月
75	永丰庄请理洽记福倒闭欠款一案	已结	光绪三十二年(1906年)十二月
76	庆昌丰木行请追寿器店诸锦斋欠款一案		光绪三十二年(1906年)十二月
77	绸业王伯眉呈报庄船被盗请缉捕一案		光绪三十二年(1906年)十二月
78	乾昶顺药行张慎甫被控吞没胡兴货款一案	未结	光绪三十二年(1906年)十二月

表4－1中所录78件商事纠纷,均为苏州商务总会自光绪三十一年(1905年)十月开办之时起,至光绪三十二年(1905年)12月止,所有受理的商业词讼各案。此处所言的“商业词讼”实际上并不准确,其中不仅仅包括名副其实的纠纷,还含有一些行政许可类事件,有点类似于上海商会的“办事报告”。因此,表4－1中所录78件纠纷,其中严格意义上的商事纠纷为66件,其余12件为批准开办学堂1件、设立商务分会7件、创设公司2件,以及1件请减牙税案、1件禀请留董事案。66件商事纠纷,大体可略分如下:欠款类19件、卷逃类3件、商捐类3件、保护商标(给牌示禁)类4件、股款类2

件、房屋地基类4件、劳资纠纷(9号)1件、串卖货物类1件、维护商人利益类4件、票据类3件、商业欺诈类4件、货物被盗类2件、索赔类1件、平粜粮食类3件、倒闭类3件、侵吞货款类2件、定货类1件、互控类1件、打毁货物类1件、违禁索扰类2件,其他2件。可以看出,此时期苏州商会受理的商事纠纷基本为传统的常见类型,主要以欠款类和扰乱商业经营秩序类为主,其中甚至有一些应该归属刑事纠纷和政府行为的,如商业欺诈、货物被盗、平粜粮食等。民国初期的商会理案承续了这一特点,其受理的商事纠纷范围更为宽泛。可见,此时商会的职能很复杂,不仅有振商、护商之责,还承担了部分行政事务、市政管理、社会慈善和治安等职责。因此,也就比较容易理解学界为何认为其代表了近代中国的"市民社会阶层"。

清末时期如此,民初的情况又有什么变化呢?接下来,让我们看看苏州商事公断处从1914~1928年受理纠纷的情况。

表4-2　苏州总商会商事公断处受理纠纷件数情况[1]

年份	件数	年份	件数	年份	件数
1914	5	1919	5	1924	13
1915	4	1920	16	1925	15
1916	15	1921	21	1926	16
1917	9	1922	33	1927	9
1918	5	1923	30	1928	3

从表4-2可以统计得出,苏州商事公断处在1914年至1928年共计受理商事纠纷199件,但如果将《苏州商会档案丛编》(第3辑)(上册)"受理商事纠纷统计"中所载的4件未标明年月的纠纷也计入的话,则总数为203件。单纯从

[1] 表中数字系根据《苏州商会档案丛编》第2辑和第3辑的相关资料整理而来,具体参见华中师范大学中国近代史研究所等编:《苏州商会档案丛编》(第2辑),华中师范大学出版社2004年版,第106~110页;《苏州商会档案丛编》(第3辑)(上册),华中师范大学出版社2009年版,第629~640页。另外,根据两书所载资料统计,苏州总商会受理纠纷总件数为206件,此处所计纠纷件数未将《苏州商会档案丛编》(第3辑)(上册)"受理商事纠纷统计"中记载的2件宣统年间纠纷、4件未标明年份的纠纷,以及1件民国二年纠纷计入在内,因此总件数为199件。

数字比较上来看,上海总商会同时期受理的商事纠纷要多于苏州总商会。从上表我们可以看出,苏州总商会在1920~1926年受理的商事纠纷较多,其余年份则相对较少。个中原因若何,由于暂时没有资料,故无从得知。但笔者臆测,纠纷的爆发是与政治经济环境紧密联系在一起的,尤其是商事纠纷,更是与经济环境变化息息相关。苏州总商会受理的商事纠纷情况与其时苏州城市的经济发展状况紧密相连,也与当时整个中国的政治经济环境密切相关。

按照苏州总商会档案记载,1920~1928年受理的156件商事纠纷,约略可分为五大类:公断事类、欠款事类、冒牌事类、遗失各种票证、挂失类。[1]其中,后两类纠纷的争执事项相对比较单一,前两类纠纷的争执事项则比较复杂。例如,欠款事类就包括抵押纠葛、货欠纠葛、倒闭纠葛、退货纠葛等,而公断事类则更为复杂,有房租增减纠葛、侵吞账款纠葛、职员舞弊纠葛、经商被骗、商人之间纠葛、存款纠葛、存折纠葛、抢夺营业纠葛、会馆公所业务纠葛、保险纠葛、股份股款纠葛、商业经营秩序纠葛、保护商人利益等,基本涵盖了当时商事纠纷的所有类型。

(二)民初上海总商会受理商事纠纷的情况

根据笔者统计,1912~1917年的六年里,上海总商会受理的商事纠纷共计174件,如果将每年里就同一争议事项重复评议的纠纷视为一件的话(不同年份里评议的同一事件不减扣),1913~1917年,上海总商会共计受理的商事纠纷为135件。[2] 下面就以此135件商事纠纷为对象,对其略加分析。

首先,我们来看看这些商事纠纷的类型。从上列各表中有关商事纠纷的

---

〔1〕 华中师范大学中国近代史研究所等编:《苏州商会档案丛编》(第3辑)(上册),华中师范大学出版社2009年版,第629~640页。

〔2〕 需要说明的是,从1913年开始,上海总商会受理的商事纠纷不断增多,不仅有商会公断评议的,还有大量以函件形式处理的,这可以从历年的商会办事报告中窥见这一情形。据笔者不完全统计,仅1913年1月上海总商会就接到涉及商事纠纷的来函约37件,2月则增至50件。虽然其中有属同一纠纷的来往函件,每个月份往来的函件数目也多寡有异,但其总量规模不可小觑。因此,限于篇幅,本章所言的商事纠纷均为商会正式评议的,仅以函件往来形式处理的暂不列入。另外,《上海总商会议事录》自1918年直至1928年等年份均没有附录评议事件报告,因而这些年份上海总商会受理的商事纠纷情况无法知悉,只好暂时空缺。

简单情况介绍可知，上海总商会受理的135件商事纠纷大多与钱款有关，但还是可以根据有关争议事项，细分为如下若干种。

其一，为账款纠葛，如“协伦纸号东夥账款涉讼由”、“广大裕等五庄控蒋同泰账款纠葛事”、“廨移华利公司股东等账款涉讼由”、“廨移陈福隆与股东沈杏村等账款纠葛由”等。

其二，为股账纠葛，如“陈福壬控父遗湧记煤栈股本被韩之鹏图吞由”、“廨移恒丰裕股东浦祯祥、朱渭清股账纠葛由”、“廨移席云如禀控严蟾香追索正德德森两庄股本垫款等银由”等。

其三，为合同纠葛，如“廨移丰易公司经理人张少堂禀控顾庆记违背合同抛工不理请追垫款由”、“成记洋货号与裕通纱厂定货纠葛由”、“顾蓉塘略诉唐晋斋合股悔议由”、“为李怡昌等与协兴和定货纠葛由”、“廨移沈惠昌控沈茂堂合包工程不理亏银并强搬木料由”。

其四，为股票、股权纠葛，如“人和煤号冯莲卿与龙章造纸公司股票纠葛由”、“安康庄等略请邀劝元兴荳行股东欧阳星南、魏肯堂照认垫款并偿元兴欠款由”、“吴钟秀诉洪少圃与故兄志和大通转运公司股单抵押纠葛由”。

其五，为欠款纠葛。此类纠葛还可细分，有商业往来欠款，有买卖欠款，有个人之间的合伙交易欠款等，如“叶尚德控天泰亨报关行欠款由”、“公泰印书局被永泰洋货号欠款由”、“廨移王子云控金静生图赖福裕公栈房盘价由”、“汉会移据杜家瑞略控杨养生短欠货款请转催照付由”、“孙仰方等函称因向王景裕收款无着请为公断由”等。

其六，为货物款项纠葛，如“廨移倪诚控镒康钱庄黄子斌串骗存货纠葛由”、“张德生与王善福货账纠葛由”、“珠街阁分会移理丰盛火杏卿措付开泰米行莱子找价由”、“廨移金福基控邬荣堂结欠同泰升货价三千零二元由”、“鲍生泰缸瓷行与寿康酱园货款纠葛由”、“地方审判厅移请调处陈煜明诉陆福生图赖米款由”。

其七，为金融机构与客户之间的款项纠葛，如“怡大与承裕收付银款纠葛由”、“吉和诚棉纱号与久和钱庄款项纠葛由”、“叶晴记与四明银行取款纠葛由”、“许星垣控诚德庄不理存款由”等。

其八,为票据纠葛,如“皮商公会代表王修五君函据戴子明因支票纠葛略请移廨代为伸诉由”、“南会移理元和米行诉吉兴碾米厂不付本票由”、“马子彝诉分庄经理金锡五与蒋汉臣汇票纠葛由”、“振华堂为源长、协祥等因泰和止付金朗记汇票请开公断由”。

其九,为账簿纠葛,如“廨移叶万康等控郭子炎管理鸣盛梨园账目不清由”、“廨移歌舞台杨价人控账房舞弊由”、“廨移进益洋行控顺兴昌前充买办经购丝茶账目不符移会会同丝茶两业董查封账簿由”、“廨移王庸盦诉合立一亨运煤公司无故停业又不将账交查由”。

其十,为破产纠葛,如“廨移中华 民报馆宣告破产以偿欠款由”、“为林合兴号林统之亏倒避匿各商纷争原货由”、“廨移安记等十五户诉萃元糖行主陈立生倒闭卷逃查阅账簿有欠户九家,请照账追缴移会查复由”。

其十一,为商人和货物意外善后纠葛,如“成都商会查办李绍臣人货下落由”、“为运洋被盗声请公断由”等。

其十二,为品牌纠葛,如“廨移韩永源控陈履昌冒用宏茂昌牌记由”。

其十三,为违反业规纠葛,如“厅移协按丝厂经理张少泉呈诉礼和华纯新两丝厂经理张锡生、沈子康违章增价由”、“南会移送徵雅堂诉大庆永等同业违章议罚不遵由”。

其十四,为担保纠葛,如“定海商会移理永康庄诉胡祥源不理保银由”、“陈渭泉诉汉口分庄司账俞聘珍舞弊亏宕保人林联琛不理请查账公断由”。

其十五,为职员职务纠葛,如“厅移吴春林诉黄少怀经理舞弊一案请查算见复由”、“廨移同益转运公司控杨永郇溺职侵吞案移会查账由”。

上述15种类型商事纠纷,只是一个大略的区分,并不严谨细致。在135件商事纠纷中,有的是因为不遵守前议结果而致滋生新纠葛,有的是因为被诉方不还欠款或未还清、或不交定货、或违背合同协议、或违反业规、或未尽责任,有的是因为原被告双方责任不清而引起的争端,甚至还有原告因自身过失而引起的纠葛;另外,还有原被告双方各执一词,互相禀控的,以及因账目不清不楚、商户倒闭、商人或货物发生意外而引起的纠葛等,可谓千头万绪,不一而足。然而,虽然直接起因甚为复杂,需要解决的争议事项也略有差异，但本质基本相同，一应争执的终端都指向钱财利益。

135件纠纷中，涉及钱款纠葛的占多数，如账款纠葛、股账纠葛、欠款纠葛、货物款项纠葛、金融机构与客户之间的款项纠葛等，其他如担保纠葛、职员职务纠葛、破产纠葛、商人和货物意外善后纠葛等也多多少少都涉及钱款。这样说明了新型商事纠纷如股票纠葛、保险纠葛等相对较少，但呈现出缓慢增长态势。

其次，我们还可以发现，在民初这样一个政治秩序混乱的社会里，虽然世风日下，商业领域里的欺诈现象也在不断增多，但严重违背商业道德的纠葛并未出现暴涨的态势，说明此时期商业社会的整体道德体系并未彻底崩溃。这也是上海总商会在处理这些纠纷的时候也大都是以固有商事习惯为主要依据，以调息讼端、维持商谊为依归的重要原因。

由于商人对于钱财利益的观念有差别，加上争执标的数额的大小不同，上海总商会受理的135件商事纠纷来源不尽相同。135件商事纠纷中，直接向商会声请公断的为61件，约占总数的45%，其中1913～1917年各年份的件数分别为16件（总数为35件）、16件（总数为32件）、10件（总数为27件）、12件（总数为27件）、7件（总数为14件），约占各年份总数的50%或接近50%，这些纠纷的处理结果多数为已结，其余为未结、复结。由会审公廨移送商会的商事纠纷有45件，约占总数的33%，1913～1917年各年份的件数分别为17件、11件、8件、5件、4件，呈逐渐减少态势，但所占比例并未明显降低。由地方审判厅移送的商事纠纷共有13件，约占总数的10%，其中1914年3件、1915年4件、1916年5件、1917年1件。由其他地方商会移请理处的商事纠纷共有15件，约占总数的11%，其中1913年1件、1914年2件、1915年5件、1916年5件、1917年2件。另外，还有1件请商会代为申诉的纠纷，即“皮商公会代表王修五君函据戴子明因支票纠葛略请移廨代为申诉由”。

从上述数字可以看出，每年向商会直接声请公断的商事纠纷数量与会审公廨和地方审判厅移送处理的纠纷数量基本持平，但如果再加上其他商会移请处理的纠纷的话，则要略逊一筹。换言之，亦即每年由会审公廨、地方审判厅、其他商会移请上海总商会公断处理的商事纠纷数量要高于直接声请公断的商事纠纷数量，而且基本呈缓慢上升趋势。这一现象表明，此时期的上海总商会在商人心目中的地位仍然很重要，是解决商事纠纷、维护自身利益的重要途径。但同时，由于商会的裁决并不具有强制力，这种对利益的保护就显得有些脆弱，犹如"镜中花，水中月"般，可视而不可即。两相比较，会审公廨和地方审判厅就成为另外的重要替代选择。然而，再结合会审公廨和地方审判移请商会的纠纷处理事项绝大多数为请求协助查账这一事实，我们会发现，商会虽然在商事纠纷解决机制中占据重要地位，不可或缺，但这种地位的确立更多的是依赖于其专业性、技术性，而并非国家法律所赋予的商事纠纷裁判权。一旦商会失去了这一特点，其地位也就岌岌可危，最终的结果可想而知。

最后，我们对商事纠纷的处理结果进行初步梳理和分析。135 件纠纷的处理结果大体可以分为以下四种：已结或理结（断结）、移结、复结、未结。所谓已结或理结、断结，亦即该纠纷经商会公断后作出的处理结果，一般为两造直接向商会提出公断声请的，也有较少量由会审公廨、地方审判厅和商会移请公断的。此类纠纷共计有 46 件，约占 135 件纠纷的 34%。移结，即商会就商事争议纠纷的有关事项进行查核后，将相关卷宗和查核结果移还原纠纷受理结构，如会审公廨、地方审判厅以及各商会等。当然也有例外情形，譬如"广大裕等五庄控蒋同泰账款纠葛事"，此纠纷先经商会理明并有处理结果，但由于被告金仲翼未完成缴款，广大裕等五庄又向吴县地方审判厅起诉，于是商会又将有关案卷抄录备函移送吴县地方审判厅。因此，该纠葛的最后处理结果就为"移结"。此类纠纷共 47 件，所占比例也约占总数的 34%。复结，即以函复形式结案。此类纠纷多为其他商会移请上海总商会协助查账、公断的，这些纠纷或经调解劝息，毋庸公断，或是只需将查核结果告知相关商会，因此均可以备函答复。共计 23 件，约占总数的 17%。未结，即尚未理结的纠纷。此类纠纷共计 19 件，约占总数的 14%。另外，还有 1 件外结纠纷。前述 135 件纠纷不同结果的初步统计表明，上海总商会在 1913 ~ 1917 年的 5 年里受理的 135 件商事纠纷，超过 80% 得到解决，如果不计会审公廨、地方审判厅、其他商会移请理处的纠纷，上海总商会的实际结案率也许应该要低一些，但也有超过67%的结案率，这些比例数字意味着上海总商会的办事效率还是很高的，其成效也是很明显的。

从上述上海、苏州两地商会受理的商事纠纷简要情况可知，这些纠纷都属于商务类纠纷，包括商业经营纠纷、商业秩序纠、商业组织纠纷等。实际上，各地商会还受理公断调处劳资纠纷、中外商务纠纷，以及其他一些与商务基本无关的纠纷，如苏州总商会就曾受理纱缎业、煤炭业、人力车业、漆业等行业的劳资纠纷。[1] 而中外商务纠纷则较多见于上海和天津等地，概因为这些城市均为近代中国重要的对外港口。

（三）奉天商会受理商事纠纷的情况

上述各种商事纠纷不仅见之于上海等沿海开埠城市以及苏州这样的老牌商业城市，同样亦可见于奉天（沈阳）这样的内地中心城市。1913年奉天省商事公断处成立第一年，即受理了商事纠纷52件，其中公断理结者19件，两造自行和解或他人调解者17件，其余未结或移交审判厅处理（详见表4-3）。

表4-3　奉天商事公断处1913年受理商事纠纷情况[2]

编号	案名	类型	结案情况
1	合盛元等呈控武荣天籍旧东搅扰商务	扰乱商业	遵从公断，理结
2	赵永发控万记照相镜物劣不容退回	货物纠纷	遵从公断，理结
3	合发隆执事董信书诉陈翔武抗欠米账	欠债	不服公断，另行起诉
4	庆玉笙诉恒兴隆欠债不偿	欠债	自行调停和解销案
5	徐庆祥执事魏殿清声诉杨凌阁欠债案	欠债	遵从公断，理结
6	峻玉龙声诉庆玉设计骗财	商业欺诈	
7	高等审判厅函请清算吕庆祥、王成章开福兴煜粮店账目	清查账目	核算账目后查复高等审判厅

〔1〕华中师范大学中国近代史所等编：《苏州商会档案丛编》（第3辑）（上册），华中师范大学出版社2009年版，第706～742页。

〔2〕资料来源于孟慧敏："民初奉天商事公断处研究"，辽宁大学2012年硕士学位论文。略有调整。

续表

编号	案名	类型	结案情况
8	庆昇厚执事陶玉生控卞鳳亭乘间骗财	商业欺诈	被告远避,无从理断
9	义盛泉控送扛夫白耀吉隐匿遗款	隐匿遗款	遵从公断,理结
10	广生染坊巾介堂诉吴利舜伪挪不偿	挪用款项	
11	合元永执事高梦九诉志诚泰王恒先商横行	同行纠葛	遵从公断,理结
12	赵汝琴诉永昌合王瀚卿私吞柜款	私吞柜款	遵从公断,理结
13	义和执事邢尽臣诉孙孝欠钱不偿	欠债	原告声请缓议,在外自行和解
14	复丰长执事王禄申诉王盛园袁老四欠钱不偿	欠债	遵从公断,理结
15	永胜菜庆腾云德等诉董锡臣欠钱不偿	欠债	
16	庆丰恒执事许文圃控杨国珍欠钱不给	欠债	
17	吉祥胜控兴隆泉扣留燕菜	扣留货物	
18	黄德控腾占廷欺人狡赖讹诈	商业欺诈	
19	刘王迟控永盛店杜玉山抗账不还	欠债	遵从公断,理结
20	德兴福财东李锦镖控木商杜向阳抗欠典债	欠债	
21	德兴和控天聚兴抗债不偿昧良讹人	欠债、欺诈	
22	遵古店执事宋金和控永兴海闫季春承保容心延抗	欠债	遵从公断,理结
23	遵古店执事赵瑞控永发福抗债不偿	欠债	遵从公断,理结
24	同兴泰染房执事李敏义控永兴长容心抗债	欠债	
25	抚顺县执事电请提追福源和交安东汇款	追缴款项	
26	东益盛等控同巨兴汇款骗财恶意破产	商业欺诈	
27	公济钱号执事朱玉璞控霍泗宗抗债	欠债	遵从公断,理结

续表

编号	案名	类型	结案情况
28	聚兴萃王振宗声诉利发合孙玉春账目错误	账目纠葛	
29	洪顺盛诉同成店不付期飞	不付期飞	遵从公断,理结
30	兴顺长执事韩元勇控同井祥覆占房屋	房屋纠纷	
31	高审厅函王厚得等与孟恩普伙开商号诉讼	股东纠纷	
32	高等厅为送孙丕源等为生意诉讼案卷账簿函请查复	清查账目	核算账目后查复高等审判厅
33	广生染坊呈孙永珍抗债	欠债	
34	沈阳厅为刘雅亭控魏云武侵吞公款	侵吞公款	他人调解,未结
35	万美店饭馆申请破产还债	申请破产	
36	长义顺等号控文记帽铺张广文携货潜逃	携货潜逃	被告潜逃,交由审判厅审理
37	永泰长为地基纠葛	地产纠葛	
38	仁昌裕等诉同盛和酱园亏欠案	欠款	遵从公断,理结
39	沐泰山股东诉经理冯文卿案	股帐纠葛	遵从公断,理结
40	王景涝诉王东文经理查信之毁冒牌号	假冒牌号	
41	方友仁诉谦泰昌不付茶款由	欠债	
42	德合成与汤兴裕花旗洋钢纠葛案	货物纠葛	遵从公断,理结
43	地方审判厅移请调处陈煌明诉	厅移交	遵从公断,理结
44	同盛和园栈房屋台变摊款案	摊款	
45	天和东呈刘星权抗债	欠债	
46	张曰乾请议姜子才设计坑伙	商业欺诈	遵从公断,理结
47	吴受枯与张铭廉等账款纠葛	账目纠葛	
48	三星织物厂存米纠葛	货物纠葛	遵从公断,理结
49	营口兴顺魁病隆与德抗债	欠债	遵从公断,理结

续表

编号	案名	类型	结案情况
50	高颂清诉郑幼山欠款案	欠债	
51	德昌永禀德兴粮店欠货款不付	欠债	
52	公兴油房呈乔存仁保债不还	欠债、担保	遵从公断,理结

从表4－3可以看出,1913年奉天商事公断处受理的商事纠纷仍基本属于传统型纠纷,以钱债纠葛为主,其次为股东、房产、破产、牌号等纠葛。相应地,商业组织间的纠葛、商业秩序纠葛、劳资纠葛等传统型纠纷,以及中外商务纠葛、保险纠葛等新型纠纷则较少。当然,这只是1913年的情况,此后历年的纠纷类型肯定有所变化,新型商事纠纷也会逐渐增多。

比较清末民初各地商会受理商事纠纷的情况,虽然钱债类商事纠纷是主要类型,始终占据多数,但民初的商事纠纷发生比较明显的变化,那就是一些新型商事纠纷开始出现并逐渐增多,比较突出的有股票纠纷、合同纠纷、保险纠纷、中外商务纠纷、劳资纠纷等。这些新型纠纷的出现,一方面是由于一些新兴行业的出现,如保险、股份公司等;另一方面则是由于人们全方位、多层次的意识觉醒,不仅有民族—国家政治意识、法律意识的觉醒,还包括经济意识、社会意识等的觉醒,不仅仅有商人精英阶层的意识觉醒,还有下层民众如小商人、学徒、工人等的意识觉醒。

二、商事公断的程序和依据

通过上一节的考察,对清末民初商事纠纷的实际样态和发展趋势,以及商会受理商事纠纷的情况等已有了一个比较清晰的呈现。那么,面对日益复杂的商事纠纷样态,商会又该如何应对呢?自清末迄至民初,商会公断处理商事纠纷的程序和依据为何以及发生了怎样的变化?这是接下来需要讨论的问题。

自1904年商会正式设立以来,无论是晚清政府,还是后来的民国政府均通过相关法律赋予其调处商事纠纷的权力,且从《商会法》的相关规定来看,前后两个时期并无太大区别。然而,由于两个时期的有关法律体系有着明显区别,所以对于这一权力的规制也就有着很大不同。比较来说,晚清时期的相关法律规定比较粗疏,且多属于原则性规定,商会自由发挥的余地较大;而民国时期,由于相关法律体系逐渐健全,对于商会权力的规制也更为严谨具体,商会自由发挥的余地相应明显萎缩。换言之,晚清商会尚可以利用法律的不健全和漏洞,明修栈道,暗度陈仓,扩展自己的理案权限,而民初的商会则只能在法律框架内行使自己的法定权力,突破余地甚小。下面就以苏州商会为例,结合实际纠纷案例,对清末民初的商会商事公断程序和依据进行考察。

(一)商事公断的程序

清末时期,相关规定极为粗疏。不仅在部颁章程中没有相应规定,苏州商务总会在其拟定的《苏商总会试办章程》中也未列出,仅在第八章"权利"篇中规定:"在会之人因商业纠葛(如买卖亏倒财产、钱货等),本会当为之秉公调处,以免涉讼。但须各将前后实在情形及账目等和盘托出,不得稍事欺饰。经本会核明确实,其理直者,虽为之联名电部,本会亦所担任。""事经本会调处,众议佥同,其理曲者,梗顽不服或避匿不到,非本会权力所及,当酌量代诉有司。"[1]为弥补此项缺失,苏州商务总会随后又拟定了《苏州商会总会理案章程》12 条,成为清末苏州商务总会调处商事纠纷的程序规定。具体内容如下:[2]

一、凡钱债纠葛商会允予理处者,开具节略到会,送交理事员,面询原委,转送总、协理公阅。至常会期,邀同原、被两造并中证人到会提议,总协理、谈判员、议董入座,研究情节,秉公判断。将问答语由书记员逐一登记,两造有申辩处及谈判议董驳诘之词一并载明,书名签字。决议后,由书记员详细登录断语,谈判议董亦书名签字,以示不再更动。

〔1〕"苏商总会试办章程",载章开沅等主编:《苏州商会档案丛编》(第 1 辑),华中师范大学出版社 1991 年版,第 27 页。

〔2〕章开沅等主编:《苏州商会档案丛编》(第 1 辑),华中师范大学出版社 1991 年版,第 521 ~ 522 页。句读略有改动。

一、两造既请商会理处，即作为允认本会公断。订期后无故不到，即作情虚论。倘实有事故，应准预先改期。

一、两造中证须询问者，必得邀集。如中证人不到，不能提议，又两造代表及各该业董事有应询问者，亦须到会。

一、两造有欲入会听议者，由代表人介绍入旁听座，然不得过四五人。凡局外人与案情不干涉者，有介绍人亦不得入听。

一、旁听者各有座次，不得环列立听及旁从插议，助原被告申辩。

一、会议时由总理于议董中酌派一人纠议。凡入座散座，结以摇铃为准。

一、既入议座，当守议规。有违规则高声喧哗者，纠仪员鸣警铃止之。若警之不止，由纠仪员告令出座。

一、入座散座，均由纠仪员摇铃。如议方及半率行出座，或议毕时不待摇铃遽起出座，均以违规论。

一、逢期如有提议数案者，理事员排次甲乙标示。如甲案未毕，乙案之人别座等候。甲案毕，乙案之人始准入座。判议员分班轮坐，总、协理亦轮次听断。

一、决议后或未允协，两造互有翻异或尚多疑窦，当再详细研究，可于下期再集两造提议一次。如仍不协，即罢议，任其涉讼有司。

一、每次分班听议，谈判员议董至少须有两员入座，由总、协理主派，不得推诿。

一、到会签名，除议董会员外，凡案内人及案外旁听人等均书明介绍姓名。

虽然上列12条基本涵盖了商会理案过程中的一应事项，但还是存在诸多漏洞，譬如对原被两造违规应作何论处，谈判议董如何确定，若与原被或所议事项有关涉又该如何处置，均未有应对之方。

民国鼎革后，商事公断程序的有关规定渐趋细致完善，不仅部订商事公断处章程及办事细则均辟有“公断程序”专章，苏州商务总会也根据部订章程规定拟定了相应的细则章程。

1913年苏州商务总会根据部颁《商事公断处章程》拟订了《苏商总会附设商事公断处办事细则》草案，其中第四章为“公断程序”篇，共计14条。由于司法部、农商部于1914年9月18日公布施行会订的《商事公断办事细则》61条，各地已经核准备案的公断处办事细则一律作废，因此该细则草案虽迭经商会各董事、吴县知事公署、江苏民政长等审核备案，未及施行即告结束。

《苏商总会附设商事公断处办事细则》第四章“公断程序”[1]

第十六条　公断商事，以声请先后为序。

第十七条　凡向本处声请公断者，两造所具陈诉书或辩诉书，应将争议事实简明直叙，不得罗织牵连，并照左列各项详细开列：

当事人姓名及住址；

当事人之职业；

店铺牌号及地点；

关于争议之证人；

粘送各项帐据。

第十八条　前项声请事件应否受理，由处长核定揭明公告。

第十九条　两造诉书核准受理，由处长签定评议员三人或五人，函请到处，先将案由原委公同审查研究。

如对于此案原委有需要调查之处，应由处长委托调查员查明各项事实，报到再行核理。

第二十条　当事人对于签定评议员，援部章第三十三条陈请拒

[1] 马敏等主编：《苏州商会档案丛编（1912～1919）》（第2辑），华中师范大学出版社2004年版，第85～86页。

却者,于公断日期之前陈明拒却之理由,不得临场托故陈请。

第二十一条　签定评议员如遇应行拒却或回避、引避时,由处长另行签定。

第二十二条　调查员如有应行回避、引避及拒却各情,援照部章第三十一至三十四条办理。

第二十三条　本处排定公断日期,应于三日以内具出通知,令两造及证人或参加人按照定期到场;其由法院委任者亦同。

第二十四条　本处定期公断,两造如确有事故,得先期声请酌予展期,但展期不得逾两次,所展之时日每次不得逾两星期。

公断定期展至三次不到者,原告将案撤销。如系被告,应由原告自赴法院起诉。本处即分别调查案情录送受诉之法院核办。

第二十五条　公断事件有须证人、鉴定人时,应得签定本案评议员之同意,由处长临时约请。

第二十六条　本处公断,两造当事人均须亲自到场陈述。如遇不得以事故时,应由当事人声请核办,惟不用律师制度。

第二十七条　当事人对于本处之公断如有异议不服时,应由不服者自赴法院起诉,并得由本处依据商习惯、公断原委、叙录全案送请受诉之法院核办。

第二十八条　理结争议事件,得两造同意亲自签字后,依部章第三十五条作成公断书交付当事人,即应发生效力。无论何造,如再翻异,应将公断全案情由录送管辖之法院,并呈请宣告强制执行。

第二十九条　公断案内有关于赔偿、缴纳各事宜,应由当事人觅具殷实信用之保人担负责任。如无人担保,呈请管辖法院为之宣告强制执行。

其财产货物如有关系行政范围者,应即据情分别送请各官厅查核施行。

细察上述苏州商会所拟办事细则有关内容,我们可以很清楚地发现,苏州商务总会所拟订的有关“公断程序”规定是对部颁章程相关内容的细化和扩充,譬如对公断顺序的确定、两造诉书所载事项、受理与否的核定者、公断展期问题、公断结果的执行、当事人不服公断如何应对等,均为部颁章程所未有。诸类事项规定,一方面进一步完善了部颁章程的有关内容,使可操作性更强;另一方面则凸显了商会公断的权威,如诉书的格式要求,使其从形式上与司法诉讼相接近,同时借助司法机关的强制力以及司法机关对商会的信赖,对当事人施加压力,保证商会公断的效力。此外,苏州商务总会还专门拟订了“评议场规则”一章,对商会公断过程中两造应遵守的行为秩序进行了规定,从制度上赋予了商会公断的严肃性,避免了民间调解的你争我吵的喧嚣情形,给人一种明确的心理暗示:商会公断与国家司法诉讼相似,是国家授权行为,不仅公开、公平、公正,而且严肃。

苏州商务总会所拟的这些规定,无疑都是对自身理案实践经验的总结,而其扩充和强化公断权力的意图也是表露无遗。不过苏商总会此举却是得到了司法部和农商部的默许和支持。1914 年司法部、农商部会订的商事公断处办事细则中“公断程序”部分(26 条),即是在苏州商务总会所拟的办事细则中“公断程序”(14 条)和“评议场规则”(7 条)的基础上扩充而成的。就条款数目而言,添加了五条,分别是第 34 条、第 35 条、第 41 条、第 42 条、第 46 条;就内容而言,其余诸条款基本相同,只在文字表述上略有变动。

苏州商务总会随后又在清末时期所拟定的“理案章程”基础上增加了八条,对谈判员之权限进行了规定。[1]

一、谈判以调息纷争为宗旨。

一、商家出有轇轕,无论已讼未讼,愿请本会秉公调处者,由谈判员详查两造原委,分别曲直,和平劝解。由书记员将理由简要摘叙,谈判员签字,总协理复核执行。

---

〔1〕 马敏等主编:《苏州商会档案丛编(1912～1919)》(第 2 辑),华中师范大学出版社 2004 年版,第 93 页。

一、谈判员至少须两人入座,两造口述,谈判员得据理准驳。

一、谈判员与两造商业上有牵涉者,得自请避嫌。

一、谈判员有谈判两造事理之权,以调息纷争为宗旨。

一、两造须承认并尊重谈判权,两造愿请本会调处,即为承认谈判权之证据。

一、据理谈判后,有不承认者,或复加判决,或作为无效,须辨其不承认之当理与否,请总协理分别理否。

一、谈判无效本会不再理处。

上列8条,对谈判员之立场、谈判员之行为、谈判员之权力以及谈判结果之效力等进行了规定,是对部颁章程与细则有关内容的补充。这些规定,一方面对章程及办事细则所疏忽的谈判员之权限进行了限定,明确了哪些行为是其可以做出的,哪些是不可以做出的;另一方面再一次明确宣示商会公断权(谈判权)的权威性,隐含警示之意,告诫原被两造不得无理取闹,不服谈判。该《理案章程》与部颁章程和细则有关部分一起,共同成为苏州商务总会商事公断程序的制度依据,是保证苏州商务总会商事公断行为有序开展以及公平公正的制度性力量。

根据晚清《商会简明章程》和民初《商会法》的规定,商会有权受理商人自行声请调处的和地方审判厅移送处理的商事纠纷。民初,部颁《商事公断处章程》和办事细则也得以施行,其中对商会公断的程序有着明确规定,然而在具体公断实践中,公断程序还是会发生一些细微变化。

首先,就商事公断程序的启动而言,有原被双方自主向商会声请的,有地方审判厅包括会审公廨移请的,有各地商会包括所辖下级商会以及其他外地商会移请的,有会馆公所等商人组织代表提请的,还有农工商部饬令调查的多种情形。只是在具体实践中,前三种情形较多,后两种较少,尤其是最后一种情形更是极为鲜见。然而无论哪一种情形,公断程序的启动权都操诸于原被双方手中,商会及第三方无权直接介入。这在一定程度上保证了商会公断的公平公正,而商会的中立立场、被动裁判者的角色也得以确立和维持。

其次，就商事公断的受理范围来说，主要为商会所辖区域内发生的商事纠纷，如商人之间的经营纠纷、商人组织间的纠纷、商人和商人组织间的纠纷、商人和顾客之间的纠纷等。此外，还有所辖区域外发生的商事纠纷，因涉及本商会所辖区域内的商户而移请公断调处的。当然，也有一些有关商人的刑事案件，如货物被盗、商人被打等也向商会声请公断的，逸出了公断处章程和细则的相关规定。这应该和彼时商会与商人对商事纠纷的认识有关，不似今日之分界鲜明。因而就管辖权来说，商事公断的受理范围与现代民事诉讼法的相关规定近乎一致，但也有超脱之处，与其说商会不是一个严格意义上的纠纷解决机构，毋宁说其是国家权力调配的产物，一个国家赋予解纷职权的社会组织。

最后，就商事公断的具体过程而言，虽然从原被两造的陈述与申辩，到谈判议董的质询、驳诘，再到公断场所的秩序维持等均有明确制度规定，但在具体的公断实践过程中却是根据形势而灵活调整，并不固守拘泥于此。譬如商会在公断处理有关商事纠纷时，若发现该纠纷两造中有涉及刑事犯罪、须承担刑事责任的可能时，往往会将其移交衙门处理，从而谨守"商事纠葛"这一界定底线。如果说商会在公断处理华商间纠葛的时候，尚能通过各种手段，如开除出会、多方施压等，达到息讼解纷之目的、维护商会权威的话，那么其在处理中外商务纠纷时就显得有点捉襟见肘，力有未逮，毕竟洋商因其身份在近代中国社会具有一种"天然"优势，从而抵消了商会在商事领域中的影响作用。总之，商会在商事纠纷的具体公断过程中，会根据实际情况做出应对，一方面有助于纠纷的解决；另一方面也有助于维护商会权威。

（二）商事公断的依据

既然要对商事纠纷进行公断，那么依何进行公断裁决，就成为维系公断效力的重要支柱。总览清末民初的有关法律法规，大都未明确指出，一般都以"秉公"二字统括，极为模糊，其要义大抵不外乎要与公序良俗相合，不违背国家法律令等。明确指出公断依据的唯有1914年九月十八日司法部和农商部会订公布的《商事公断处办事细则》，其第5条规定："公断处评议事件，得依据各该地方商习惯及条理行之，但不得与现行各法令中之强制规定相抵触。"[1]另外，上海和苏州两地总商会所拟订的公断处办事细则也有此类内容。《上海总商会商事公断处办事细则》第3条规定："公断处专为商人间商事争议而设，履行公断，依据现行法令及商事习惯办理。"[2]《苏商总会附设商事公断处办事细则》第2条规定："本处遇有案件，依据商习惯为断，以息讼和解为宗旨。"[3]上海和苏州商会公断处办事细则均草拟于1913年，早于部颁办事细则，说明部颁办事细则是在借鉴吸收各地商会所拟细则后形成的。

比较上述三条规定，上海商会认为公断依据应为现行法令及商事习惯，但现行法令优先适用，然后才是商事习惯。上海商会如此设计，大概是因为上海开埠较早，属新兴城市，且地处东西文化交冲，深受西方文化影响所致。而苏州属于传统商业城市，新兴行业较少，风气相对比较封闭，因而强调商事纠纷应以商事习惯为断。司法部和农商部在草拟公断处办事细则时，考虑到近代中国各地遗存和通行的商事习惯繁多，是裁决商事纠纷的重要依据，甚至在一些地方或行业是唯一依据，因此，司法部和农商部折衷综合两种意见，认为商事公断应优先适用各地方通行的商事习惯及条理，但该习惯与条理不得与现行法令中强制规定相抵触。由此，各地商会公断依据就有了明确顺序：商事习惯、条理、现行法令。接下来，我们来看看清末苏州商务总会理案依据的实际情况（见表4-4）。

---

[1] "司法部、农商部民国三年公布商事公断处办事细细则"，载《上海总商会组织史资料汇编》（下册），第680页。

[2] "上海总商会商事公断处办事细则"，载《上海总商会组织史资料汇编》（下册），第690页。

[3] 马敏等主编：《苏州商会档案丛编（1912～1919）》（第2辑），华中师范大学出版社2004年版，第83页。

表4－4　光绪三十二年（1906年）二月至十二月苏州商务总会理案情况[1]

编号	案由	结案实情	备注
1	缎庄陈顺兴、萃昌、同兴三家，与崑山万盛号往来，被欠七百八十元。该号失火，议以四成折偿。久不理。缎庄请移崑山县究追	王蔚才、王一林承认欠缎庄货款。魏炳章（中证）出为调处。照原议折成清偿。缎庄出具息讼结，由会移县销案	
2	丁秉钧、丁秉常开设福来康参店，同业彭葆生私刻图章，冒福来康牌销售各路航船。由丁秉钧指控	船伙王永华指实彭葆生冒牌，彭葆生令妇女与丁滋闹，经县申斥，移会理复。由会请县给示，永禁冒牌	
3	姚郑氏之夫姚荣卿与经显庭、张慎甫等股开信隆草药店。荣卿故后，各股东拆股，经索酬劳，张索存项。姚郑氏赴县控告，由县移会	信隆店生意甚旺，经显庭等拆出自非情愿。由会查验合同账目，各照股本余利，劝令姚郑氏请找，各具息讼切结，移县销案	
4	泰生祥客商孙瑞芝向庞正裕纱缎庄取货，当付洋票一纸，该庄赴钱店支现，查系伪票。孙瑞芝已带货避匿，该庄禀会请究	孙瑞芝系客商，住天库前同益兴栈。庞渠赴栈追究，栈主许润星支吾其词，以此疑为串通。许润星邀同业数家做保，情愿认赔缎价一半，计洋六十元，交庞渠收领作讫	
5	机匠毛石大藉口米贵，倡议停工，纱缎业禀请访办	机匠索价工钱时洋价渐涨，该纱缎业该钱码为洋码以顺其情。而洋价适落，机匠以此煽动。该业复允于原价钱码七十串之外，花缎工酌加一分半；素缎工加一分。由会移县出示晓谕	
6	王姓有朝珠一串，被人卖去，疑及源泰昌商人潘子卿串通，控县提押。潘子卿具呈到会	潘子卿严素信实，人所共知。王姓朝珠一节，尤不相干。原告牵涉，委系怀疑误控，由会据情移县摘释	
7	杨洪源与上海杨正源珠号往来，被欠汇票银四千两，过期不偿，由会移上海商会	上海商会劝令杨季平赶速归偿。旋由杨季平央卢少棠商允杨宗仁，先缴二成现银，其八成并一年利息至八月半一并清缴	

[1] 本表系根据《苏州商会档案丛编》（第1辑）所载“理案簿选录”制成，详见第561～574页。

续表

编号	案由	结案实情	备注
8	缏线向无认捐，已经歇业之归德云不与同业商妥，擅禀牙厘局请认巨款，希图从中渔利。缏线各店以无力照缴，禀请宽免	缏线向由水卡抽捐，归德云擅认每年一千六百千文，缏线微业，万难照缴。牙厘局发县讯理，将缏线商人濮茂之等管押，责令认缴。由会保出，呈部核夺。本年闰四月部饬详细查明，迅速禀复。遵即饬据该业声称，现在仍由水卡抽捐，并无延宕顶抗等情转禀覆部	
9	陈苹斋在怡大公司承办沪宁铁路砖石，转包与贺稚斋，到期欠砖。公司控告贺稚斋及保人鲍荷清	贺稚斋所具承揽保人鲍荷清，实系捏名。缎商鲍荷清据情声诉。由会移县。县讯贺稚斋作伪骗人，勒限交清公司款洋。鲍荷清无干，摘释完案	
10	阳湖民人许阿苟稻船，在阳湖东门外被大东轮船撞沉。该轮局委苏局理偿。由武阳商会移会	由会移洋务局核办。复据武阳商会移催，以事关交涉，覆请移阳湖县禀详上宪核办	
11	仁和、鸿源等庄与硖石镇谦吉往来，共被欠汇票银三千余两。由会移石门商会	陈子鸣与其弟煦斋开设谦吉庄三十余年，子鸣身故，伊子及煦斋拥赀富厚，不能将汇票委诸经手人，延部清理。由两造自行商允清结	
12	星记桐油号金润之汇一千元与大丰豆行，该行闭歇，执事吴敬安走避，股东杨献南等延部清理。由会移县	此案经县饬传，吴敬安央蔡健安、严炳生（中证）到会，向金润之商允，该款以六成折偿，六、七两月交现洋五百元，令立期票一百元。注销汇票。移县销案	
13	锦昌缎庄郑蓉经将乾和仁等九家纱缎卷逃。由会移县	该纱缎业先将王衡斋送县勒交，郑蓉经央母舅吴鸿孙、绉业代表郑渔孙商允各户，以三成现洋归偿，三成立兴隆票在商会。其息讼结移县销案	
14	芦墟镇米业兴学，拟提硖石米业行用二分作为经费，硖石米业不允。由杭州商会移会	由会函商陆荣光，硖石行用听其照常抽收，而于向有扣除四厘四文之外，加扣三、四文以充学费	

续表

编号	案由	结案实情	备注
15	振源永故友俞平之曾存洋二百元在店，癸卯年平之身故，如数清付销折。平之媳顾氏捏造并无图章之存折，持向该店诈扰。由会移县	县缎俞顾氏并无图章，以俞平之究系伙友，令该庄给洋了事。该庄以折据全凭图章，商家通例，破例付洋，后患无穷。复由商会移县，请秉公断结。旋准县案移到，酌劝该庄给俞姓葬费三十元，格外体恤。俞顾氏亦自称受人之愚，求免追究捏折。具结销案	
16	徐津士、庞秉铨股开鸿记丝行，庞秉铨除认亏外，经手镒源庄款一万九千余元，徐津士皆置不理。由震泽县移会	徐津士到会，经会理劝，折偿庞秉铨洋五千元，书立票据，到期不缴。复移吴县押追。陆续缴洋二千元。余欠移震泽县，发封房屋作抵	
17	经纬业商人吴子谓酒后插口，为警兵攒殴，又受藤鞭重责。同业公呈到会	由会据呈移请巡警总局核办。由局照复饬县讯，验吴子谓受伤属实，重惩警兵，并由臬司详奉抚宪，将东路巡官徐倅记大过一次	
18	徐汝霖至稻香村购买茶食，恃醉寻衅，打毁该店货物、账桌，银洋被看客乘间掠去。执事龚秀亭具禀到会	由会移送中路巡局。旋据两造到会听候调处。徐汝霖遣人到稻香村服礼，和平了结	
19	锡金两县积谷，向寄堆栈，司事范雨人以水大谷潮，粜出一千余石。经董窦士镛等控堆栈串卖，栈东潘家穗等具呈到会	范雨人出卖潮谷，先抵现洋在栈，该栈如数买补，金匮县盘验属实，堆栈委无贻误。由会移请免罚	
20	盛泽镇程租荫新设鱼簖，与同业石品阶旧设之簖相争，两造互控	案经上海商会移会，劝令程租荫将新设之簖择地另设，距石姓旧簖稍远，各安其业，以免争揽	
21	吕万泰猪行与平望镇肉店翁万顺等三家往来，被欠货款	由会移平望商会。该会商劝翁万顺等三家稍折清偿，分期匀缴。吕清辉具有销案禀，存会	

续表

编号	案由	结案实情	备注
22	邹大钧开设邹永兴木行,猝遭长洲县差提解案。伊兄邹鉴春来会声诉	邹大钧安分营生,不预外事。此次县差拘提,以蒙保巨匪叶子青之张大镛自称,永兴木行主遂被解案。由会函请长洲县开释。复由该同业永丰祥等四家合词声诉,移县销案	
23	唐鸿茂木行与浒浦裕昌丰木行往来,欠银三百八十余两,裕昌丰到长洲县控追	由木业代表刘久余邀集两造到会,劝唐鸿茂折偿二百八十元,商允蔡松泉具息讼结,移县销案	
24	九丰行向洽记福行定货,先付定洋一千元,嗣以价落,到期不斛。洽记福具禀到会	由会商劝九丰行东,所有定货由洽记福另卖,应亏之价归九丰认出,于定洋内扣除,洽记福即将余洋交九丰收讫	
25	巡警学堂下灶向立成祥米店索取酒货,不满所欲,遽殴行打店主薛逸卿。具禀到会	由会函告巡警学堂。旋准复称,已将该下灶革除	
26	周庄镇德和酱园与昆山茜墩镇复兴酒店往来,被欠货款。该酱园具禀到会	由会移昆山县提追。旋据两造情商,自愿息讼,复兴偿还货款。禀请销案	
27	永丰庄与洽记福米行往来,由严幼卓担保。洽记福收歇,共欠该庄六千六百数十两。该庄执事俞子良禀会	严幼卓担保三千两属实,如数兑交,尚少三千六百余两。照洽记福还他庄例,以七二成归偿。其二七七成,另立兴隆票作讫	
28	高慰祖欠维大货款,中秋节店伙朱嘉祐往索,适高氏亲戚与垫子店伙互殴,遂指朱嘉祐打毁什物,饰词控县。由县移会	朱嘉祐持账索欠,并无打毁高氏什物情事。高氏所称打失金表等物,亦属虚诬。由会移县请究诬控。旋据维大禀会,请将高氏欠款移充淮徐振捐。复由会移县饬追。据高慰祖之父执以慰祖无力清偿,公筹洋四十元作为还款,移充振济	

光绪三十二年(1906年)二月至十二月,苏州商务总会共计理结纠纷28起,涉及种类有亏欠、冒牌、拆股、拐货、劳资、卷逃等(具体详见表4-4)。其中货款纠纷5起,股权纠纷1起,票据纠纷3起,品牌纠纷1起,行业竞争1

起，仓储合同1起，担保和定金纠纷1起，意外事故纠纷1起，合伙纠纷1起，治安纠纷3起，因刑事案件被牵连2起，诬控1起，劳资纠纷1起，因经营不善引起的欠款纠纷2起，诈扰1起，其他类纠纷3起。28件纠纷仍以钱债类为主，此外还有一些涉及商户的普通刑事纠纷，或因商户被诬，如第6号、第9号和第22号纠纷，或因违背通行商事习惯，如第15号纠纷等，商会也在商户及其亲友的请求下，或代为禀请官衙，或查清事实，作出决定。

仔细分析上表中所录各起纠纷的"结案实情"，虽然没有一起纠纷明确宣示以现行法律令或商习惯为决定依据，但是我们还是可以从纠纷的结果中略窥端倪。28起纠纷，除极少数外，如第10号，其余纠纷事实最终均得以查明，原被双方均无异议，因此双方的权责关系也颇为明了。譬如第2号纠纷，被告彭葆生冒牌行为确实，其自身也清楚，但却要无赖，指使妇女滋闹，商会最终做出的决定为"请县给示，永禁冒牌"。此处"永禁冒牌"即为保护品牌的习惯方式。第5号劳资纠纷，最后决定"由会移县给示"也是一种习惯做法。至于其他各类欠债类纠纷，也都是采取劝解说理的方式，双方各退一步，按照通行做法解决。再如第3号股权纠纷，最终的决定是"由会查验合同账目，各照股本余利，劝令姚郑氏请找"，此处"请找"即为通行做法。第4号拐货纠纷，该纠纷已可视为刑事案件，栈主因支吾其词，被疑与人串通，最终"邀同业数家作保，情愿认赔缎价一半"。当然，此纠纷中，栈主最后自愿认赔，个中原因复杂，或是真的有串通，或是破钱消灾，或是被逼迫，非本书所关注，但"自愿认赔一半"却是当时商界的一种通行方式。至于其他纠纷中，如第12号纠纷中的"六成折偿"、"另立期票"；第15号纠纷中，"酌劝该庄给俞姓葬费三十元"、"俞顾氏亦自称受人之愚，求免捏折"；第21号纠纷中"稍折清偿、分期匀缴"等，均为当时商界通行惯例做法。可见，就普通商事纠纷而言，商事习惯是商会理案的首选依据。

如果说上述纠纷较为简单的话，那么商会在调处复杂纠纷时，情况也极为相似。譬如，光绪三十二年（1906年）发生的"张金业与金线业纠纷案"，迁延时日长达两年多，直至光绪三十四年（1908年）十一月，苏商总会才做出公断结论："查张金、金线于本年先后入会，其纠讼原因，以此夺彼业、彼夺此业而起衅端。经会中调处,订立议约,申明张金业不收乡工金线,金线业不收外路张金,两造允议签字。嗣金线业先后背约,抗不遵罚,照章令其出会。张金业被金线搀夺,势难遵约,于本会章程有所不合,亦即自愿出会。"[1]随后,商会将此结论移复长洲县,该纠纷告一段落。可见,商会在调处此项纠纷时,仍是坚持以行议业规为准,说合双方。

然而在面对有些纠纷时,商会的态度却有明显的变化。光绪三十三年(1907年)十二月,裕丰正纱缎庄机工郭洪坤将所织缎匹卷逃,后被该庄扭获,送往总捕分府究办。苏商总会在裕丰正商户的请求下,向总捕分府致函,声称:"此次机工郭洪坤席卷缎匹,意图逃匿,情罪较重,非笞责所能示儆。拟请公祖大人从重责惩,枷号发各图示众,以儆刁顽,而止效尤,所以维持商业,至纫德谊。"[2]在此案件中,商会的态度极为明显,要求对郭洪坤枷号示众,以儆效尤,因其"情罪较重"。可见,这一决定的依据应是国法,而非习惯或情理。宣统元年五月(1909年6月),苏州商会获闻纱缎业罢工暴动,随即向元和县致函,请求弹压:"查城乡内外,各机户良莠不齐,动辄滋扰,而地皮光蛋乘间煽惑,一星星之火,易于燎原。与其补救于后来,何如防患于魏然。务恳台端迅先派差协保,分头弹压。"[3]其后,宣统二年正月(1910年3月)、宣统三年九月(1911年10月),苏州机工又发生停工事件,苏商总会的处理一如往昔,继续请求元和县派差、派兵弹压。[4] 可见,苏商总会在面对此类停工、罢工事件时,旗帜鲜明地站在纱缎各商这一边,做出的决定无疑也是依照国法而来。

综合上述,清末苏州商会在理结纠纷时,商事习惯是其理案的首选依据,

---

〔1〕"苏商总会理结金线、张金两业纠讼案记录",载章开沅等主编:《苏州商会档案丛编》(第1辑),华中师范大学出版社1991年版,第588页。

〔2〕"苏商总会为请承办郭洪坤致总捕分府函",载章开沅等主编:《苏州商会档案丛编》(第1辑),华中师范大学出版社1991年版,第651页。

〔3〕"上商总会为请弹压潘儒巷一带机工罢工事致元和县函",载章开沅等主编:《苏州商会档案丛编》(第1辑),华中师范大学出版社1991年版,第652~653页。

〔4〕"苏商总会为机工倡言停工请派差弹压移元和县函"、"苏商总会为机工聚众罢工请派兵镇压移长元吴三县文",载章开沅等主编:《苏州商会档案丛编》(第1辑),华中师范大学出版社1991年版,第655页、第659页。

除一些在商会看来属于严重违反国家法令、扰乱商业秩序的行为外，直接根据法律令来做出决定的较为少见。那么这种情况在国家政体鼎革后的民国时期是否有所变化？下面我们继续通过考察一些实际案例来回答此问题。

（1）案例一：保大等钱庄诉张泰隆、永隆米店欠款案[1]

该案发生于1912年。原告张慎之在苏州城阊门外和城内宫巷开设张泰隆、永隆米店，多年来与保大等钱庄向有往来。是年3月因阊门外发生兵变劫掠，泰隆店亦受波及。张慎之随即借故将两店全行倒闭。7月2日保大等钱庄向商会提出声请，请求理处泰隆、永隆两米店欠款案。由于其时苏州商会尚未设立商事公断处，因此该案件是由原被双方会同商会理案人员齐聚商会共同商议处理。最终议决："由各庄现行派友赴泰隆、永隆两店调查现存米若干，扦米样到米业茶会公估价目，将货出售，所售之款另由各庄公推事外之庄收存，一面由庄将两店帐簿提取到会查看。"[2]

然而，由于泰隆店存米内有其他九户买存之米，以及各庄查账，发现账上有收入数家租金，需要说明。因此，7月9日商会会同原被双方进行续议讨论，议决："两点存米仍照前议赶速变价，其款如数缴由商会转交事外之庄收存，备抵该两店所处米票，限期照发，唯收转之票不得勾销，汇送本会候核。至泰隆店存米九户据张慎之拟定通融办法，请以一石内之四户照发，三石内之三户对折发，余两户日后并案照摊。各该存户应发之米于变价斛出时，由张慎之自行知照与各户接洽，庄家暨各存户均属允洽照办，张泰隆应领都督府发给被劫案内之款，日后联单领据亦应交至本会，将该款并储照摊。"[3]

7月30日商会、原被双方进行第三次续理，议决："此案所有该两店货物变价暨押包等件，现在归见洋四千一百三十三元零二角公存永豫庄，又泰隆店内应领被害案内恤款洋七百三十一元五角由张慎之签字存在会内，统备将来分摊各户。尚有店内油酒各货赶即续行变卖，并将生财器具从速召盘，唯

[1] 马敏等主编：《苏州商会档案丛编》（第1辑），华中师范大学出版社2004年版，第111～116页。

[2] 马敏等主编：《苏州商会档案丛编》（第1辑），华中师范大学出版社2004年版，第111页。

[3] 马敏等主编：《苏州商会档案丛编》（第1辑），华中师范大学出版社2004年版，第112页。

该两店所欠各庄款目为数既巨,相差甚远,候湿货等变价后再行续议。"[1]由于欠款和变现款相差悬殊,8月20日在原告各庄的强烈要求下,商会理劝再三,"令被告张慎之自行斟酌,将房屋契券检出",定期再行核理。[2]

此后,商会将变卖存货所得款项,连同泰隆店兵劫案内奉都督发给维持恤款,照数以一七五成摊还各户,其余所少款项饬令张慎之将房产生财变抵归偿。但由于被告张慎之延不清理,保大等钱庄又于1914年诉请到刚成立不久的公断处。是年10月公断处经评议后做出公断:"饬令查照本会原案措缴清偿。据被造张慎之诉求格外体恤,愿将店屋房产变价凑现。除前经商会摊派各款外,再缴一成现款,计实足洋三千五十元,具限缴齐分摊各庄户,尚有余欠各庄之款,应由被造分别出具票据,交付各庄收执,日后自行理偿。原告各庄亦愿通融息讼,应即结束定断。"[3]

1915年1月保大等庄又因张慎之有意延抗,迟不结欠,向公断处具略请求强制执行,将张慎之两店房屋一并发封备抵。商会因此向吴县公署致函,请饬警谕催。是年11月19日张慎之将房屋生财变卖款一千六百元缴会。后经多次催追,张慎之又于1916年措缴现洋七百元,尚欠现洋七百五十元。在米业董事向原诉各户的情商通融下,将余欠各款分别立据清理结束。商会随后将缴到的现洋二千三百元按成分摊各户,具领完案,并函请吴县知事,请准予销案。至此,迁延长达四年之久的案件终告结束。

仔细分析商会理结此一欠款案的经过可以发现,理案员(公断处设立后改称评议员)在调查事实、辨别曲直的过程中,其主要依据的是情理和习惯。首先,商会在公断此案件的过程中,始终未提晚清时已经颁行的《破产律》,无论是房屋生财的变现,还是现洋的摊还,依据都是其时商界通行的倒号习惯。凡经停业或倒闭之商店,所有存货、存银,均应抵归各债权按数匀分;其放出之账款,如经债权领袖收回,亦应概归各债权按数匀分,但应扣除其收回

---

〔1〕 马敏等主编:《苏州商会档案丛编》(第1辑),华中师范大学出版社2004年版,第113页。

〔2〕 马敏等主编:《苏州商会档案丛编》(第2辑),华中师范大学出版社2004年版,第113~114页。

〔3〕 马敏等主编:《苏州商会档案丛编》(第2辑),华中师范大学出版社2004年版,第114~115页。

账款支出之费用；此间如发生债权领事将存货账款拨入自己名下，即为违反商业惯例，经其他债权查实后，应责令仍归各债权公摊。[1] 其次，该纠纷最终以现洋按成摊还后，原告将余欠各款分别立据清理而告终。此处“余欠各款分别立据”正是当时商界商号倒闭的通行习惯，即债务人在债务偿还上承担无限责任。最后，从上述史实中我们还可以发现，原被双方并没有因为欠款而成为“仇人”，商会也始终进行“理劝”，即使是在被告有意迁延的情况下，商会也只是在原告请求下向吴县函请“饬警催追”，以及最终诸原告在米业董事的“情商通融”下同意被告就“余欠各款分别立据”，整个纠纷的解决始终为“情理”所笼罩，体现出非常鲜明的“中国特色”。

值得一提的是，1918 年 7 月商事公断处因此案内的押包物件始终无人取赎，“按照押包商习惯时效早过，理应移交商会公估变价，以资结束”。[2] 原告石寿山声称，变价之后愿将权利抛弃，即以现款存储商会，移充善举，公断处因此作出决定：“本处查此案原告人对于押宝各件既不主张权利，愿资善举，事尚可行，应即照准。候移行商会变价另储，以便指拨，而完全案，特此补断。”[3] 无论是原告石寿山的声称，还是公断处的决定，虽出现“权利”字眼，有着浓郁的现代法律意蕴，但其行为却无一不是依照习惯而为。可谓是本案以商事习惯作为理案依据的最好注脚。

(2) 案例二：昌记仁木行郎健辉为江尔谦故意损害他人业务信用案[4]

该纠纷发生于 1921 年。角直镇用户仲正业兴造房屋，与木匠许祥高同志昌记仁木行购办木料，计二百六十余元。由于时值残念，用户需木急迫，款难凑齐，因此只付了少数，余款商妥，俟至次年夏五月竣工清偿。待至五月间，木行派伙友去收账，不料仲正业见面即谓本镇顺昌泰木行东江尔谦曾言

[1] 张家镇等编著：《中国商事习惯与商事立法理由书》，中国政法大学出版社 2003 年版，第 576 页。

[2] 马敏等主编：《苏州商会档案丛编》(第 2 辑)，华中师范大学出版社 2004 年版，第 116 页。

[3] 马敏等主编：《苏州商会档案丛编》(第 2 辑)，华中师范大学出版社 2004 年版，第 116 页。

[4] “昌记仁木行郎健辉诉顺昌泰木行江尔谦故意损害他人业务信用案”，载华中师范大学中国近代史研究所等编：《苏州商会档案丛编》(第 3 辑)(上册)，华中师范大学出版社 2009 年版，第 643 ~ 645 页。

关照,该货虚加码[1]一两八钱,不但欠可不还,并可责该行生意太不名誉等语。随后,仲即请人将江尔谦及许木匠一并约至大邦茶肆内互质。然而,江某到场后,当大众面直指许木匠,说:"你同木行串通,虚加码一两八钱,欺用户而分润。"大庭广众之下,江尔谦言之凿凿,伙友无法向收,只好归与理喻。由于昌记仁木行在角直镇往来各户欠账有二千余元之多,江某此举,直接损害了昌记仁木行的声誉利益。因此,昌记仁木行经理郎健辉在1921年向公断处声请公断,称:"照江尔谦如此故意行无义务之事,妨害小行名誉权利之事小,实有妨害社会商业上信用安宁之事大,不得不备述理由。诉请贵总会惟维持商业信用安宁为主旨,务祈俯准,定期通知双方暨关系、证人等到会列席,公开审讯。小行如有额外加码一两八钱不正当串欺用户所为之事实,应受商律之处罚。若果毫无证据,显见江尔谦私图不遂,故意胁迫用户,使其行无义务之事,妨害小行权利信用,应如何令其赔偿损害名誉之处,事关商业信用,务祈公断。"[2]

商事公断处在召集原被、中证各方一同到会,共同质证,查清事实,最终做出如下公断:"本案询据曹蟾桂(关系人仲正业姊夫——引者注)声称,奉用直殷董之委嘱出面调停款项,并据江尔谦代表王松龄亦愿向原告道歉及登申新市乡等报,通告以释前嫌。本处质询两造,均已允洽,当饬关系人仲正业定于本月初八日将二百三十元另五角欠款如数缴案给领,和平了结。所有公断费洋陆元,由被诉人负担。"[3]

在该纠纷的公断过程中,商会所做出的公断其实并没有提及商事习惯,但其中所言的登报声明却是当时苏沪一带的通行做法,是"新"习惯。另外,原告在公断声请书中曾提到,谓江尔谦的言行不仅妨害其名誉权利,更妨害社会商业上信用安宁。此处所言,虽未免有过于夸大之嫌疑,但其潜在的"蝴

---

[1] 所谓加码,是指交易者在买卖完成之后,再增加其购买额或出售额的行为。因市场上称数量、数目为码子,故名之。

[2] 华中师范大学中国近代史研究所等编:《苏州商会档案丛编》(第3辑)(上册),华中师范大学出版社2009年版,第644页。

[3] 华中师范大学中国近代史研究所等编:《苏州商会档案丛编》(第3辑)(上册),华中师范大学出版社2009年版,第645页。

蝶效用”却是不容忽视的。而原告此举,也不过是冀图引起商会重视,与前清时期状词中的夸饰之词作用无二,可谓“小事闹大”。笔者指出这一点,其实是想借此说明,“名誉权利”这些新式法律名词的广泛使用,表明民国时期商人的法律意识较之晚清时期已有很大提升,而商会对此也是极为赞同。最后,需要指出的是,“加码”是一种正常的商业行为,但“虚”加码却是弄虚作假,属商业欺诈。被告江尔谦指原告“虚加码”,如属实,则原告名誉扫地,接受法律惩罚,乃至于木行因此倒闭,也属自然;如不属实,则为被告造谣诽谤,属恶意竞争的不良商业行为,违背公序良俗,因此登报发表道歉声明,是为补救。总之,商会在查清事实之后,其公断也只是依据当时商界的通行做法而定,调和矛盾,消弭纠纷,而没有严格遵循相关法律规定,对理屈一方实施法律惩罚。从法经济学的视角来看,商会如此公断,使人们的违法成本极低,侥幸和投机心理不断增强,终至纠纷激增。这也可以说是商会公断的一个潜在的消极危害。

(3)案例三:漆业劳资纠纷[1]

苏州油漆行业由漆商和漆作组成,前者专司油漆原料买卖,后者则以油漆制作为业,一为上游,二为下游,连带关系甚密。由此形成一固定行业习惯,即商家与作家往来,须付给作家二成佣金,相沿日久。[2] 1924 年,漆业同业组织丹膢公所鉴于苏州“货价日昂、销数日微、商民交病之故”,而“往来漆佣加至二成之巨,实为各业所无。在货价低平之时尚无大害,现在洋庄销数渐广,来路愈稀,货价逐步高昂,若仍照从前回佣办法,则价愈增,佣愈大,销数愈微,于作家亦有不利”,遂“召集同业公议,仿照杭、嘉、湖及无锡等处各漆业办法,所有退光、明光、紫生、白生,每斤规定一律回佣大洋两角,所有从前已定各货价目照现定佣钱核减,嗣后货价随时涨落,概与佣钱无涉”。[3] 丹膢公所并议定其他相应惩罚规则,与前述佣金规则一起构成新的行业规则,定期实行。同时,丹膢公所将所定规则公函告知漆作同业组织性善公所,

〔1〕《苏州商会档案丛编》(第3辑)(上册),第727~741页。

〔2〕佣金以每斤售价为基数,按斤付收。

〔3〕《苏州商会档案丛编》(第3辑)(上册),第730~731页。

并于1924年3月18日抄录一份送请苏州总商会察夺,希望得到苏州总商会的支持,"至将来漆作方面如有违言,尚望竭诚劝导,俾资遵守而免误会"。[1]

其实,在丹艧公所向苏州总商会呈报议定规则之前,已与漆作性善公所进行了多轮交锋,但未达至统一。漆作性善公所对此反应激烈,反对态度坚决,并登报声明;而漆商丹艧公所则坚持修改漆佣规则以挽救商务颓势,双方互不让步。漆作性善公所遂于3月20日呈函至苏州总商会,逐条陈述,驳诘丹艧公所降低佣金无理由。其一,收取二成佣金之例,已行数百年未改,杭嘉湖、上海、无锡等地亦恪守旧例,相安为业,今苏州漆商欲减给佣金,违反成案,必然滋生混乱。其二,漆作行业的作家津贴、伙友茶酒,以及公所施材恤厘等捐,均恃此二成佣金以为挹注之计;且二成佣金纯由用户方面取来,与漆商无毫末之损耗。其三,漆商所言商务不振不在货价日昂、销数日微,而在于商家选货不良,且擅加价目,私扣斤两。其四,上海、无锡所定价目,对于漆作尚有一种零批特价,与门售用户迥异;而苏州漆业所定货价,除佣金二成外,均归一律,作家与用户从无区别。其五,杭嘉湖、上海、无锡等地,本年亦曾加价,并无削减佣金等事;而苏州本有成例,怎可随意违反?真若激成事端,罪魁祸首自当属丹艧公所无疑。

由于是项纠纷涉及面极广,极易激发社会事端,逐引起苏州警察厅的关注。警察厅一面饬令两公所,要求在未经调解妥洽以前,仍照旧习惯办理;一面发送公函至苏州商务总会,希望总会能设法调解。苏州商会总会经初步调查后认为,"漆佣回扣二成,习惯相沿已久……所议变更办法,既据漆作方面一时难期妥洽,在漆业与漆作,工商谊属一家,本为休戚相关。但使推诚相与,彼此自可相安,应由该业与漆作一方和平洽商,妥为核议",于3月21日致函丹艧公所,要求其"遵照批示,于未经调解妥洽以前,仍照旧习惯办理,以免激成事端,并饬令自向性善公所洽议"。[2]

然而,丹艧公所不仅没有遵照警察厅的批饬,也未听从苏州总商会的劝

---

〔1〕《苏州商会档案丛编》(第3辑)(上册),第727页。

〔2〕《苏州商会档案丛编》(第3辑)(上册),第733页。

谕,其减给佣金规则继续施行,并藉口“未有人出为调解,自未便向性善公所洽议”。[1] 3月27日丹臒公所向苏州总商会致函,说明其“未与性善公所洽议而行缩减漆佣规则”的理由。丹臒公所于信函中说,漆佣“本习惯相沿之流弊,就法理上论之,绝对不许有此种手续”;更何况,“夫买卖自由,愿买愿卖,各有主权,岂能强商家必予以佣金?”“此种习惯,商家实为联络工人起见,相沿而成积弊。”“夫时势有今昔之不同,商业岂能胶守而不变,若根本划除佣金,于法理上为当为之事,于习惯上又恐窒碍难行。”“今照杭、嘉、湖、沪、锡各属佣金办法,定每斤佣洋二角,对于工人方面,仍不失联络性质;对于商人方面,低价虽昂,不因此增加佣金,则随贵随贱,与外埠相等,庶可推广营业”,“实为双方兼顾,作永久计,并非图目前之利”。[2]

面对丹臒公所的一意孤行,性善公所也随即展开应对。4月经同业集议,议决:“采欧美各国通例,工界均有采办原料之权办理,至该公所此次贸然违反成例,在未经取消以前,则敝公所所受一切损失应由该公所负责。”同时还议订了采办原料简章。性善公所除向丹臒公所发函声明外,还将简章分呈江苏实业厅暨声请江苏财政厅分令水陆税务各局一体随时征税,并函请苏州总商会查核备案。[3]

漆作性善公所的这一举措给予丹臒公所很大打击,丹臒公所被迫向性善公所妥协服软。5月7日丹臒公所致函苏州总商会,请求其订定日期,召集漆业漆作双方代表到会,秉公协商漆佣争议事件。丹臒公所在信函中不仅继续重复了前述各项减给漆佣的理由,同时还批评漆作业,认为“漆工中人大都狃于积习,惑于近利,此时几视漆业为相对人,若贸然互相接洽,万无解决希望,自非有人从中调解不为功”。因此,“用再迫切渎陈,务请体恤商情,即日由贵会订定日期,召集双方代表到会协商,秉公核断,以维商业而免纠纷”。[4]

---

〔1〕《苏州商会档案丛编》(第3辑)(上册),第734页。
〔2〕《苏州商会档案丛编》(第3辑)(上册),第734~735页。
〔3〕《苏州商会档案丛编》(第3辑)(上册),第736页。
〔4〕《苏州商会档案丛编》(第3辑)(上册),第738页。

自5月15日起在商会的主持下,双方进行多次协商,终达成妥协,形成公议:“嗣后作家向漆店算取用户二成漆佣,应照作家用漆除佣实售市价,按二成计算。例如,白生现在作家除佣售价每斤九角六分,应得二成佣金一角九分二厘。紫生、退光、明光向有二成佣金之漆,依此类推。将来货价涨落,此项二成漆佣亦随之升降,双方代表允洽签字。存会,由会函复厅县备案。”[1]

从前述纠纷事实中我们会发现,纠纷双方对于习惯和法律知识的运用均极为熟练。譬如,漆作方认为给佣习惯相沿几百年,不可遽然改动,漆业方则认为该习惯应随时势变化而做出调整,且与法理不相符。但漆业方也意识到,全然废除此习惯不切实际,因此,提出要学习外地的习惯做法,减给佣金。而漆作方在抗议无效的情况下,采取“欧美通例”做法,以与漆业方抗争。可见,双方不仅对习惯和法律有着清楚认知,更是将其应用到了具体实践之中。争议双方如此,商会亦然,甚至地方政府机关也不例外。商会在调处过程中始终劝导双方妥洽商议,提出的解决方法也是在遵从习惯的基础上进行微调;地方警察厅由于担心会激发事端,更是饬令漆业方在争议未解决之前,仍遵从以前习惯。纠纷的最终结局也仍然以习惯为主,而根本未提及任何现行法律令。

不独苏州总商会如此,京师总商会在公断商事纠纷时亦如此。在《京师商事公断处公断书录》[2]第一集中所载《天字第六号》案例中,公断处依据被诉方实情,公断豁免利息,归还本银,这与中国传统商业习惯“让利归本”相近,[3]并且与中国传统法文化中的调讼息争观念相契合,符合中国人心目当

---

〔1〕 华中师范大学中国近代史研究所等编:《苏州商会档案丛编》(第3辑)(上册),华中师范大学出版社2009年版,第741页。

〔2〕 由于京师商事公断处在1915年才成立,故而本文所参考的公断书主要是1915~1925年这一时期的,来源于中国社会科学院法学研究所图书馆藏京师公断处编印的《京师商事公断处公断书录》1、2、5集(缺3、4两集),该录主要收录了1915年至1925年的京师公断处的商事公断书。

〔3〕 《民事习惯调查报告录》载:“债务人对于债权人苟有约定之利率,当然届期给付利金,惟有时不能给付,经债权人声明让步,永不索债利息,即谓之为‘停利归本’。”“债权人表示抛弃利息一部或全部,着债务人将原本归清,即谓为‘让利不让本’。”参见南京国民政府司法行政部编:《民事习惯调查报告录》(下册),胡旭晟、夏新华、李交发点校,中国政法大学出版社2000年版,第433页。此案例中,“豁免利息”裁决虽然与固有习惯不完全相同,但应是根据这些商事习惯做出。

中的公平理念。《公断书录》汇辑的钱债案件大都有"减免利息"一语,有的是依据实情做出,如上述案例,有的则是依据法律规定做出的,如《天字第八号》所载案例即属此类。在《天字第八号》案中,公断处即因债权人"近于营取重利之契约,揆之法律及习惯,未免不合",从而公断为"以债权额数折为三百元整,债务人每月偿还五元,六十个月付清。似此权宜办法,既以杜债权者营取重利之初心,又不任债务者故为迟滞履行之手段"。[1]此外,公断处还依据中外共有的一些道德原则,如诚实信用等来进行公断裁决。《公断书录》中就有诸多与此相关之案例,如《天字第十一号》案。[2] 该案事实为:谦和瑞炉房于民国二年(1913年)借予戴干臣足平银一千百两,立有借据,民国三年,经同人说合,改立摺据,并有铺保负担完全责任。换据后,戴干臣归还银洋一百四十元(合银一百两),余款一直拖欠未还,担保代还之铺保亦延宕,故而诉至公断处。公断处依据事实,做出如下公断:恒昌酒店(戴干臣)所欠谦和瑞平足银一千四百两,原议条件变更之,应以七年还清,仍照旧历三节,自本年乙卯年节起,每节还银六十六两六钱七分。公断理由之一就是"维商业上之信用",公断处对商业经营道德的维护由此可见一斑。

从上述所举的几则案例,我们已经可以得到一个明确的结论:清末民初的商会在公断商事纠纷时所依凭的准据主要为商事习惯,国家法律令在多数情况下只是作为参考。之所以会如此,笔者认为除朱英等学者所言的传统的持续影响,如"准情酌理"的民事司法审判风格、注重伦理道德评判的司法指导原则等,以及当时商事法律体系的不完善等原因外,还有一个重要影响因素,就是商人对商事习惯的态度。从前述案例可知,商事习惯在商人们心目中的地位无可替代。一些法规或许有着其积极促进作用,然而商事习惯毕竟是历经数十年乃至数百年发展形成的,其不仅规制着商民的经营行为,更是在思想意识上产生了深层次的影响。

自清末迄至民初,商会公断商事纠纷的基本准据虽未有大的变动,但我

---

〔1〕《京师商事公断处公断书录》(第1集)(上册),第20页。

〔2〕《京师商事公断处公断书录》(第1集)(上册),第29~30页。

们还是可以从上述纠纷事件中发现一些变化之端倪。譬如商人们对于法理、法律令知识越发熟悉,运用起来也更为熟练,甚至借其为抗争之利器;再者,商事习惯也因社会变迁而不得不随之做出相应调整,以与时势相契合。正如笔者曾指出的,“公断处在调处商事纠纷时一个最基本的指导原则就是公平公正合理,而这种公平公正合理又根据各个案例的不同情况而有所调整,但总是以符合中国传统的‘和为贵’精神为基点,‘息讼’与‘和为贵’的指导思想贯穿其中。可见,即使在近代商法已经建立的情况下,商界精英在处理商事纠纷时,传统的法律精神仍占据重要地位。由此可知,近代社会传统法律精神的断裂和传承是同时进行的,二者并没有殊分两途,而是互为表里,互相映衬,纠葛在一起的”。[1]

三、商事公断书的考察比较

1914 年司法部和农商部在会颁的《商事公断处办事细则》中对声请书的格式事项进行了具体规定。受其启发,各地商事公断处也仿其要求,对公断书的格式事项进行了规定,如苏州总商会对公断书式、面式等进行了具体的设计。[2] 本节即对苏州、上海、京师等地的公断书进行比较分析。

(一)苏州商事公断处公断书分析

商事公断处公断保大庄等诉张慎之泰隆、永隆两米店欠款案[3]

原告:

保大庄尤植夫、庆丰庄李玉卿、仁昌裕庄吴莲生、源康庄石寿山、义成裕庄顾鄂卿、怡丰、维康庄马慎安

---

〔1〕 张松:“民初公断处探析——以京师商事公断处为中心的考察”,载《政法论坛》2010 年第 3 期。

〔2〕 具体详见前文第三章第二节“苏州商事公断制度”部分。

〔3〕 马敏等主编:《苏州商会档案丛编(1912 ~ 1919)》(第 2 辑),华中师范大学出版社 2004 年版,第 114 ~ 115 页。

被告：

张慎之

事实：

缘张慎之开设阊门外张泰隆，又城内宫巷永隆米店，多历年所，与保大等各庄向有往来。该两店房屋均系张慎之己产。民国元年三月间，阊门外兵变劫掠，泰隆店亦遭波及，张慎之藉故将泰隆、永隆两店全行倒闭。其时商会尚未设有公断处，当由各该造同赴本会理议，核明该两店共结欠保大等七庄会票及往来款银一万六千余两，万成德等米行货款洋一千五百元，又各存户暨米款除吴福记等六户洋三千七百余元，张襄记六户洋一千零七十余元，并无的户，剔出不计外，计欠洋五千五百余元。议将两店余存底货先交米业商董拍卖，陆续售见现洋四千五百五十元三角一分，连同泰隆店兵劫案内奉都督发给维持恤款洋七百三十一元五角，一并发交张慎之具领，即在本会照数以一七五成摊还各户，余少各款饬令张慎之将房产生财变抵归偿各在案。本年七月商事公断处组织成立，据保大等庄以张慎之延不清理诉请公断到处。

右案经本处评议理由公断如左：

此案迭经评议，饬令查照本会原案措缴清偿。据被造张慎之诉求格外体恤，愿将店屋房产变价凑现。除前经商会摊派各款外，再缴一成现款，计实足洋三千五十元，具限缴齐分摊各庄户，尚有余欠各庄之数，应由被造分别出具票据，交付各庄收执，日后自行理偿。原告各庄亦愿通融息讼，应即结束定断。本处酌征公断费六十一元，照章应由被造张慎之担负，随同前项一成现款附缴，清讫时即将缴存房契发还给领完案。

评议员：杭筱轩 刘正康

中华民国三年十月十四日发

这是一起欠款纠纷（前文也有详细叙述，详见本章第二节“商事公断的依据”部分)。由于这起纠纷发生于民国初年,正是商事公断处刚刚才在全国普遍开设之时,各项制度虽尚属草创之中,但均要求比较严格。从这份苏州商事公断处的公断书可以看出,该公断书格式主要由如下几个部分组成:首先,在公断书开头,罗列商事纠纷的原被双方当事人姓名,有时会附加上商号名称;其次,是公断处经调查、质询、核实之后所认定的纠纷事实;再次,是公断处经评议之后所做出的公断结果;最后,则是主持此次公断的评议员姓名及年月日。虽然登载在案主持此次公断的评议员只有两名,但我们不能因此就断定公断不正式,也不能说其公断不公,而两名评议员的人数,尽管也符合苏州商事公断制度有关规定的最低限,但与京师和上海相比,仍显得有失风格,不是那么的庄重严肃。总之,此份公断书的格式与法庭判决书比较相近,较为正式。

而在数年之后,苏州商事公断处所做出的公断书却已有很大不同。1921年苏州商事公断处就“江尔谦损害他人业务信用案”(详见本章第二节“商事公断的依据”部分)进行公断,所做出的公断书就没有开列原被两造姓名、所认定的事实、评议理由、评议员姓名等,只是将关系人、证人、原诉人、被诉人等的陈述,以及纠纷的最终公断结果记录在卷。[1] 虽然这些内容都包括了对纠纷事实的认定、公断的理由等,但从格式上看,却无疑要随意得多,譬如主持公断的评议员都未登载在册,有点类似法庭的庭审记录。这种情形无疑是与苏州商事公断处所指定的公断书制度相违背的,体现出了制度与实践之间的背离。

最后,就这份公断书的叙述用词来看,并未出现一些法言法语,一些关键词语,如理议、公断、倒闭、变价凑现、变抵归偿等,其含义并未有明显变化。但细阅之下,我们还是会发现其中有着与传统迥异之物,如“拍卖”。虽然该词古已有之,如寺院的拍卖估衣行为,但非商业经营中常见行为,而作为一项制度,却是近代才引介而来的西方新事物,上海是最早仿效西方建立新式拍卖行的城市。本公断书中所谓之“拍卖”,笔者揣测,虽指涉的也是一种商业

---

〔1〕 该公断书参见《苏州商会档案丛编(1919~1927)》(第3辑)(上册),第644~645页。

行为，但该种行为已为众商民所认可，或者说已是一种普遍行为，成为一项惯例，故而其含义似应指后者。这些词语的使用，说明此时期的商会公断和商人的思想观念仍是新旧杂陈，尚处于缓慢的嬗变状态之中。

（二）京师商事公断处公断书分析

《京师商事公断处公断天字第六号》[1]

公断

声请人：

萧焕臣，年二十五岁，大兴县人，住宣武门外南横街东头路北大车门，开胶皮车厂。

声请人：

罗峰亭，大兴县人，住永定门外东过铁道高庙村，泉盛当铺东，因有痰病。

罗张氏，年三十六岁，大兴县人，住同上罗峰亭之子媳。

田衡斋，年五十三岁，大兴县人，住西单牌楼旧簾子胡同，门牌三十九号，裕源当原泉盛当经理。

主文：

泉盛当息借存厚堂本银七百两，着罗峰亭迅即偿还所欠，利息全免除，公断费用由被告人负担。

事实：

缘萧焕臣于清宣统元年五月初十日，以存厚堂名义借给泉盛当京平银七百两，每月九厘行息，随便归还，立有借券，并息摺为凭。自壬子年二月至乙卯年七月，计四十二个月，核欠利银二百六十四两六钱，叠次催索，而罗峰亭不偿。声请人提出证券，双方声请公断到处。被诉人泉盛当铺掌田衡斋则称所有萧姓债务前为泉盛当经

---

〔1〕《京师商事公断处公断书录》（第1集）（上册），第13～15页。标点为笔者所添加。

手所借之款,均归铺东罗峰亭偿还,与伊无干等语。质之被诉罗张氏(即罗峰亭之长子媳),声称所欠萧姓之款属实,因壬子兵变,当铺被抢,烧毁殆尽,实系无力偿还等语。

理由:

查商业惯例,凡营业上之行为,铺长虽始有经理之责,惟无偿还铺东债务之义务。本案被诉人田衡斋虽系经手之人,并不负代偿债务之责任,关于泉盛当营业上之行为,该被诉人自不能为履行债务之主体。况债权既经被告罗姓承认,两造自无争议之点,债务者当负完全履行之义务。惟罗姓所称当铺被抢,无力偿还一节,此为将来实际上之能否履行之问题,而不能以之为不履行之藉口。然本处体察该当被抢委系实情,故利息一层公断豁免,至于本银七百两既经负欠属实,自应迅为偿还。公断费用应归理屈者负担。依此理由,爰为公断如主文。

中华民国四年九月二十二日

京师商事公断处

评议员长吕玉成

评议员秦永禄

评议员高金钊

评议员陈陛

评议员安迪。

这起纠纷发生于民国初年,也恰好是京师商事公断处成立伊始。该份"京师商事公断处公断书"除公断书首尾所登载的原被声请人、评议员姓名外,公断书主体由主文、事实、理由三部分组成。公断书书首所列原被声请人,不仅录其姓名,还有其住址及职业等内容,较为详细;公断书结尾所列评议员则明确了其身份地位,是评议长,还是评议员。主体部分,首先为主文,即纠纷公断的结果;其次为事实,是公断处调查核实的纠纷实情;最后为理由,是公断处作出公断的依据。就格式而言,京师商事公断处公断书极为正式,与其时最高司法审判机关——大理院的判决书基本一致。大理院的民事判决书首开列原被双方姓名、年龄、住址、职业等;判决书的主体部分由主文和理由组成,其中主文即大理院作出的判决,理由则包括原被双方陈述的情形、大理院认定的事实及作出判决的依据等;最后,在判决书的结尾则载明日期、审判长、推事、书记官等信息。[1] 而且,《京师商事公断处公断书录》各集中所登载的各份公断书,均前后一致,格式统一。

另外,笔者曾经查阅《京师商事公断处公断书录》,发现绝大多数纠纷的评议员都为五人,极少数为四人或三人,其中还有一些是由于有评议员有事请假不能出席公断的情形。这些细节之处表明了京师商事公断处公断制度持续稳定与执行严格的特点。

再者,从语词上来看,京师商事公断处所制作的这份公断书虽然在时间上与上一份苏州商事公断处公断书相差不远,但在法言法语的使用上却是要前行很多,如债务之主体、债权等关键词语,其近代西式法律观念彰显无遗。或许评议员并不十分理解这些语词所蕴含之"权利"意义,但使用这些语词,却表明其时西方法律知识传播之广泛,以及商人对新知识信息的接受程度。此类现象在《京师商事公断处公断书录》中所载的公断书中屡有体现,笔者对其曾有举证论说,此处不赘。[2]

(三)上海商事公断处公断书分析

吴汉卿与田九香杜竹生等因买卖花生及止付票款纠葛一案[3]

声请人:元茂号经理吴汉卿

宝大号经理田九香

泰兴庄经理杜竹生

---

〔1〕 大理院书记厅编辑:《大理院判决录》,民国三年(1914年)四月。

〔2〕 张松著:《变与常:清末民初商法建构与商事习惯之研究》,中国社会科学出版社2010年版,第203~210页。

〔3〕《上海总商会商事公断处报告》1922年7月。

源丰行经理张吟棣

右列声请人因买卖花生及止付票款纠葛经本处评议公断如左

公断要旨:

泰兴钱庄所执宝大支鸿赉庄第三十三号票元除扣多付货款七十二两五钱五分六厘外,计实数二千三百五十两九钱三分八厘应由宝大号收回原出支票,照数将银兑解与泰兴钱庄。

元茂号请求领回货款之声请应凭所执源丰号本票向该号追偿。

公断费征收百分之一,计元二十三两五钱,由源丰号负担。

泰兴钱庄交来支票与宝大号交来银票,均暂存本处,限于公断书送达日起二十日以内如声请人无不服之表示,即依上列公断分别执行。

声请事实:

案查元茂与宝大均系经营杂粮字号,于本年旧历九月二十二日,双方由源丰豆米行议盘转帐成交花生一千一百七十七包,计重六百八十八担四十九斤四两,共价规元银二千四百二十三两四钱九分四厘,当由宝大付与源丰旧历十月初七日期支鸿赉庄第三十三号银票一纸,盖用宝大押脚图书,其票面银数与货价同,一面即由源丰备条通知元茂将货交宝大收受。惟源丰系牙行营业,例得收取佣金,故当时并不将宝大原票转交元茂,而以该行本票除扣除佣金外,照数付与元茂收执,亦系十月初七日期。同时,又将宝大支票付与泰兴庄,由该庄收源丰往来之帐。不料票款到期,源丰司账潜逃,致本票不能应付。元茂得悉情形,即与源丰交涉,并嘱源丰先后书条,关照宝大向鸿赉庄将支票止兑,一面要求宝大将银送交该号。嗣宝大虽经向鸿赉庄止兑,然以曾出支票,于票未收回之前,其银不允照解。且又查悉当时交货时多报二十担另六十一斤四两,约原价多付银七十二两五钱五分六厘,于是除将该多付银扣除外,并将应付银二千三百五十两另九钱三分八厘备具声请书如数送交本处,请求收回原出支票,以清手续,而元茂亦主张款送本处,声请公断领回货款等情。嗣又据泰兴钱庄以宝大止付票款,致不能向鸿赉庄收取银两,应向押脚图书之出票字号(即宝大)追取参加声请追还票款前来,由本处并案办理。

评议理由:

查此案纠纷计有二点,即一,元茂对于宝大请求收回货款;二,泰兴对于宝大请求止付票款。其第一点据宝大经理田九香称,凡双方交易转行家者,货款上落均凭行家交涉,又称杂粮交易,向转行家,但双方相信,亦有直接各等语。此为宝大于评议时所陈述,当时元茂经理吴汉卿亦无何等否认之表示,是则元茂与宝大成交货款,既由源丰议盘转账,元茂之货款自应由源丰负责。虽事后源丰因有他种原因,一时不能应付,该元茂号亦只得凭所执源丰本票向该行理追,决无向宝大请求支付之权利。其元茂所主张最力者,谓货价系直接交付宝大,应向宝大取银。殊不知该号所自行提出之声请书,明明称由源丰议盘转账,宝大声请书同称成进源丰牙行花生各等语,具在案牍。即元茂当时出货,亦凭源丰来条,此尤显著之事实,故虽或直接交货,决非直接交易,界限明瞭,不能牵混。况当时元茂不收宝大支票而收源丰本票,又可知货款上落均凭行家之明证。故第一点,本处认为应由元茂所执源丰本票,另案向源丰理追,不得向宝大请求偿还。其第二点,查沪地票据习惯及钱业营业通行规则,支票到期不付,得向出票人或盖有押脚之字号追取。此为巩固票据信用,流通金融起见,久成惯例。现在泰兴庄所执宝大押脚支票,既经鸿赉庄止付,自应由宝大按照票面兑解。惟此案,宝大业已将银送存本处,或应由元茂领回,或应由泰兴领回,听凭公断,本无成见。本处按照上开说明,认为泰兴庄得有领回之权利。又查该项支票票面银原为二千四百二十三两四钱九分四厘,除宝大扣除多付银七十二两五钱五分六厘外,计实银二千三百五十两另九钱三分八厘。既据泰兴庄经理杜竹生称,愿照扣实银数计算,自可无庸置议。至此案发生皆由于源丰不能应付本票,及书条关照宝大止付支票所致，所有本案公断费应由源丰负担，以照公允。又查本案各该声请人均经照章签字承认本处公断，其支票银票亦经送交本处在案，现特斟酌情形，宽定期间，限于公断书送达之日起二十日以内，声请人无不服之表示，即照公断要旨分别执行。基上理由公断如右。

中华民国十年十一月二十二日

上海总商会商事公断处　　处　长　方积蕃

评议长　宋汉章

评议员　庄　箓

钱允利

薛焕章

盛钟瑚

钱永铭

书记员　郑　飞

相比较前面苏州和京师的两起商事纠纷，上海的这起商事纠纷发生时间较晚，此时商事公断处已成立数年之久。从上海商事公断处所做的这份公断书来看，主要构成如下：公断书首开列原被双方声请人简况，包括其姓名、商号、职业；次列公断要旨，亦即公断处的评议公断结果；接下来，依次胪陈公断处经调查核实后所认定的纠纷事实、做出公断结果的理由；最后，则载明公断日期、公断处长、此次纠纷评议员（包括评议长和评议员）、书记员。从格式上来看，上海商事公断处所做出的公断书与京师商事公断处公断书除名称表述略有差异外，基本一致，都很正式。而参与公断纠纷的人选除处长外，尚有评议长 1 人、评议员 5 人，另外，承担记录任务的书记员也登载在册。其人数在三地的商事纠纷公断中是最多的，虽然不能说人多就一定会公平公正、高效率地公断商事纠纷，但临时抽选多人组成评议委员会，无疑能在很大程度上保证公断的公正性和权威性，减少了徇私舞弊或偏袒的可能性。

由于这起纠纷事涉多方，因此梳理清楚其中各方之权责尤为关键。细阅公断书中所陈述的公断理由，上海商事公断处办事细致、审慎的特点展现无遗，且逻辑严密，条理清晰。同时，公断书中的一些关键语词、法言法语等，均极为妥当贴切，表明草拟之人具有极高的专业素养，不仅通晓固有商事习惯，而且对于近代西方法律知识也颇为熟悉。可见，作为近代中国东西方政治、经济、文化的交汇之地，上海始终处于最前沿，引领全国。

（四）三地公断书的比较

上面所列的三份公断书，只是各地公断书中的一份，不能代表所有的公断书。因此，也不能据此认定各地公断制度之优劣，公断行为之良否，但管中窥豹，我们还是可以从中发现一些能够反映各地情况的细节事实。

首先，比较上述三份商事公断书，就格式而言，应该说它们在实质构成上相差不大，都包括了原被双方、纠纷事实、公断理由、公断结果、评议员等基本要素，但在形式构成上，却存在较明显差异。三份公断书中，以苏州商事公断处公断书形式最为简单随意，且前后时期相比较，这种随意性都比较突出。形式最为严整的当属上海和京师两地商事公断处的公断书，且能够持续，稳定性很强。此种情形，说明各地公断处或者说评议员们对于制度的权威性认识有差，有仅视其为具文，并不严格遵守，有视其为铁律，严格遵守履行，也间接反映了各地社会经济文化发展水平的差异。这种有着固定格式的公断书，如果说与民初大理院的判决书尚有些微差异的话，那么与民国南京政府时期的民事判决书相比，则如出一辙。其时法院的民事判决书首列原被双方姓名、住址、诉讼请求，次列主文即法院判决结果，再列事实、理由，最后则是判决机关、判决日期。[1] 这种高度相似性或者说一致性，不仅说明商会的重视，也说明商会试图强化其效力，提高其权威。

其次，就公断书的语言来说，三份公断书的关键用语均极为妥帖，说理也极为透彻，承袭了中国传统且条理清晰、逻辑严密、叙述简明不拖沓冗长，体现出商人注重效率之风格。另外，这种说理判决无疑承袭自中国传统的判决

---

〔1〕 谢森、陈士杰、殷吉墀编：《民刑事裁判大全》，卢静仪点校，北京大学出版社 2007 年版，第 6 页。

模式——判词,乃至到晚清民初,一些地方官员的判决仍是此种判词模式。[1] 当然,模式虽相似,但内在已发生变化,即一些新式语词在判词中频频出现,并且成为司法判决的关键依据。

最后,从前述有关纠纷的实态分析中可知,商事纠纷多属钱债案件,涉及买卖、借贷、抵押、破产等经济行为,以及契约、股票、债券等经济物件,纷繁复杂,如何作出公平而不偏倚的裁断,对商事公断处来说难度极高。正如京师商事公断处第一、二任处长孙学仕所言,"裁判社会上之争议,以解决民事为难,而以解决商事为尤甚,盖商事偏重习惯,情形繁殊,非得洞悉商情,兼融通法学者膺其职,则商人往往不得国家之实益"。[2] 上列 3 份公断书有力地证明了这一点。无论是苏州的商事公断书,还是京师和上海的商事公断书;无论是简单争议,还是比较复杂的纠纷,苏州、京师、上海三地的商事公断处都极力做到情理兼容,法律和习惯兼容,着力于商事纠纷的圆满解决。

总之,此 3 份公断书不仅是对前述各地商事公断制度的实际反映,同时也是阐明各地商事公断依据的有力证据;不仅是考察商事公断的静态史料,还是反映商人法律意识变迁的动态图画,是我们考察商事公断制度的重要窗口。

四、商事公断制度的成效及其原因

自清末时期商会开始受理商事纠纷以来,商会"案无留牍,门无留宾"的理案速度和效果不仅为广大商会会员所称许,"其评议案件也,会董与原被环坐一室,胶胶扰扰,无不尽之辞,不达之隐,卒之片语解纷,谳从公定,故人鲜后言",[3] 也被政府部门所褒扬,称其"功效所在,进步日臻"。[4] 商会理案之所以能取得如此效果,时人认为是由于商会"素稔商人情伪,洞悉商务症

[1] 汪庆祺编:《各省审判厅判牍》,李启成点校,北京大学出版社 2007 年版。

[2] 孙学仕:《京师商事公断处公断书序言》,载《京师商事公断处公断书录》(第 2 集)(上)。

[3] 天津市档案馆编:《天津商会档案汇编(1903~1911)》(上册),天津人民出版社 1989 年版,第 87 页。

[4] "商部颁发各商会理结讼案格式",载《东方杂志》1906 年第 3 卷第 8 期。

结，复出以公允评判，故能批隙导窍，迎刃而解”。[1] 但也有学者指出，虽然商会附设的商事裁判机构裁决了大量商事纠纷，但由于“权力太微”，“效果不太明显”。[2] 可见，对于商会公断的真实效果究竟若何，古今有异，存在分歧。若公断效果明显，为何学者会有前述印象？若效果确实不明显，那么民初政府为何又将公断制度拓展至民事领域，并有《民事公断暂行条例》出台？诸类问题，以往学界未对其进行分析。有鉴于此，本节拟从经济角度对身处道德经济向市场经济转变中的双方当事人的经济因素如公断费用、诉讼成本与收益，以及政府的经济考量等进行重点考察，以还原清末民初的商事公断成效之真实，并进而分析各种原因。

（一）商事公断成效之考察

自晚清迄至民初，商会附设的商事裁判机构理案数量和速度非常可观，有力地缓解了各地商事纠纷长期耽延不结的困境。整个清末时期，苏州商务总会自1905年3月至1911年8月，苏州商务总会共计受理商事纠纷384起，[3] 平均每年受理纠纷约55起。就结案率来说，从1905年10月开始，至1906年12月，苏州商务总会受理的66件商事纠纷中，已结27件，明确结果为未结的13件，其余结果未注明，其结案率为40%，应该说还是比较好的。毕竟史料记载并不具体，而且其中一些纠纷并非短时期可以厘清，有的还超出了商会的权限范围，最为关键的是商会并不具有强制权力，缺乏有效手段来保证其作出的处理结果，其理案行为的效果依赖于原被双方的信任度，效力自然大打折扣，不能苛责。

另外，据学者不完全统计，天津商会在1903～1911年，共计理结各类纠纷2800余起，其中70%的为钱债纠纷。这些案件的和平解决，对各业商民有

---

〔1〕 天津市档案馆等编：《天津商会档案汇编（1903～1911）》（上册），天津人民出版社1989年版，第87页。

〔2〕 马敏：“商事裁判与商会：晚清苏州商事纠纷的调处”，载《历史研究》1996年第1期；朱英：“清末苏州商会调解商事纠纷述论”，载《华中师范大学学报》（人文社会科学版）1993年第1期；付海晏：“清末民初商事裁判组织的演变”，载《华中师范大学学报》（人文社会科学版）2002年第2期；王兰：“中国传统商会纠纷解决机制之功能分析——以调解为视角”，载《仲裁研究》第12辑。

〔3〕 此处数字均据《苏州商会档案丛编》（第1辑），载“苏商总会布告十五阅月各宗理案”（p. 523）、“苏州商务总会受理商事纠纷一览表”（第530～560页）统计得出。

着很大的吸引力。[1] 读者可能奇怪为何天津商会受理的纠纷远远超出苏州?笔者认为,此种现象其实和两座城市自身情况有关。天津是近代中国最早开埠的城市之一,洋商很早就进入其中发展商业,因而天津城市中近代新式商业企业很多,如保险、化学、化妆品等新式商业企业均很早就在天津落地,并获得较快发展。相比而言,苏州虽然商业发展情况始终良好,但一直是以传统行业为主,如丝绸业、银钱业等。因而,天津一地的商事纠纷中华洋商事纠纷占有相当比重,而苏州则仍以传统类型商事纠纷为主,华洋商事纠纷极少。其次,在 1900 年爆发的义和团运动和八国联军侵华事件中,天津均首当其冲,商民们遭受的兵燹之损害不可估量,天津的商业市场陷入混乱无序状态,债权人与债务人、铺东与铺伙、房主与租户、华商与洋商之间,纠纷层生迭起,尤其是一些行业,若一家倒闭,牵连或及于整个行业乃至京沪等地同业。而这类情况在苏州基本上不会出现。两相比照,也就不难理解为何天津商会受理的纠纷数量如此之多了。

然而,无论如何,我们还是可以从苏州和天津两个城市的受理纠纷情况中管窥清末时期商会理案成效之可观。而且这种成效并不仅限于清末时期,民国初年仍得以延续。这可以从同时期各地商会的理案情况中得到证实。

根据本章第一节的梳理可知,苏州总商会商事公断处从 1914 年至 1928 年共计受理商事纠纷 203 起;上海总商会商事公断处自 1913 年至 1917 年共受理商事纠纷 135 起。但此处所获得的纠纷数目是来源于整理出版的商会档案汇编,并非档案所载纠纷的实际数量统计,远称不上完备齐全,只能说是商会所受理的纠纷之一部分。也许,此时期上海和苏州等地的商事纠纷数量有所下降,但绝对不会出现海晏河清、一片和谐之场景。其实,我们可以从一些间接证据推知大略情形。以上海为例,上海总商会商事公断处在民国初期一些年份的收入分别为:民国五年(1916 年)五月至民国六年四月为 28450 银两;民国六年(1917 年)五月至民国七年四月为 8894 银两;民国八年(1919 年)七月至民国九年(1920 年)六月为 10800 银两;民国十一年(1922 年)七

[1] 胡光明:"论早期天津商会的性质与作用",载《近代史研究》1986 年第 4 期。

月至民国十二年(1923年)六月为262000银两;民国十二年(1923年)七月至民国十三年六月为61000银两。[1] 虽然,这些收入中查账费应占大头,纠纷公断费用应占较小比例,[2]但这些数据说明其时上海发生的商事纠纷为数甚巨,且其解决或多或少都要依赖于上海总商会。至于天津,根据《天津商会档案汇编(1912~1928)》中所摘录的一些商事纠纷史料,虽然我们不能统计出民国后的商事纠纷受理数量,但还是可以从纠纷类型略窥一二,当时天津商会受理的商事纠纷除本地的商务纠纷、会馆纠纷、中外商务纠纷外,还有涉及行业陋习、与外地商人间的债务纠葛等,总数应该也不小。

另外,全国其他各地商会也都受理了为数不少的商事纠纷。例如,京师商事公断处自其成立之日起,至民国十四年(1925年)十二月七日止,共计受理案件776起,其中"未起诉先由两造商人统一自行声请者计二百七十起,于起诉后由法院委托调处者计五百零六起,总计七百七十六起,两造均愿遵守公断者计六百四十七起,其他理结具有各种情形者共计一百二十一起,总计七百六十八起,尚未理结之案计由商人调处者四起,法院委托调处者四起,总计八起"。[3] 云南昆明总商会自成立商事公断处后,从1913年至1932年总商会商事公断处共受理纠纷3287件,其中解决纠纷1953件,和解纠纷680件,未决纠纷654件,结案率为80.10%(详见表4-5)。[4] 总商会通过大量、高效的公断行为使其成为当地商业纠纷调处的主要承担者。而奉天省商事公断处从1913年成立到1928年,在奉天商会档案中记录的理结案件达2217起。[5]

---

〔1〕 上海地方志办公室网站——专业志——上海工商社团志,资料来源 http://www.shtong.gov.cn/Newsite/node2/node2245/node4538/node56987/node56992/node56995/userobject1ai45365.html。

〔2〕 笔者做出此推断,主要根据公断纠纷和查账的收费标准而做出。章程规定的公断收费标准为争议物价的1%~2%,而《上海总商会公断处查帐处章程》规定的收费标准为:三十元以上者应提一成;五十元以上者应提二成;百元以上者应提三成。参见上海市工商业联合会编:《上海总商会议事录》(下),上海古籍出版社2006年版,第678~680页。

〔3〕 李炘:"考核商事公断情形报告书",载《法律评论》1926年第173期。

〔4〕 龙云修、周钟岳等纂:《续云南通志长编》(下册),云南省地方志编纂委员会1986年版,第49~50页。

〔5〕 孟慧敏:"民初奉天商事公断处研究",辽宁大学2012年硕士学位论文。

表4-5　云南省昆明市商事公断处案件数目　　单位:件

年份	解决案件数	和解案件数	未决件数	合计
民国二年(1913年)	88	30	31	149
民国三年(1914年)	108	35	38	181
民国四年(1915年)	53	31	33	117
民国五年(1916年)	20	33	32	85
民国六年(1917年)	32	38	32	102
民国七年(1918年)	30	32	35	97
民国八年(1919年)	53	39	37	129
民国九年(1920年)	34	37	36	107
民国十年(1921年)	47	34	30	111
民国十一年(1922年)	78	35	32	145
民国十二年(1923年)	166	33	31	230
民国十三年(1924年)	97	33	32	162
民国十四年(1925年)	82	32	22	136
民国十五年(1926年)	116	31	34	181
民国十六年(1927年)	167	34	38	239
民国十七年(1928年)	97	31	37	165
民国十八年(1929年)	132	37	30	199
民国十九年(1930年)	198	39	34	271
民国二十年(1931年)	139	32	32	203
民国二十一年(1932年)	216	34	33	283
总计	1953	680	654	3287

备注:本表来源于云南省志编纂委员会办公室据稿整理出版的《续云南通志长编》(下册)“公断和解”篇,第49~50页。

上述所列举的各个数字,其实只是说明了清末民初商会受理纠纷的多少情况,虽然也可以将其解读为商会公断行为的受欢迎程度,但毕竟还不能鲜活地反映出商事公断制度的实际成效。换言之,上述数字呈现的是一幅静态画面,要想获得动态图像,还需要其他材料来证实。接下来,本书将借助“敬业公所纠纷案”[1]这一典型纠纷实例来加以深描，以期能展现其动态图景。

是项纠纷发生于宣统元年三月（1909 年 5 月），理结于宣统二年五月（1910 年 6 月），前后迁延一年多时间，影响较大。

宣统元年闰二月（1909 年），鉴于“目下行店两业固有未能尽善之处，以致同业之众漫无界限，骄情肆欲，彼此僭占暗夺，时有互相攻击。然而两败俱伤，均无实惠。甚至肉业乱规者、抗捐者，尤其违背定例，不遵行规”，敬业公所、崑陵会馆、猪业公所恐如此下去，行店两业会一直衰败下去，因此“商同猪行订立合同，联为一气，协理维持，同保公益，以期咸相奋勉，转弱为强”。[2]经各方公议的规例规定：猪行、肉店两相会盟，互结团体，若有违背，照例议罚；凡违背公所定例，扰乱行规，故意在十家之内创开肉店者，凭由公所专函通知阊齐两埠，概不与其交易；凡有不碍规条之新增店铺，不拘远近，总须执有敬业公所照会凭据，方可交易，以免日后拖欠客款之类。[3]

然而，有一名为张阿世的，在“混名贼骨头瑞福与著名赌棍金阿男二人”的煽惑唆使下，出首作乱，租赁太平桥南首顾三珍对门房屋，欲开一店，专卖熟肉。敬业公所担心“若不从速截住，一经开出，则继起者不知凡几”，因此公所业董杨升之、总理倪松坡、代表吴培卿、阙康甫等于宣统元年三月十五日（1909 年 5 月 4 日），联名向苏州总商会致函，请求商会将“求县宪提究惩儆，面谕禁约，以杜乱规恶习”的禀贴代为转呈吴县。[4]

但被公所控诉的商民任建卿、谢瑞福、金松泉等并未就此停歇，反而于宣统元年四月十九日（1909 年 6 月 6 日）向吴县提出了反控，控告倪松坡等“私改伪示，招摇撞骗，藉端欺人，恃蛮霸业”，吁求“提案讯明，整顿商业”。[5] 任

---

〔1〕 章开沅等主编：《苏州商会档案丛编》（第 1 辑），华中师范大学出版社 1991 年版，第 617～635 页。

〔2〕 “附：敬业、猪业公所等联盟合同”，载《苏州商会档案丛编》（第 1 辑），华中师范大学出版社 1991 年版，第 618～619 页。

〔3〕 “附：敬业、猪业公所等联盟合同”，载《苏州商会档案丛编》（第 1 辑），华中师范大学出版社 1991 年版，第 619 页。

〔4〕 “敬业公所为张阿世等乱规开店求转呈吴县致苏商总会函”，载章开沅等主编：《苏州商会档案丛编》（第一辑），华中师范大学出版社 1991 年版，第 618 页。

〔5〕 《任建卿等为控倪松坡等私改县示、恃蛮霸业呈吴县禀》，载章开沅等主编：《苏州商会档案丛编》（第 1 辑），华中师范大学出版社 1991 年版，第 619 页。

建卿等人在呈给吴县的禀控中,声称自己等人向来安分营生,以前在台治道前街开设新聚鑫鸡鸭店,近来因生意清淡,遂几人集资拼股,改设肉店,租赁陆稿荐三房肉店牌号,仍在原处照常开张。具禀吴县,求请给示。吴县批示:“查肉业规条,十家之内不准增开,曾经该业董禀明在案。今该商等租赁陆稿荐牌号,在道前街开设肉店,其中有无搀夺情事,候饬该业董查明禀后再行给示。”于是,任建卿等“乘恩饬董禀复在案”,但由于他们“早知该董及同业等有藉仗列入商会并敬业公所规条,恃蛮霸阻情事”,遂预先筹商,“向东壁陆杏元所开陆三珍盘买,凭中三面言明,将杏元之店时值估价,议定价洋一百二十元正”。[1] 随即,凭中付东金洋二十元,陆杏元并立有收条。孰料对门孙三珍店主徐永泉存心有意阻挠,多方运动,并串联吴培卿、倪松坡等唆令陆杏元悔议不卖。任建卿等人不得不亲自向倪、吴等人申说原委,被要求缴纳入行规费一百元,而任建卿等只愿缴五十元。接下来,任建卿等又诉说倪松坡等人借公所已立学堂为辞,仗势欺人,蛮不讲理,竟“胆敢将宪示私改字样,刊刻刷印,每店录送一份,招摇撞骗。每同业销猪一只,勒令捐钱五文或十文不等,竟将仁宪兴学储材之示谕,作为彼等敛钱蓄私之生计。……切思国家现在振兴新政注重学务之际,岂容若辈胡为?”最后,任建卿等人声情并茂地申诉:“现今商等股分已经集足,店事已定,一切生财物件均已办齐,约计用去银洋一千余元。一旦被伊等霸阻,致商等血资化为乌有,生业维艰,无可设法。……伏乞电鉴,俯赐恩准,立即提示兴学之领袖王三珍、徐永泉、杨申之、倪松坡、吴培卿、阙康甫等,按名提案讯明,整顿商业,得能兴学有成。并提陆杏元到案讯核,责令遵照原议成交,以免讼累,而安商等营业,以遏改示招摇之刁风,大局幸甚。实为德便。”[2] 另外,在谢瑞福等人的影响下,同业杜永康等十二人也在此期间内向府宪具禀,控告杨升之等人勒捐肥己。

对于任建卿等人的反控,敬业公所很快做出反应。宣统元年六月十一日

[1] 《任建卿等为控倪松坡等私改县示、恃蛮霸业呈吴县禀》,载章开沅等主编:《苏州商会档案丛编》(第1辑),华中师范大学出版社1991年版,第620页。

[2] 《任建卿等为控倪松坡等私改县示、恃蛮霸业呈吴县禀》,载章开沅等主编:《苏州商会档案丛编》(第1辑),华中师范大学出版社1991年版,第620~621页。

(1909年7月27日),敬业公所再次向苏州总商会致函,请求严禁任建卿等开店。在致函中,敬业公所继续坚持认定任建卿等"勾串业外,插身扰乱破坏公例",认为其"一面藉端出首诬控","一面购置生财,赶速装修,择于本月下旬开斋期内悬牌开张"的行为是"祇顾顺遂己心,胆敢藐玩法律,不待给示彼即擅行创设,置宪批于不顾,其胆大妄为可称独一无二"。敬业公所进而列举了任建卿等人行为的后果:"此店若开,势必致阖业交哄,不独紊乱公所规章,并且解散同业团体。即猪口小捐在各店必以行规既废,捐取无名,定将此捐一律截止,则公所经费全数无着。所有公益之处,从此冰消瓦解,一败涂地,不复望有振兴时矣。"[1]"此店成就,公所受其影响甚匪浅鲜。……为此情形迫切,沥陈颠末,务求贵会极力维持,恳即代白缘由,转请县尊立即饬差传谕,毋得有违行规,着令易地开张。如其不遵,立将任建卿、谢瑞福从严惩处,以儆业众。伏思贵会原有保护商业之责,目下深知升业品居下贱,近被满航无知之做手故意扰乱规条,以致公所有岌岌可危之势。业董司年司月苦无权力,难以约束,一再筹思,惟有仰祈绅长大人顾念肉业性质鄙陋,做手蠢愚,际此规模初定,若不严行整顿,则兴废成败转瞬立见。伏望鼎力扶助,借重金言,苟得上赖官威,下施严厉之法,纵使若辈横行无忌,至此亦必惟命是听耳。"[2]苏州商务总会在接悉敬业公所函后,很快于六月十三日(1909年7月29日)移文吴县,对敬业公所函中所言极为赞同,"希即派差前往谕禁,盼切施行"。[3] 由此可见,苏州商务总会的态度很明确。

然而,事有反复。虽然苏州商务总会倾向于敬业公所,但在吴县堂讯时,被告方不仅抗违不遵县嘱,还具禀捏称代表勒索开费,且去年曾有张小弟亦在十家之内开店,未闻阻止,何以独禁一人?职是之故,在随后的堂讯中,吴县要求追查"吉利桥附近所有老店十家是否全系未立公所之前开张",[4]并将这些调查事项均委诸苏州商务总会;敬业公所因此不得不向苏州商务总会

---

〔1〕"敬业公所为请禁任建卿开店致苏商总会函",载《苏州商会档案丛编》(第1辑),第621页。
〔2〕"敬业公所为请禁任建卿开店致苏商总会函",载《苏州商会档案丛编》(第1辑),第622页。
〔3〕"苏商总会移吴县文",载《苏州商会档案丛编》(第1辑),第623页。
〔4〕"敬业公所为请禁任建卿开店致苏商总会函",载《苏州商会档案丛编》(第1辑),第626页。

呈文,一方面解释相关问题疑点;另一方面继续恳请公会能够严惩反诬、保护公所及行业利益,“伏祈绅长大人钧裁酌夺,极力维持”。[1]

宣统元年八月十一日(1909 年 9 月 24 日),苏州商务总会将其调查所得事实函报吴县知县陈介卿。在报告中,商会首先对敬业公所章程中“新开店须远上下岸各十家为度”进行了解释,确认吉利桥附近肉铺虽多,“其开设均在公所奉准立案以前,独潘姓之肉铺移设则在本年。以家数计,则止七家,以间数计,则正在十间以外”。由此,可以确定张阿世等所语无理由。至于张姓等欲仿援旧店改牌,以冀蒙混,殊不知以鸡鸭铺改肉店,无可以比例。况且,张姓等开设牌号仍系陆稿荐,然而陆稿荐从前止有三家,近来又因周德太控追,经吴县断结,除皋桥及泰伯庙两家继续悬牌以租抵息外,无论远近一概不准。可见,张姓等人的行为于情理极为不合。但鉴于各商集股开张一切费用所耗不资,商会因而“劝渠等曷勿离去十间,换一牌号,既可以免讼累,又可以免损失”。[2] 最后,商会向吴县知县陈介卿建言:“公所为一业之团体,有此紊乱行规而不力争,则后之效尤者必踵相接。而敝会为各业之团体,有一业中之一人紊乱行规而可以迁就,则他业之效尤者亦必踵相接,关系颇巨。于该公所固无所偏颇,于张姓等真所谓爱莫能助也。现在该公所保守权利既处必争之地位,而张姓等亦成骑虎之势。案已数月,恐又生枝节。如妄控该公所勒收捐款等事。尚希早日核断,以杜纠葛。”[3] 苏商总会虽然在此并未明确宣示自己的立场,但字里行间无不表明其一如既往地支持敬业公所的态度。

苏州府吴县在接到苏州商务总会的函及相关卷宗后,迅速展开了审理工作。宣统元年九月初四日(1909 年 10 月 17 日),吴县向苏州商务总会通报了办案情形。在该通报照会中,吴县对组成该纠纷的 3 件案子——杨光第等控张阿世违章,在同业十家内开设太平桥南陆稿荐;杜永康等公禀上控杨东等托词兴学,侵捐霸业;杨董控谢瑞福、金阿男、任建卿等在道前街开设三房

---

[1] “敬业公所为请求保护事呈苏商总会文”,载《苏州商会档案丛编》(第一辑),第 626 页。
[2] “敬业公所为请求保护事呈苏商总会文”,载《苏州商会档案丛编》(第一辑),第 626 页。
[3] “苏商总会为请公断纠纷致吴县陈介卿函”,载《苏州商令档案丛编》(第 1 辑),第 628 页。

陆稿荐肉店——进行了梳理和讯问。然而由于业董杨光第未到案接受讯问，以致不能定断；且商会“来函与县查讯不相符合，在敝县听断祇求情节确实，足以折服被告之心”；“此案紧要关键，该店应否准开，只凭杨董结称公所成立后十家内有无开设耳。两造既迭赴贵会申诉，则其中曲直贵总会知之更明，夙佩贵绅董一秉大公，合行照会。为此照会贵总会，请烦查照。希将此案确情刻速查明据实移复，以凭察办”。[1] 在此，吴县已隐隐表示出其对公所的不满，然而案子的解决、疑点的查实还有赖于苏州商务总会，因此吴县对苏州商务总会的态度依然很客气。

宣统元年九月十七日（1909 年 10 月 30 日），苏州商务总会就调查情形函告吴县知县陈介卿，并表达了向其面陈两造其他情节的意愿。随后，吴县将此纠纷移送苏州总商会理处。

经过调查和公议，苏州总商会做出理处决定：“以任建卿等未开此店之前，曾向吉利桥堍陆杏元旧开之店转租店基，如能移栽是处开设，则于定章尚无不符，公所一面亦可通融。”[2] 然而，任建卿等人不听理劝，苏州总商会遂将理处结果移复吴县，请求勒令任建卿等迁移店铺。

宣统二年正月十六日（1910 年 2 月 25 日），吴县经提案讯问，限令任建卿等“向陆杏元商买店基，刻日迁移具结在案”，但由于“陆杏元在上海租界陆稿荐肉店为伙，不肯来苏成交”，任建卿等于是“将盘买陆杏元店基洋二百元呈案，求请移提陆杏元到案，勒令成交”。买卖店基乃是商业交易行为，吴县无法强令或拘提，就将票洋二百元移送苏州商务总会，同时发出“请办理纠纷案”的照会，要求苏州商务总会“理令陆杏元刻速成交，俾两造各安生业”。[3]

宣统二年二月初五日（1910 年 3 月 15 日），苏州商务总会就是项纠纷召集各方集议。主持此次集议的有：主席倪咏裳，理案员庞天笙、程彝卿、蔡健安、施炳卿，原告任建卿、谢瑞福、金松泉，被告陆杏元和肉业代表吴培卿。由

---

〔1〕“吴县为通报办案情形照会苏商总会”，载《苏州商会档案丛编》（第 1 辑），第 630 页。

〔2〕“吴县为通报办案情形照会苏商总会”，载《苏州商会档案丛编》（第 1 辑），第 631 页。

〔3〕“吴县为通报办案情形照会苏商总会”，载《苏州商会档案丛编》（第 1 辑），第 631 页。

于陆杏元不同意以二百元卖出店基,经过质询和众议董集议,最后议决:“此事不能与陆杏元盘买,劝令新陆稿谢瑞福等除所缴二百元外,再交本月底期洋三百元。以上两款如数缴送商会,转交该公所收受,以为办理公益各项所用。一俟该款缴齐,由会移复吴县,准其开设新店。此后闻有违章开设者,以此为例。店基按地址盛衰为断。”[1]3 月任建卿等缴齐款项,敬业公所出具领条。该纠纷告一段落。

宣统二年三月初十日(1910 年 4 月 19 日),苏州商务总会召开常会,太平桥堍南陆稿荐张世福(张阿世)肉店股东潘筱亭到会承认各议董决定,捐助敬业公所洋一百元,约明三月十四日先缴现洋五十元,三月底缴现洋五十元,准其照常开设。待捐款缴齐后,再由苏州商务总会移县销案。

宣统二年五月二十二日(1910 年 6 月 28 日),苏州商务总会就敬业公所纠纷的处理结果移送吴县,请求“准予销案,以断讼藤,而安其业”。七月七日(1910 年 8 月 11 日),吴县照会回复苏州商务总会,同意苏州商务总会的处理决定,并言称:“此案争议已久,现经一再劝理,得以寝事。所议办法,系属曲予两全,具徵一秉大公,曷胜佩仰。”[2]至此,这一纠缠一年多的复杂纠纷终告完结。

从上述纠纷发展叙述中可以看出,商会在其中所扮演的角色、所起的作用鲜明可见。无论是商会的下级组织和商会会员——个体商户,还是一级国家政府机构——吴县,在事实的查核、钱款的收缴、关系的协调以及纠纷解决上,均对商会存在一定程度的依赖。换言之,商会在纠纷解决的具体过程中,不仅仅起着上传下达的沟通联系作用,对于事实的裁定更是起着关键的主导作用。譬如,即使吴县在堂讯中获得的供陈与商会核报的事实不相符合,吴县也只能再次致函苏州商务总会,要求其重新查核。事实上,直到纠纷完结,苏州商务总会始终未曾对其最初所核定的事实有所更改;而吴县也只能承认这一事实,且对商会的最终理处办法表示敬佩和支持,自当一体遵行。

---

〔1〕“苏商总会理处任建卿案记录”,载《苏州商会档案丛编》(第 1 辑),第 632 页。
〔2〕“吴县复苏商总会照会”,载《苏州商会档案丛编》(第 1 辑),第 635 页。

当然,正如朱英教授所言,对于商会在纠纷解决中的作用,我们必须要有一个清晰的认识,不能无限拔高。[1] 比如在此纠纷的解决中,虽然商会在其中起着重要作用,但最终的纠纷裁决结果还需得到吴县官府的支持和承认,否则就形同具文,没有强制拘束力。总之,商会在纠纷解决中的作用和影响力已能够通过"敬业公所纠纷案"呈现在人们眼前,商会理案即商会公断的实际成效也得以鲜活展示。另外,从此纠纷中,我们还可以发现商会公断之所以成效显著,原因主要在于纠纷当事人及地方政府对商会的依赖,敬业公所需要以商会为奥援来增加其话语权,向地方政府和对方施加压力;地方政府则需要借助商会查核有关事实,可谓各取所需。而商会则折中于两者之间,借力打力,不断增强其影响力和公断效力,从而使地方政府、商会、纠纷当事人三者之间形成了一种互补互利、错综复杂的"三角"关系。

综合上述各地商会受理的商事纠纷情况,清末民初商会受理商事纠纷的实际成效景象图已有清晰呈现,作为商事纠纷解决的重要机构,各地商会为商事纠纷的快速、公平解决提供了重要支撑,在一定程度上保证了商业秩序的有序运转。简言之,即商事公断制度所取得的实际成效还是值得赞许的,也许它有着这样或那样的不足,但其积极效应却是不容置疑、不可忽视的。

(二)原因分析

综上,商会商事公断成效比较明显,社会各界均对其颇多誉词,为何会这样?笔者认为,除上文所言的纠纷当事人、解纷组织对商会的依赖心理这一原因外,还可以从经济成本、办事效率等方面去探讨。[2]

首先,就诉讼费用和公断费用的比较而言,两者之间存在较大差距。清代并不存在法定的诉讼收费制度,然而却普遍存在诉讼收费现象。这就是通常所说的"陋规费",其中多数是从诉讼当事人那里索取。根据瞿同祖先生的考证,清代的诉讼陋规费有挂号费、传呈费、买批费、送稿纸笔费或开单费、

---

〔1〕 朱英著:《转型时期的社会与国家——以近代中国商会为主体的历史透视》,华中师范大学出版社 1997 年版;朱英:"清末苏州商会调解述论",载《华中师范大学学报》1993 年第 1 期。

〔2〕 需要说明的是,虽然学界以往在讨论商会公断成效显著的原因时,都谈到经济成本、理结效率等,但均是总括言说,一带而过,并未做细致梳理对比。

出票费、到案费或带案费、铺堂费或铺班费、诉讼终结费、和息费,如果是刑事案件,还有踏勘费、文具费、灯油蜡烛费、命案检验费等。[1] 而那思陆先生在其著作中梳理统计出来的种类,则多达30余种。[2] 清末民商习惯调查所获的报告也证实了这一点。根据清末四川省调查局所撰的《调查川省诉讼习惯报告书》[3]可知,诉讼所缴案费有代书费、传呈费、给差费、房费、堂礼、具结费、登记费等,其中给差费名目十种、房费名目八种、堂礼名目十种、具结费名目二种、登记费名目二种。以上所列种种规费,可谓五花八门。上述各项规费并非一次性缴齐,而是随着案件审理程序的逐步推进,不断上缴的。正如清人所言,"自告状之日起,到结案之日止,无事不花钱"。[4]

由于上述规费并非国家明文规定,因此并没有一个明确的收费标准。根据《调查川省诉讼习惯报告书》,纸状费至少六十文至多八百文;代书费至少一百文至多一千文;传呈费至少七百二十文至多二千一百文;堂礼至少二千二百文至多四千文;状式费至少六十文至多二百四十文,写结费至少一百六十文至多六百文。[5] 戴炎辉先生根据清代晚期台湾新竹档案统计认为,状纸费零点四至零点五吊(相当于大约同样数量的元),送审费与此大致相等,缮写费零点四至零点七元。这样,整个起诉的费用是一点二至一点七银元。如果正式开堂审讯,那么原告还得花上三元至四元乃至十元的"堂礼";一个大的案子更需花上多至一百元乃至更高的费用。[6] 黄宗智根据巴县档案认

---

〔1〕 瞿同祖著:《清代地方政府》,范忠信、晏锋译,法律出版社2003年版,第82页。

〔2〕 那思陆著:《清代州县衙门审判制度》,中国政法大学出版社2006年版,第53~54页。

〔3〕 四川省调查局:《调查川省诉讼习惯报告书》,无出版信息,藏中国社会科学院法学研究所图书馆;张松:《关于清末诉讼习惯资料的初步整理与研究》,载《法律文献信息与研究》2012年第1期;吴佩林:《清代县域民事纠纷与法律秩序考察》,中华书局2013年版,第407~429页。

〔4〕 程春荣:《泉州从政纪略·劝民息讼示》,同治丙寅秋镌,吟雨楼藏版;转引自邓建鹏:"清代诉讼费用研究",载《清华大学学报》(哲学社会科学版)2007年第3期。

〔5〕 四川省调查局:《调查川省诉讼习惯报告书》,无出版信息,藏中国社会科学院法学研究所图书馆;张松:"关于清末诉讼习惯资料的初步整理与研究",载《法律文献信息与研究》2012年第1期;吴佩林:《清代县域民事纠纷与法律秩序考察》,中华书局2013年版,第407~429页。

〔6〕 戴炎辉著:《清代台湾之乡治》,台北,联经出版事业公司1979年版,第706~708页。转引自黄宗智著:《清代的法律、社会与文化:民法的表达与实践》,上海书店出版社2007年版,第148页。

为,两地的讼费并无多大出入。[1] 可见,清末诉讼费用还是很高的。吴佩林的研究也证实了这一点,诉讼当事人不仅要付出数额不菲的显性成本,如经济上的开销和时间耗费的代价,还需要承担精神上和心理上的压力与负担等隐性成本。[2]

清末法制变革展开后,袁世凯在天津试办新式审判厅,最先采取正式收费制度,费用降低,收效明显。[3] 光绪三十二年(1906 年)四月初二日,沈家本奏呈拟订好的《刑事民事诉讼法》草案,其中专设有"各票及讼费"一节,对民事案件讼费征收标准进行了规定。[4] 但由于该法草案遭到张之洞等人的反对而被搁置。光绪三十三年(1907 年)十月廿九日,清政府颁布《各级审判厅试办章程》,其第三章"诉讼"篇第六节"讼费"对民事诉讼讼费进行了比较细致的规定。除按其起诉时诉讼物之价值,按照一定比率征收诉讼费用外,另外尚有录事办公费,每百字连纸征收银五分;承发吏办公费每件征银一钱,十里以外者每五里加征银五分,路远不能一日往返者,每日加征食宿费银三钱;证人、鉴定人到庭费,均每次银五钱,每日旅费银五钱等。[5] 无疑,《各级审判厅试办章程》中规定的讼费名目较之以往的陋规费要少很多,数额也要小很多。然而,由于受人力和物力所制约,是项制度改革所取得的成效也颇为有限,诉讼费用仍是当事人的一项沉重负担。直至宣统元年(1909 年)二月三日,皇帝在上谕中仍宣称:"各省讼费名目繁多,百端需索,冤纵获理,家产已倾。"[6]应该说,这一现象从清末一直延续至民初。

与官府的收费相比,商会公断几乎可以被称为"义务劳动"了。以苏州商会为例,清末时期,根据商会章程规定,除按章收取会费外,其余诸项事务

---

〔1〕 黄宗智著:《清代的法律、社会与文化:民法的表达与实践》,上海书店出版社 2007 年版,第 148 页。

〔2〕 吴佩林著:《清代县域民事纠纷与法律秩序考察》,中华书局 2013 年版,第 132 ~ 148 页。

〔3〕 《袁世凯奏报天津地方试办审判情形折》,载怀效锋主编:《清末法制变革史料》(上卷),中国政法大学出版社 2010 年版,第 399 页。

〔4〕 《刑事民事诉讼法》,载怀效锋主编:《清末法制变革史料》(上卷),中国政法大学出版社 2010 年版,第 448 ~ 449 页。

〔5〕 《各级审判庭试办章程》,载怀效锋主编《清末法制变革史料》(上卷),中国政法大学出版社 2010 年版,第 462 ~ 463 页。

〔6〕 《大清法规大全 · 法律部》,"谕旨",第 2 页,总第 1661 页,北京政学社印行。

包括公断调处商事纠纷均不收费,甚至在商会经费及充裕的情况下,还可以为商人作保、提供周转资金,酌取官息。[1] 至民国时期,成立商事公断处,部颁章程规定:“公断处之经费由各商会担任之。”“评议员对于理屈者得酌征费用,其两造主张各有一部理由者,得使其平均负担费用,但不得逾系争物价额百分之二。”“费用之用途,评议员须向两造宣告,并须得其同意。”[2]苏州商务总会则在部章基础上作了进一步的规定:“公断理结得征费用……当事人曾在商会注册,担负常年会费之义务者,得照部定之率减半征收。”[3]后来的部颁《商事公断处办事细则》继续沿用了此项规定。1914 年苏州商务总会就公断“保大等钱庄诉张泰隆、永隆米店欠款案”,决定“酌征公断费洋六十一元”,这一数目与此案所涉两万多两的钱款数额相比,无疑是“九牛一毛”。[4] 1921 年商事公断处为江尔谦损害他人业务信用案公断收费洋六元,该纠纷涉及钱款额为二百三十元;1924 年商事公断处为三星织物厂等与丰泰洽等存米纠葛事公断收费银二十元,是项纠纷涉及钱款数额达数千元。[5]两相对比,商人们的态度自然会向商会倾斜,更何况商会还被诩为是商人自己的组织。因此,众多商人在面临商事纠纷时首选商会公断自然属情理之中,从而间接促使商会地位及其公断权威不断提高。

当然,商人出于经济利益考量而做出的选择只是原因之一,商会公断成效明显的根本原因还在于商会良好的公断效率和合情合理的公断裁决。

商会公断的效率比国家司法机关及政府机构高是一个众所周知的事实。根据商事公断处章程及办事细则的有关规定,“公断处接收两造诉书,须于三

---

〔1〕《苏商总会试办章程》,载章开沅等主编:《苏州商会档案丛编》(第1辑),华中师范大学出版社 1991 年版,第 17~31 页。

〔2〕《司法、工商部会订商事公断处章程》,载马敏等主编:《苏州商会档案丛编》(第2辑),华中师范大学出版社 2004 年版,第 79 页、第 81 页。

〔3〕《苏商总会附设商事公断处办事细则》,载马敏等主编:《苏州商会档案丛编》(第2辑),华中师范大学出版社 2004 年版,第 84 页。

〔4〕参见《商事公断处公断保大庄等诉张慎之泰隆、永隆两米店欠款案》,载马敏等主编:《苏州商会档案丛编》(第2辑),华中师范大学出版社 2004 年版,第 114~115 页。

〔5〕马敏等主编:《苏州商会档案丛编》(第2辑),华中师范大学出版社 2004 年版,第 645 页、第 663 页。

日内具通知书嘱令两造于某日到场,其由法院委托者亦同。"[1]"凡以言词声请公断者,应自声请之时起算,于三日内完结之。其在评议中发见有不能速结之情形者,得酌量展期。""凡以书状声请公断者,定期评议后,应于三日内通知当事人及证人,按照所定时刻到场。其由法院委托者,亦同。"[2]其规定的公断时间较之地方审判厅的民事诉讼受理时间无疑要少得多。清末《刑事民事诉讼法》规定,讼件之值未逾五百元者,传票须注明审期,该期由发票之次日起算,在七日以外,一月以内;讼件之值逾五百元者,传票毋须注明审期,唯令被告于接传票七日内,赴公堂报到。[3] 该部法规系沈家本等人学习西方法制的产物,虽未获准颁行,但有一点可以肯定,就是其有关审期的规定必然会比当时具体实践中的案件审理期限要短。即使是这一已大为缩短的审限,仍然要比商会公断期限延长近乎一倍甚至更多。

而就具体个案来说,商会公断理处所需时间也要比地方审判厅和官府短。直接向商会声请公断的,其理结时间通常较短,偶尔耗时较长的,大多是因为其他客观因素,如账目的查核、文件公函往来以及原被当事人未能按时出席等。官府或地方司法机关委托公断的,由于公函往来及相关账据的查核,则相对所需时间较长。譬如民初的上海,华洋商事纠纷多在会审公廨审理。而会审公廨由外国人掌控,其审案程序和依据均出自西法,且常延宕耗时,于商人和商业发展极为不利。民初上海总商会商事公断处处长方椒伯就曾一针见血地指出商事诉讼之弊端:"商人因商事之争议,每开讼端,法律诚足以保护人权,而程序繁多,往往经年累月,案悬不结,诉讼费用所耗无算,而废时失业尤不可胜计。光阴与金钱因此丧失,不亦大可哀耶?"[4]不独商人有此认识,政府亦有类似观点。民国四年(1915 年)十月二十七日,农商部转

---

〔1〕"司法、工商部会订商事公断处章程",载上海工商业联合会等编:《上海总商会组织史资料汇编》(下),上海古籍出版社 2004 年版,第 679 页。

〔2〕"司法部、农商部民国三年公布商事公断处办事细则",载上海工商业联合会等编:《上海总商会组织史资料汇编》(下),上海古籍出版社 2004 年版,第 683 页。

〔3〕《刑事民事诉讼法》,载怀效锋主编:《清末法制变革史料》(上卷),中国政法大学出版社 2010 年版,第 442 页。

〔4〕"第四届处长方椒伯就任演说辞",载《上海总商会商事公断处报告》(1922 年 7 月印)。

发大总统速清理积压民事诉讼案件令,即云:“京外法庭审判迟延,几成锢习,迭经严申诰诫,近来京师各级审判厅尚知振作,而各省法庭则仍多疲玩,于民事诉讼积压尤甚。民事以债务为多,往往累月经年,延不判决,商民受累,殊堪悯念。”[1]因此,“国家为便利商人计,参照各国商事裁判所先例,特设商事公断处,为商人另闢解决争议之捷径,凡在公断处请求公断之事,无种种繁重之手续,无多数之费用,一经公断,得以迅速之解决,又无拖累之害,设或不服,仍得诉之于法庭,故商事公断处在商人实有特别之便利,能带商人节省金钱与光阴之机关也”。[2]

再者,担任商事公断处评议员的主要是商会里的董事,熟谙本地通行的诸多商事习惯,因而,在评议纠纷是非时能够有理有据地做出决断,较之地方审判厅依据法律作出的判决更为契合实际,也更易为商人所接受。有商会即指出,“法官之治讼,专依法以行,我国法未臻完善,无可讳言,商业习惯,法官多未熟谙,其不至于积压者几希。商事公断宜遵照国法,参以本地习惯,讼案不难解纷,自无积压之弊者”。[3] 因此,“评议商事,以诚恳之意思,精确之考量,持之以公道,动之以利害,衡情酌理,务得其平”。[4] 结合前文所述一些纠纷案例来看,商会所做出的公断基本体现出其秉持中正立场、兼顾双方、注重维护商业经营秩序的处事特色,这和传统时期的民事纠纷解决模式大体一致,并不苛求明断是非对错,而是注重于纠纷的解决及社会秩序的和谐稳定。由于公断处做出的裁定情理兼顾,既维护了原被双方的利益,又保全了双方的“面子”和情谊,商民自然对于商会的公断结果持肯认态度,不至于纠缠不休,纠纷的理结效率自然也就高了。正如时人所言,“尝以争诉对簿时,两造急声遽色势不相能,归时则又以手加额如愿以去。盖因素稔商人情伪,洞悉商务症结,复出以公允评判,故能批隙导窍,迎刃而解”。[5]

另外,还有一个重要因素,即商人对商会和官府的认识观感差异。对于

---

〔1〕《天津商会档案汇编(1912~1928)》(第2册),第2029页。

〔2〕“第四届处长方椒伯就任演说辞”,载《上海总商会商事公断处报告》(1922年7月印)。

〔3〕《天津商会档案汇编(1912~1928)》(第2册),第2030页。

〔4〕“第四届处长方椒伯就任演说辞”,载《上海总商会商事公断处报告》(1922年7月印)。

〔5〕《天津商会档案汇编(1903~1911)》(上册),第87页。

商会,商人因是其成员,有一种天然的亲近心理倾向,“其评议案件也,会董与原被环坐一室,胶胶扰扰,无不尽之辞,不达之隐,卒之片语解纷,谳从公定,故人鲜后言”。[1] 而对于官府,则因其代表国家、高高在上,商人会产生敬畏心理和很强的距离感,不愿与之亲近。因此,“商民向以不诉公庭,怀法畏行为守身之具。商会皆系商民公举之会员所组织成者,接近商情,衷无芥蒂,到场伸诉能尽其真情,不因威而沉其意,案中底蕴自易披露。商会再加以国家权力,参以素来之商家习惯,商民即仰国法,复信公断无积压之苦,是非尽情披露,是诉讼之易于就审,便于当事人者”。[2]

最后,政府的商业治理方略也是促进商会公断成效的原因之一。1840年以降,伴随着西方坚船利炮东渐而来的,不仅仅有西方的军事武力,还有西方的工商文明。众多外国商人潮涌而入,纷纷在中国创办工厂、开设公司商铺,对中国传统商业带来巨大冲击。“西国之货销行者岁亿万计,而有损无益之物虽阑入而莫之能禁。财货日失,利源日涸。然犹幸商人能忍受艰苦节啬勤力以与西人相搏相持,虽不能相抵,然尚十得五六。”[3]中西“商战”为何会有如此之结果?时人钟天伟认为:“西国以商税为岁入之大宗,故视工商为国家之命脉。各埠均设商会,京都且设总会,而延爵绅为之领袖。其权足与议院相抗,每有屈抑,许径诉诸巴力门衙门,故商人得恃无恐,贸易盛而国势日强。中国则不然,目商贾为市侩,薄工艺为细民,平日抑勒百端,有事视为鱼肉,故其势涣散,而不能自立,更何能与洋商颉颃?”[4]钟天伟此番言论分析无疑并不全面,但却指出了晚清商业所亟待解决的一个难题,就是商人的地位与权利维护问题。因此,要想在“商战”中占据优势,就必须设立一振商、护商之组织,商会于是乎成为朝野上下共同的选择。

---

〔1〕 天津市档案馆等编:《天津商会档案汇编(1903~1911)》(上册),天津人民出版社1989年版,第87页。

〔2〕 天津市档案馆等编:《天津商会档案汇编(1912~1928)》(第2册),天津人民出版社1992年版,第2030页。

〔3〕 汪康年:“商战论”,载陈忠倚辑:《皇朝经世文三编》卷三十,户政八·商务二;或麦仲华辑:《皇朝经世文新编》卷十上,商政。

〔4〕 钟天伟:“扩充商务十条——上南皮张制军”,载邵之棠辑:《皇朝经世文统编》卷五十七,理财部二·商务。

鉴于对商业经济重要性的认识,清政府将发展商业视为头等大事,制定并颁布了一系列工商奖励制度与章程,促进、引导和保护商业发展。与此同时,清政府创设专门机构,如农工商部,专司全国的工商业发展,并改革税收管理制度,加强市场干预,逐渐改变了“国家主导,民间治理”的传统治理模式,建立起一种“国家干预,市场、社会共同参与”的新型治理模式。

1912 年虽然清政府覆亡,但中国商业发展所面临的诸多问题并未得到解决,甚至出现了一些新问题,改弦更张并非上策,加之民国政府的管理者多数也是前清时期政府的管理者,因此政府层面从思想到制度的变化一直在延续,“国家干预,市场、社会共同参与”的治理模式也得以继续沿用不辍。

由于自晚清迄至民初,政府对于商业和商人采取的始终是一种以鼓励、引导为主,直接干预为辅的治理方式,市场和社会能够充分发挥其主动性调节功能,因此,也在一定程度上提升了商会公断的效力和权威。然而,自清末变法以来,政府一直在强调司法统一,各级政府对于司法权也极为重视,而商会公断商事纠纷实际上对政府的司法权有一定程度的侵越,所以必然会遭到政府的抵制。[1] 如此就形成一幅矛盾情形,支持与限制共生并存,从而束缚了商会公断的效力,公断成效自然就大打折扣。

清末民初的商会商事公断制度,不仅仅解决了商事纠纷、维护了商民的利益,更保证了商业秩序的稳定运行,对于其时的商业发展起到了极好的促进作用。而商事公断制度之所以成效明显,既有经济原因,也有政治原因,还有文化心理原因,是多种因素、多重力量综合作用形成的。

五、小结

清末民初,西方的商业制度、国际通行商事习惯等伴随着西式现代工商企业一起涌入古老的中国大地,与本土商业制度、习惯发生剧烈冲突,传统的商业经济结构随之崩解、重构;加之灾乱频仍,商业道德体系被毁坏,商事纠纷频频出现,无论是数量,还是样态类型,均超越了以往任何一个时期,为近

---

〔1〕 关于商会与政府的法律博弈,参见本书第六章。

代纷繁复杂的社会乱象更添了“一把火”。

为发展商业，与洋商争利，富国强兵，清政府仿效西方，倡设商会，以振商护商；同时，制定相关法律，赋予商会裁决商事纠纷之权，以解决日益滋多的商事纠纷，由此而有商事公断制度之产生。由于商事公断制度既学习西方商事裁判，又根源于本土行会公议，在程序上与商事裁判趋近，而在公断依据上又与行会公议类同，以商事习惯为主，因而这一融合东西的“杂交”模式，在具体的实践中因其高效率、低成本且能做到合情合理而成效明显。

综合本章所述，清末民初商事公断制度的实践运行情况及其成效已有比较清晰的呈现。我们也可以通过上述考察分析得出一个基本结论，那就是虽然我们不能对商事公断制度做出过高评价，但该制度在清末民初的商业发展中起到了一定的积极作用却是不争之事实，诸如维护商民利益、消弭商事纠纷、维持商业秩序有序运行、辅助政府治理商业行业等，该制度也因此而得到社会各界的赞扬。

第五章　商事公断制度的法律性质与法律地位

自清末以降,政府对商会裁判权的态度就始终在扶持与抑制之间摇摆,这种模糊态度在很大程度上限制了商事公断的进一步发展,使商事公断制度的法律性质与地位非常复杂。当下的民商法学界普遍认为,由今日之商事仲裁制度回溯至近代,民初的商事公断制度当为其发轫,换言之,公断亦即仲裁。[1] 然而,该论断是否与史实相符,用我们今天的民商法、仲裁法学理论去界定近代的商事公断制度又是否能够获得正解,值得商榷。本章拟借助日本法学家棚濑孝雄的"过程分析"理论和多元纠纷解决机制理论,阐述分析商事公断制度"准司法"的法律性质、非诉讼纠纷解决机制的法律定位与"半官半民"的尴尬法律地位。由于商事公断制度的真正确立时间应是在民国初年《商事公断处章程》公布实施之后,因此,本章对商事公断制度的法律性质和法律地位的分析也主要限定在这一时段内,亦即以民初的商事公断制度为主要分析对象。

一、商事公断制度的法律属性分析[2]

近代中国的商事公断就是在传统"公议"的基础上仿效西方商事裁判制

[1] 参见有关民商法和仲裁法教材,在此不赘。

[2] 本节部分内容曾以"民初的商事公断法律性质浅析"为名发表于《南京大学法律评论》2011年春季卷,此处做了较大幅度的增订修改。

度发展而来的,与近代商会息息相关。清末时期,商会的裁判权有所扩大,甚且一度与政府可以分庭抗礼,至民初,由于政府对统一司法权的重视和关注,商会的司法裁判权因限制而有所萎缩。但不可否认的是,商会在近代商事司法实践中仍占据重要地位,起着重要作用,且具有其独特的历史时代特点与性质,与现代民事法学理论上的"公断(即仲裁)"有明显区别。这种互补结构也构成了近代中国商事司法体制的独有特征。因此,对商事公断的法律属性进行分析界定,是研究近代商会商事裁判的一个重要课题,具有重要的意义。本节将借助有关理论,在以往研究的基础上,拟从商事公断处的传统性和现代性、商事公断与仲裁和调解的比较方面对清末民初商事公断制度的法律属性进行分析叙说。

自晚清至民初,商会裁判机构的组织制度日渐完善和规范,逐步被纳入国家主导的法制近代化进程之中,商会的裁判权力始终是在政府的支持与限制中运作,其功能也由早期的单一调解转向调解、仲裁兼具。作为商会附设的商事裁判机构——商事公断处,其公断行为的法律性质究竟为何,学界并没有一致意见。有的学者认为,按诸1913年司法、工商部会订的《商事公断处章程》的规定,商事公断应属仲裁性质,[1]有的学者则笼统地称为商事裁判、[2]调处或调解。[3] 应该说,上述观点都不无道理,各有其立论依据,也符合商事公断的一些特征,却都未能概括清末民初商事公断制度的全貌,"仲裁"、"调解"或"调处"的性质界定对于清末民国初期的商事公断制度来说都稍显单一,不够全面准确。究竟应如何界定其性质方显妥善?

---

〔1〕 例如,任云兰:"论近代中国商会的商事仲裁功能",载《中国经济史研究》1995年第41期;郑成林:"清末民初商事仲裁制度的演进及其社会功能",载《天津社会科学》2003年第2期;虞和平:"清末民初商会的商事仲裁制度建设",载《学术月刊》2004年第4期;常健:"清末民初商会裁判制度:法律形成与特点解析",载《华东政法大学学报》2008年第5期;王红梅著:《商会与中国法制近代化》,南京师范大学出版社2011年版。

〔2〕 例如,付海晏:"清末民初商事裁判组织的演变",载《华中师范大学学报》(人文社会科学版)2002年第2期。

〔3〕 例如,朱英:"清末苏州商会调解商事纠纷述论",载《华中师范大学学报》(人文社会科学版)1993年第1期;马敏:"商事裁判与商会——论晚清苏州商事纠纷的调处",载《历史研究》1996年第1期等。

(一)商事公断处的传统性和现代性

笔者认为,要想准确地界定民初商事公断的法律属性,不能仅从相关法律法规入手,还应结合民初特殊的社会情境,仔细考量其所蕴含的现代和传统法律因子,这样才能获得一个比较符合历史事实的判断。因而,首先需要明确商事公断处的性质。但作为商会附设的裁判机构,公断处的性质与商会密切相连,不可分割,故而在此先对商会的性质及其与行会的关系做一简单梳理。

众所周知,商会是在清政府的倡导下,以振商和护商为目的而设立的,并接受商部的领导监督。同时,政府通过颁行《商会法》等相关法律规范其日常职能,赋予其法定权限。虽然商会自成立之日起,就力图削弱甚至摆脱政府的控制,其社会影响力也日渐显现,但随着政府社会控制力的不断增强,其谋求独立自主的意愿终归落空。关于近代中国商会的性质,学界有三种代表性意见:虞和平等认为商会是一个商办的社团法人组织;[1]朱英等认为商会是一个具有"官督商办"的性质和特点的商办民间社团;[2]陈清泰等则认为商会在性质上是一个法人组织,而不是一个非法人的任意社会团体,从设立到所从事的活动,商会在一定程度上受政府的控制,并不完全是自主的。[3]这三种意见,虽视角不同,各有侧重,但都认同商会的社团性质,这应该是商会的本质属性。因此,根据近代商会的建立、发展及其法定职能,笔者认为从社会学和法学角度来考察是比较合适的,近代中国商会应是一个法人社团组织,具有一定的自主性,但同时接受政府的监督。

无疑,对于近代中国而言,商会是一个新生事物,有着鲜明的时代特点,如民主性、组织结构和职能等。但同时,又由于近代中国商会的组成是以各行帮和大企业为基础,各业商人加入商会均以行帮和大企业为单位,除行帮和大企业各自推选的代表作为商会的会董或会员直接参与商会的日常事务外,其他成员则在行帮和企业的组织下参加会务活动,因此入会的行帮和大

---

〔1〕 虞和平:"近代商会的法人社团性质",载《历史研究》1990年第5期。
〔2〕 朱英:"清末商会'官督商办'的性质与特点",载《历史研究》1987年第6期。
〔3〕 陈清泰主编:《商会发展与制度规范》,中国经济出版社1995年版,第97页。

企业既是商会的成员组织,又是商会联结广大成员的中间环节。[1] 而这一时期由于资本主义经济的发展,资本主义经济因素及其影响日益扩大,近代资本家逐渐替代旧式商人掌控了行会领导权,使之具有对现代社会的潜在适应性。以天津商务总会为例,30 名会董中,从事盐、粮、钱业等传统性很强的旧式商业的商人共有 11 名,占 36.6%;洋行买办有 9 人,占 30%,洋布洋货商 8 人,占 26.7%,若二者相加,则是 17 人,占全部会董的半数以上。总协理和部分会董已开始向新式民族工业投资。[2] 故而,商会与行会的结合点是发展资本主义经济的共同要求,所遵循的不是行会的传统原则,而是由商会确定的资本主义法律准则和行为规范。[3] 可见,商会与行会之间存在密切联系和相互依赖性,不仅具有某些相同和互相依赖的社会经济功能,还具有成员关系和官商关系的协调功能、经济管理功能、自我社会利益保护功能,"这一方面是因为商会在某种程度上受到旧式行会组织形式的影响,另一方面也是旧式行会渐趋更新的结果"。[4]

从前面有关商会的性质及其与行会的关系叙述,我们可以明了近代商会是仿效西方、以传统行会为基础而设立的,集传统和现代因子于一身的法人社团组织;从现代化的视角来看,商会则是近代中国在对本国的传统因素和外来的现代因素进行双向改造的过程中出现的。作为商会附设的商事裁判机构,商事公断处随商会而伴生,虽然其名称前后并不一致,有理案处、评议处、商事裁判所、商事公断处等,但其职能和性质并未发生根本转变。换言之,商事公断处具有与商会相同的性质特点,也是一个集传统和现代于一体的新生事物,只不过它不是一个独立的法人社团组织,而是商会下设的一个机构,承担着商会的商事裁判职能。

虽然商事公断处具有与商会相同的性质特点,但二者的现代性和传统性

---

〔1〕 马敏:"清末苏州商会组织系统试论",载《江海学刊》1988 年第 6 期。

〔2〕 胡光明:"论早期天津商会的性质与作用",载《近代史研究》1986 年第 4 期。

〔3〕 徐鼎新:"清末上海若干行会的演变和商会的早期形态",载《中国近代经济史研究资料》第 9 辑。

〔4〕 马敏、朱英:"浅谈晚清苏州商会与行会的区别及其联系",载《中国经济史研究》1988 年第 3 期。

因素并不完全一致,那么商事公断处的现代性和传统性究竟为何?从何体现?笔者认为,商事公断处的现代性和传统性,应根据商事公断处的设立宗旨、组织形式、办事程序、成员构成、公断依据等来分析。

商事公断处的传统性主要体现在其设立宗旨、成员构成和公断依据方面。商会在成立之初,就被赋予调息纷争的职责,这也是各商会均附设商事裁判机构的根源所在。因此,商事公断处的设立宗旨就是调处商民之间的商事纠葛,以"息讼和解"[1]为主旨。"息讼和解"为中国传统法律文化精神之一部分,是传统中国处理地方民事讼争的不二法门。公断处以此为行事主旨,其传统性得以略窥。此外,商会会员都是当地各业行会和新式企业的代表,而其中又以传统行业居多,由此遴选出的公断处职员,包括评议员和调查员自不能摆脱这一特点。例如,苏州商事公断处 1914 年共有职员 27 人,其中钱业和典业代表 8 人,纱缎和绸缎业代表 5 人;而职员年龄最小的 41 岁,最大的 72 岁,40~50 岁的有 16 人。[2] 这样的人员组成,必然使公断处新旧杂糅,为公断处依照当地通行商习、及时合理地进行公断提供了条件,[3]传统性也由此凸显。

至于商事公断处的现代性更多地体现于其组织形式和办事程序上。《商事公断处章程》规定:公断处由公断处长、评议员、调查员、书记员组成,除书记员外,其余均为名誉职务,评议员和调查员于商会会员中互选,以得票多者当选,处长则于评议员中互选。主要职员由选举而来,具有很强的民主性,公断处的现代性得以彰显。而章程所规定的"公断程序"更是将公断处的现代性因素展现得淋漓尽致。章程规定,公断处接到诉书后,须于 3 日内给两造下具公断日期通知书;公断时,两造必须到场,不得缺席;由处长抽签选出三

---

〔1〕 马敏等主编:《苏州商会档案丛编(1912~1919 年)》(第 2 辑),华中师范大学出版社 2004 年版,第 79 页。

〔2〕 马敏等主编:《苏州商会档案丛编(1912~1919 年)》(第 2 辑),华中师范大学出版社 2004 年版,第 98~99 页。

〔3〕《苏商总会附设商事公断处办事细则》即规定:"本处遇有案件,依据商习惯为断,以息讼和解为宗旨。"参见马敏等主编:《苏州商会档案丛编(1912~1919 年)》(第 2 辑),华中师范大学出版社 2004 年版,第 83 页。

个或五个评议员进行公断，公断判决以投票决定；并规定了评议员回避、引避或拒却的条件。[1] 如此公断程序，与近代严格的法院审判程序有着诸多相似之处。

（二）商事公断制度与仲裁和调解的比较——仲裁？抑或调解？

通过前述简单分析，商事公断处所蕴含的传统性和现代性因素明晰可见。而商事公断处集传统和现代于一体的特点，又决定了我们不能简单地确定公断制度的法律属性为仲裁，或是调解。

首先，我们来比较一下民初的商事公断制度和仲裁。按照现代民法学理论，"仲裁是利益冲突的双方当事人事先或事后以自愿为基础达成协议，将民商事纠纷交由第三方处理并由其作出对利益冲突的双方当事人均产生约束力的裁判结论的一种替代性纠纷解决方式"，具有高度的自治性、专业性、快捷性、民间性、独立性、保密性和一定的司法性等特征。[2] 不可否认，从前面对商事公断处宗旨和办事程序的分析来看，公断制度也具有自治性、专业性、快捷性、民间性、独立性等特征。但如果我们仔细考察，就会发现二者有着明显不同。第一，民初的商事公断制度并不必然对原被两造产生法律拘束力，"评议员之判断，必须两造同意，方发生效力"；[3] 而仲裁的裁决一经生效便具有强制执行的效力。第二，民初的商事公断制度，如两造有异议，仍可向法庭起诉；相反，仲裁却是"一裁终局"，具有较强的司法性。虽然当事人也可以于仲裁裁决被申请撤销之后，向法院起诉，但二者却有着本质不同。第三，仲裁具有保密性，而民初的商事公断制度却不具有这一特点，"公断商事争议时，评议场公开之。但非商业人及案外无关系者，非经特许，谢绝旁听"。[4] 第四，在多数情形下，公断只是对两造进行劝说，要求双方互相让步，其裁决

---

〔1〕"司法部、工商部会订商事公断处章程"，载前司法部编：《增订司法例规》第五类"民事公断"；或《上海总商会组织史资料汇编》（下）。

〔2〕蔡虹、刘加良、邓晓静著：《仲裁法学》，北京大学出版社2009年版，第2～3页。

〔3〕"司法部、工商部会订商事公断处章程"，载前司法部编：《增订司法例规》第五类"民事公断"；或《上海总商会组织史资料汇编》（下）。

〔4〕"苏商总会附设商事公断处办事细则"，载马敏等主编：《苏州商会档案丛编（1912～1919年）》（第2辑），华中师范大学出版社2004年版，第87页。

并不明确认定双方的谁是谁非;而仲裁却不然,其"基本精神和原则并没有脱离总体法律制度的必争胜负的框架,并无自愿性的妥协可言"。[1]

另外,必须指出的是,该章程第2条规定,"公断处对于商人间商事之争议,立于仲裁地位,以息讼和解为宗旨",[2]有学者据此认为公断处的法律属性为仲裁。然而笔者认为,章程此条款并不必然是规定公断处的法律属性,相反,我们应从"仲"、"裁"两字之本义去理解,其内蕴意味应是明确公断处在裁决商事纠纷时所应持的立场,应公平、公正、合理,以达到息讼和解、稳定社会的宗旨,而非直接套以今日之"仲裁"制度或"仲裁法"去解释。因为,民国初期的中国社会对于"调解"、"仲裁"尚未有清晰明确的认知区分。例如,民国南京政府颁布的《调解法》实质乃是一部"仲裁法",如按今天我们对调解、仲裁等词的理解界定,则会得出完全错误的结论。

民初的商事公断制度与现代法学意义上的仲裁既有相同之处,又有相异的地方。即使是相同之处,也有些微区别。譬如,就独立性来说,章程规定"公断处的处长有处理处内一切事务之权",这就必然会导致妨碍独立公断的可能。更因为现今"仲裁审理程序的严格化以及仲裁决定在一定条件下的强制执行力已使得仲裁不断失却其个性特征而与诉讼趋同",[3]因此,我们不能将商事公断制度的法律属性确定为仲裁,至少不能说民初的商事公断制度就是仲裁。[4]

那么,我们是否又可以确定公断制度的法律属性为调解呢?接下来,我们对民初的商事公断与调解进行比较。所谓调解,现代民法将其定义为"第三者依据一定的社会规范(包括习惯、道德、法律规范等),在纠纷主体之间沟通信息,摆事实明道理,促成纠纷主体相互谅解和妥协,达成纠纷解决的合

---

〔1〕[美]黄宗智著:《经验与理论:中国社会、经济与法律的实践历史研究》,中国人民大学出版社2007年版,第402页。

〔2〕"司法部、工商部会订商事公断处章程",载前司法部编:《增订司法例规》第五类"民事公断";或《上海总商会组织史资料汇编》(下)。

〔3〕顾培东著:《社会冲突与诉讼机制》,法律出版社2004年版,第36页。

〔4〕虽然现代法学理论认为,仲裁即公断,换言之,公断就是仲裁。参见江伟主编:《民事诉讼法学》,复旦大学出版社2002年版,第9页。两者的英译也相同:"arbitrate"或"arbitration",但很明显,民初的"公断"与现在的"公断"在内涵上有着本质区别,两者不能等同。

意”,具有第三者的中立性、纠纷主体的合意性、非严格的规范性等特性。[1]从民初商事公断处公断商事纠纷的过程来看,二者有着高度的契合:首先,出发点或动机基本相同,二者都追求消弭双方的冲突与对抗,甚至为实现这一效果,常常以损害法律原则为代价,《京师商事公断处公断书录》则是例证,多数公断都没有严格明确两造的是非对错,而是各有针砭,力求调和矛盾;其次,依据相同,公断处进行公断的依据是商习、道德、法律规范;再次,立场相同,公断处与调解中第三者在裁决过程中都处于中立立场;最后,两者都强调纠纷解决的合意性,商事公断须两造同意方发生效力,调解的达成更是建立在双方合意的基础上。

从前述公断与调解的相同之处来看,二者之间似乎可以画上等号,但仔细考量,二者又有明显不同:第一,解决纠纷的方式不尽相同,公断处对纠纷的案由进行审查研究,并进行必要的调查,到期公开公断,投票判定;而调解则是第三者(即调解人)对纠纷主体双方进行劝说、协调,促成双方相互妥协,达成和解。第二,程序规范不同,商事公断有着严谨的程序,从接受诉书,到审查研究,再到投票判定,制作公断书,章程对每个环节都有严格规范,类似于法庭审理;调解则不然,其开始、步骤、结果随纠纷主体的意志变化而变动,具有很大程度的灵活性、随意性。

此外,虽然公断和调解都强调合意性,但二者对纠纷主体的合意性要求不同。在整个公断过程中,只有在接收诉书和公断发生效力时方才要求纠纷主体双方的合意。换言之,即在公断的开始和结束时才要求纠纷主体的合意性,评议员对纠纷的审查研究、调查、投票判定、制作公断书都不要求纠纷主体的合意性,具有较大的自主性。而在调解过程中,调解人不具有决定权,虽然调解人的人格、能力、社会地位等有助于合意的形成,但并不构成一种物质性强制力,[2]只能通过沟通、劝说、协调等方式促成纠纷主体达成和解的合意,纠纷主体的合意性是达成调解的必要条件。

---

〔1〕 江伟主编:《民事诉讼法学》,复旦大学出版社2002年版,第6~8页。

〔2〕 江伟主编:《民事诉讼法学》,复旦大学出版社2002年版,第8页。

通过对公断和调解的比较分析,可以发现民初的商事公断与调解既有相同的一面,又有相异之处。因此,我们不能得出民初商事公断制度的法律属性就是调解的结论,或者说其法律属性至少不完全是调解。

无疑,前述分析都是以现代法学理论为基础展开的,有以"今人之眼光看待古人"之嫌疑。其实,在清末民初政商两界人士的心目中,对于"公断"的理解并没有这么清晰,是比较模糊和复杂的。

1903年有人提议在津设立商事裁判所,遭到某商董的反对,其依据是:"裁判所万不可行,如两造皆系入商会者,稍有纠葛,可以约齐来会,择期大家评论。如两造不允,请自行上控,商会不便代详。至官府不能办结之事,万勿交商会办理,缘官府刑讯理处之俱穷,商会焉能处理也?"[1]虽然该商董是针对商事裁判所而言,但还是很清楚地表明了他对商会理处纠纷行为的认识——"评论",意即商会仅有评议是非真伪之责,无判决之权,与传统调解相类,而"裁判所"则不然,属国家公堂,有裁判之权,代表了国家公权力。

1911年成都票账邦联义分会向农工商部呈请奏设商事裁判所,以划清法权,利便商讼,"盖以商事交涉,纠葛繁多。学法律而充法官者,断难通晓商事,不将商事提出另设一所专管,则法庭审讯,一有因误会而误判者,必至是非不明,判断失当。内之无以令国人信从而生法律效果,外之莫由使外商贴服而收治外法权"。"自审判厅成立后,公断失间接强制之效力,办理稍形掣肘。而原被告并有程度者,仍愿受公断处判断,不愿赴审判厅诉讼焉。足征公断处确乎有益于商人,若经会众认可,协请大部奏设商事公断处为商事裁判所,略仿法国商务裁判所法,明定章程,于商务繁盛处,由商人负担经费逐渐设立,则为商人者并受法律保护而无遗憾也。"[2]很明显,成都票联邦此处是将"公断处"与"裁判所"相并论的,认为商会"公断"和"裁判"相同,属于国家司法审判行为。这就和上述天津商董的认识截然不同。虽然两者对于

---

〔1〕 天津市档案馆等编:《天津商会档案汇编(1903~1911)》,天津人民出版社1991年版,第32页。

〔2〕 天津市档案馆等编:《天津商会档案汇编(1903~1911)》,天津人民出版社1991年版,第97~99页。

"公断"（评论）认识有异，但对于"裁判"的认识却基本一致，都认为其属国家司法审判，代表了国家公权行为，具有强制力。清末修订法律馆也曾有类似的表达。在查核成都商务总会请附设商事裁判所并章程案时，复称："其所拟裁判所名目与新管制审判厅相混淆，似以改用公断处等字样较为合宜。"[1]可见，其时法律界同样认为"裁判"代表了国家行为。

民初，司法部在给工商部的答复中，清晰地表明了其对公断的认识："至商事公断处为仲裁裁判，其性质与国家法院迥不相同，该商会等如为调处商人争讼起见，自可准其援案设立。唯此等公断处，必须两造合意受其公断，不得稍有强迫。其公断后如有一造不服，仍应受该管法庭正式审判。"[2]1913年工商总长张謇在"为不修订商事公断处章程给各省区的咨"中，称"惟商事裁判所之性质，究与商事公断处迥不相同"，[3]虽为转述司法部之语，但无疑他也是同意这一断语的。细究这番言辞，司法部一边认为"商事公断处为仲裁裁判"，一面又说设立公断的目的在于"调处商人争讼"，"仲裁"和"调处"[4]两次在这里似乎可以等同而视，表明他们对于"仲裁"和"调处"的认识比较模糊，并没有清晰严格的区分。但有一点可以明确，那就是商事公断处不是国家法院，公断也不是正式审判，而以"法庭"来界定其性质自然不合适。

国家法律机构是如此认识的，那么其时的法律专家又是怎么看待的呢？胡长清在一篇介绍德国刑事仲裁制度中的文章中认为，"从来之诉讼主张系以裁判解决一切的争议，与之相对而近来最占势力的为调停主义"。[5] 作者

---

[1] "工商部咨司法部各省商会请设商事公断处是否可行并妥筹商事诉讼划一办法统希核复饬遵文"，载《政府公报分类汇编》（第33册），"商业"，第72页。

[2] "司法部咨工商部商事公断处准援案设立如有一造不服仍应受法庭审判之"，载《政府公报》1912年7月10日第71号。

[3] "工商总长为不修订商事公断处章程给各省区的咨"，载《政府公报》1913年11月16日第552号，载赵宁禄主编：《中华民国商业档案资料汇编》（第1卷）（1912～1928年）（上册），中国商业出版社1991年版，第137页。

[4] 关于"调处"和"调解"两词的区分。可参见胡谦："清代民事纠纷的民间调处研究"，中国政法大学2007年博士学位论文。

[5] 胡长清："德国之刑事仲裁制度"，载《法律评论》1928年第270～171期；何勤华、李秀清主编：《民国法学论文精萃》（第5卷），法律出版社2004年版，第417页。

还列举了东邻日本所颁布的一些法律，如《借家借地争议调停法》、《佃业争议调停法》、《商事争议调停法》、《劳动争议调停法》。可见，此处所言的“调停”实为今日我们所谓之“仲裁”。而“调停”一词，案之《辞源》，为“居间和解”之意。[1]《现代汉语词典》中则将“调处”、“调解”、“调停”三词视为同义词，可互换使用，均为“劝说双方消除纠纷”之意。结合胡长清该文所述主题，在他的认知中，无疑调停、调解和仲裁含义相同，意味着他们属于同一制度。而1930年《民事调解法》的制定公布更是证明在其时法律人认知中，调解即仲裁。这与我们今天的严格区分，可谓迥异其趣。正如有学者研究所言，在晚清的法律改革家眼中，西方不同国家不同法系的分别并不如今天法学家那般清晰，西方始终是被国人作为一个整体对象认识的，无所谓大陆法，也无所谓英美法。[2] 孰优孰劣，孰是孰非？未可遽然定断。

综合上述分析，清末民初商会的“公断”行为性质复杂，兼具仲裁和调解特性。如果真要就其法律性质做严格界定的话，1914年之前的商会理案行为调解性质居多，此后则仲裁性质居多；而真正具有现代仲裁之完全特性的公断制度，也许要推迟至1921年《民事公断暂行条例》颁布之后才称得上正式形成。

（三）商事公断制度的法律性质——“准司法”的“第四制度”

通过前述分析，民初商事公断制度兼具仲裁和调解的性质，同时又有自己的特点。任何单方面界定公断制度的法律性质，都有以偏概全之嫌。正如日本法学家棚濑孝雄所言，“将制度性的纠纷解决与非制度性的纠纷解决严格区别开来不仅非常困难，而且可能导致忽视重要的问题，因而并不妥当”。[3] 既然如此，那么民初商事公断制度的法律属性究竟应如何确定，方显妥当？

其实从法社会学的角度来看，无论是仲裁，还是调解，乃至本书讨论的中心——商事公断，都是纠纷解决的一种方式，其最基本也是最重要的功能就

---

〔1〕《辞源》（修订本），商务印书馆2010年版，第3170页。

〔2〕贺卫方：“英美法与中国（代引言）”，载《比较法研究》1991年第4期；李栋、漆晓昱：“中国法律近代化道路选择的误读与驳正——兼谈英美法与中国法律近代化研究的意义”，载《湖北大学学报》（哲学社会科学版）2013年第6期。

〔3〕［日］棚濑孝雄著：《纠纷的解决与审判制度》，王亚新译，中国政法大学出版社2004年版，第23页。

是解决纠纷。棚濑孝雄曾将审判外的纠纷解决(非诉讼纠纷解决)过程中,第三者以纠纷的解决为直接目的而介入的场面称为“准审判过程”,如民事调停、仲裁等。他认为,“这些制度中关于第三者的资格要件、纠纷解决程序、解决的效力等,在法律上都有明确的规定。因而它们作为常设的制度,在现代社会中与审判制度一样,无论在纠纷解决的量还是质上都发挥着重要的作用”。[1] 从前述有关商事公断制度的叙述可知,整个商事公断过程有着严格的法律规定(如各地商事公断处章程都须经政府批准才可施行),具有“准审判”的性质。可见,民初的商事公断行为,无论是形态,还是功能,都与棚濑孝雄所说的“准审判过程”极为契合。

棚濑孝雄将纠纷解决过程的类型化用两条相互独立的基轴所构成的坐标图来加以说明。一条基轴按纠纷是由当事人间的“合意”还是第三方有拘束力的“决定”来解决而描出,如和解、调解、审判等;另一条基轴则表示纠纷解决的内容是否事先为规范所规制这一区别,如审判、国家间纠纷的解决。[2] 虽然两条基轴反映了纠纷解决过程中的影响因素,但两条基轴显示的只是两极之间一种量的渐变关系,而非单纯的两分。因此,借助这一分析框架分析商事公断制度,必须结合社会背景来考察,以期能够清楚深入地阐明各种社会条件与纠纷解决形态、功能的内在联系。

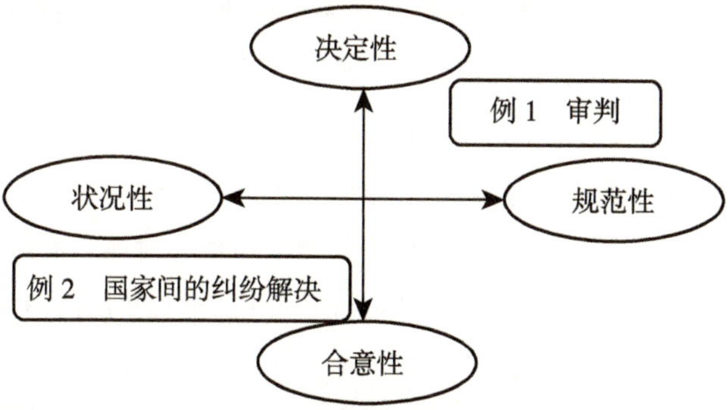

图 5－1　纠纷解决过程的类型轴

---

〔1〕 [日]棚濑孝雄著:《纠纷的解决与审判制度》,王亚新译,中国政法大学出版社 2004 年版,第 19 页。

〔2〕 [日]棚濑孝雄著:《纠纷的解决与审判制度》,王亚新译,中国政法大学出版社 2004 年版,第 7~9 页。

首先,从形态方面来看,由于社会条件的差异,与决定性——合意性的基轴相关,商事公断可能存在从第三者(商会评议员)事实上作为仲裁人将解决方案强加给当事者,到当事者完全是自发地达成合意等多种情况;与规范性——状况性基轴相关,则可能在商事公断过程中存在从解决结果完全依存于当事者之间的力量对比关系,到解决的结果完全是在双方当事者都承认的规范拘束下形成的种种情况。结合前文所述各纠纷案例,就清末民初的商事公断制度而言,在决定性——合意性基轴上,更为倾向于合意性。无论是公断的声请,还是最终公断结果产生效力,都有赖于纠纷当事者的合意,而商会作为第三方也许会有将或明或暗、或大或小的压力施加于当事者,但一切并不能强制执行。在规范性——状况性基轴上,则更为倾向于规范性,前文所述诸多纠纷案例的最终公断结果均是依据有关商事习惯、条理或法律规定而做出的,在笔者有限的阅读所及范围内,未曾发现以当事者双方的力量对比关系为依据做出公断的。因此,基于公断过程的形态分析,公断行为趋近于审判,但并非审判。

其次,从功能上看,商事公断与司法审判具有同样重要的功能——解决纠纷。上一章的叙述讨论已经证明,通过商事公断,商人间的商事纠纷得到了较好的终结,不仅获得当事者较高的满意度,还收到了良好的社会效果,如政府的褒扬、社会的赞誉等,为恢复和稳固友好、和谐的社会关系起到了积极作用。当然,通过商会主持的商事公断,不仅仅是消弭了各类商事纠纷、和谐了人际关系,更重要的是,在商会的努力作为下,商业经营秩序得到维护和保持,商业行业也能稳定发展,是国家商业治理机制中不可或缺的重要环节。必须指出的是,由于商会的商事公断多以商事习惯和情理为依据,较少适用法理和法律规范,这就使一些公断裁定与近代中国所追求的法治目标和要求并不一致,近代中国商业秩序的稳定应归功于此,但同时也在一定程度上牺牲了法治、公平和公正。对此应如何评价,自是仁者见仁,智者见智。总体来看,无论是纠纷的终结、当事者的满意度,还是社会效果、代价等,商事公断解决纠纷的功能都得到了较为充分地发挥,获致较高程度的有效性。就此而言,商事公断无疑是一项能够充分发挥其解纷功能、收效良好的制度。

最后，我们再重新回顾一下商事公断的过程。在商会公断各商事纠纷的过程中，参加公断过程的不仅有个人，如原被双方、第三者以及其他社会成员，还有社会组织，如会馆、公所及商业企业等。这些参与者在公断过程中或直接或间接地相互联系、相互作用，给予当事者和第三者解决纠纷的直接行动以深刻的影响。当事者通过多方行动以谋求利益最大化，而第三者则竭力居中调停，希冀利益均衡化、经营秩序化、权威扩大化，其他社会成员或组织则通过各种途径、多种方式对当事者或第三者施加影响和压力，从而干预纠纷的公断。从过程角度来看，商事公断是一个多方力量共同介入、共同作用下完成的复杂过程，并非一个简单的裁定结果。

综上，无论是从形态、功能方面，还是从具体过程方面去分析，商事公断都极为契合棚濑孝雄所言的"准审判过程"，而商事公断制度本身所具有的一些特点，如周密的制度、严格的程序，以及弱执行力等，说明其不仅与传统调解有异，与西方商事仲裁和"商人法庭"有别，也与国家正式司法审判存在明显差异，可谓介于调解、仲裁与司法审判之间的"第四制度"，是从传统的调解向现代商事仲裁转型的过渡性制度，具有鲜明的"准司法"行为性征。

二、商事公断制度的法律地位分析

通过上一节的分析叙述可知，民初的商事公断兼具仲裁和调解的特征，但又与国家正式司法审判有异，任何一种单一的定性都很难概括其全貌。那么这一特征明显、属性复杂的制度，在清末民初的法律体系中又该如何定位、居于何种地位呢？

（一）商事公断制度的法律定位

虽然今日诉讼法学界基本都认为公断就是仲裁，民初的商事公断制度是中国现代意义的仲裁制度设立之始，[1]但笔者始终认为彼公断非此公断。由笔者在前文所做的比较分析可知，两者存在明显差异。笔者认为，如果真要对其进行界定的话，也许准司法的"第四制度"的描述是比较适合的，它既

〔1〕 范愉、李浩著：《纠纷解决——理论、制度与技能》，清华大学出版社 2010 年版，第 150 页。

有传统调解的特点，也有现代仲裁的方式，同时还有法庭之风格。因此，将清末民初商会公断商事纠纷行为的法律性质界定为调解，或仲裁，或商人法庭，都显得有失偏颇。基于前述各章节的讨论分析，笔者认为可借用现代民事诉讼法学理论上的“非诉讼纠纷解决机制”这一“模糊”概念来对其进行定位。[1]

所谓非诉讼纠纷解决机制，即英文 Alternative Dispute Resolution（ADR）的意译。[2] ADR 概念来源于美国，原是对 20 世纪逐步发展起来的各种诉讼外纠纷解决方式的总称，现已引申为对世界各国普遍存在的、民事诉讼制度以外的非诉讼纠纷解决方式或机制的称谓。非诉讼纠纷解决机制的基本功能是解决民事纠纷。在民事纠纷解决中，ADR 有着诉讼所不具备的优势：成本低，迅速和便利；简单明了，高度的意思自治；趋近两利的结果，有利于当事人之间需要长久维系的商业关系和人际关系；以简易的事实代替严格的举证责任，不用借助律师就可以自行解决纠纷；符合情理的妥协，使当事人易于接受和乐于执行裁决。虽然 ADR 存在上述诸多优势，但也存在一些弊端，如在实体和程序两方面缺乏制度保障；可能导致一些非正义的结果；导致社会忽视审判的功能，对国家司法权造成一定的侵蚀等。综合来看，非诉讼纠纷解决机制利弊兼有，利大于弊。从前述关于商事公断的分析之中，我们可以很容易地发现，民国政府正是充分利用商事公断这一相对高效、低廉和简便的解纷机制，在一定程度上克服了民事诉讼的固有弊端，分担了国家司法审判机关的诉讼压力。

一般而言，非诉讼纠纷解决机制的概念强调的是与法院的诉讼程序（或判决）的区别与联系，对其界定主要是根据其代替性（指对法院审判或判决的代替）、选择性（指纠纷解决方式以当事人的自主合意和选择为基础）的特点以及纠纷解决的基本功能。如果我们将民初的商事公断与非诉讼纠纷解

---

〔1〕 笔者曾经认为民初商事公断的法律性质应界定为非诉讼纠纷解决机制（参见张松：“民初的商事公断法律性质浅析”，载《南京大学法律评论》2011 年春季卷），后经阅读思考，发现这一认识存在偏差，或许将非诉讼纠纷解决机制认为是民初商事公断的法律定位，要更为准确一些。

〔2〕 ADR 还有其他意译，如代替性纠纷解决方式、审判外（诉讼外）纠纷解决方式、非诉讼纠纷解决方式、法院外纠纷解决方式等。

决机制相对照比较，就会发现商事公断所具有的法律特征，如专业性、快捷性、合意性、独立性等都可以纳入或归属于上述非诉讼纠纷解决机制的代替性、选择性特点和纠纷解决的基本功能。换言之，即商事公断的法律性质可以非诉讼纠纷解决机制来界定，从类型上来划分的话，应归属传统型ADR。[1]

从法律史的视角来看，民商事纠纷解决机制在历史上和现实中都不是单一的，而是呈现多元的状态，如埃尔曼就将其归结为纠纷主体通过协商自行解决和交付裁决两类，[2]棚濑孝雄则从纠纷解决过程的角度将其分为根据合意与决定两种纠纷解决方式，[3]我国学者则将其划分为"自力救济"、"社会救济"和"公力救济"三种。当然，任何一种划分都是学者从各自的视角出发而定。因此，民初的商事公断可以说既是一种纠纷主体通过协商、自己确定解决结果的一种解纷方式，又是一种根据合意实现解纷的纠纷解决方式，更是一种社会救济方式，只不过它是兼具仲裁、调解及自身三重特点的一种特殊方式而已。

总之，民国初期的商事公断处由于兼具传统和现代双重因子，导致其公断行为的法律性质也不单一，既具有仲裁的性质，又具有调解的特质点，同时还有自身特点。虽然"非诉讼纠纷解决机制是一个总括性的、综合性的概念，其内涵和外延均难以界定"，[4]但这并不妨碍我们将其作为民初商事公断的法律定位。从前述关于商事公断的比较分析，我们知道，商事公断的法律特点复杂，任何一种单一法律性质的界定，都会束缚或制约我们理解和研究民初的商事公断，而非诉讼纠纷解决机制的总括性、综合性却正好与商事公断的复杂性相契合，有利于我们对近代中国的商事纠纷解决机制进一步展开

---

〔1〕 目前民法学界对非诉讼纠纷解决机制应包括哪些程序制度存在较大分歧。根据 ADR 的起源和运作方式，可分为传统型和现代性，以调解和仲裁为代表的从传统制度发展而来的非诉讼纠纷解决机制就属于传统型 ADR。参见范愉著：《非诉讼纠纷解决机制研究》，中国人民大学出版社 2000 年版。

〔2〕 [美]埃尔曼著：《比较法律文化》，贺卫方、高鸿钧译，三联书店 1990 年版，第 155 页。

〔3〕 [日]棚濑孝雄著：《纠纷的解决与审判制度》，王亚新译，中国政法大学出版社 2004 年版，第 7~10 页。

〔4〕 江伟主编：《民事诉讼法学》，复旦大学出版社 2002 年版，第 11 页。

研究。

(二)商事公断制度的法律地位

既然商事公断制度的法律定位为“非诉讼纠纷解决机制”,那么商事公断制度在清末民初法律体系中的地位又是如何呢?

在晚清政府和民国北京政府所建构的法律制度体系中,商事法律制度是其重要组成部分。如果从制定时间上看,商法可以说是近代中国开启法制变革后颁行的第一部法规。如果我们再从制订意图上来看,商事法律制度无疑承载着举国上下富国强兵的厚重期望。薛福成指出:“夫外洋公司所以无不举者,众志齐,章程密,禁约严,筹划精也。中国公司所以无一举者,众志漓,章程舛,禁约弛,筹划疏也。……是故风气不变,则公司不举,公司不举,则工商之业无一能振;工商之业不振,则中国终不可以富,不可以强。”[1]朱云表也提出振兴商务之法十四则,其中就有“立商会”、“颁牙贴”、“保海险”、“合公司”、“该税则”等,都事关商事法制。[2] 汪康年同样认为,“不明许商人立会,致商人无自主之权”,“各业所立行规不与官通,官可任意废去”,“不立专利之条,致商人不敢出重资创办新业”,“不严禁冒牌,使美劣得以混淆,出重资者不必能得利”,“无专治倒账之章程,致被倒者无可控诉”等,因此“道在正商法,保商权,捷商途而已矣”。[3] 可见,时人已将商事法律制度视为振兴商务的重要法宝,是富国强兵的重要保障,商事法律制度在国家法律体系中的重要地位不言自明:“若防患杜弊止讼息争,使一班工商隐然受其惠而不觉者,则悉赖法律,此无形者也。”[4]

正是由于举国上下一片重商之声,商事法律制度自然随之水涨船高,颇受重视,各级政府也因此对“振商、护商”之组织——商会的一应权利包括裁判权(即商事公断)持支持态度。中央政府部门不仅出台有关法律,明文宣

---

〔1〕 薛福成:“论公司不举之病”,载何良栋辑:《皇朝经世文四编》卷二十五,户政;陈忠倚辑:《皇朝经世文三编》卷二十九,户政七·商务一。

〔2〕 朱云表:“商务议”,载求是斋辑:《皇朝经世文编五集》卷十八,商务。

〔3〕 汪康年:“商战论”,载陈忠倚辑:《皇朝经世文三编》卷三十,户政八·商务二;麦仲华辑:《皇朝经世文新编》卷十上,商政。

〔4〕 佚名:“论今日亟当振兴实业”,载《申报》1912年4月29日、30日。

示赋予商会以公断商事纠纷之权，更制定相关办事细则，规范其行为，严格其程序，给其烙上鲜明的官方印痕。

然而，商会公断商事纠纷之权毕竟是对政府司法权的一种割离，一种侵越，各级政府官员自然心存疑虑，对其加以限制乃是必然之举。因而，上有法律法规的权力范围限定，下有各级地方政府官员的掣肘牵制，商会不得不对政府多有依赖。

司法改革是清末法制变革的重要环节，从中央到地方，不仅设置了专职司法审判机构，还颁布了《法院编制法》，规定司法机构的职责权限，明确司法改革的目标——司法权和行政权分离，实现司法独立。除却司法独立这一追求外，实现司法权统一亦是其目标。更何况，权力统诸朝廷的传统始终未改。因此，人们对于司法权统一并不以为非，相反，对于商会的独立裁判权诉求却不以为然，认为其乃是侵夺政府权限之行为，如前文所提及的湖州劝业道之批示、民元时期司法部对于商会设立商事裁判所的反对理由等即可为证。可见，自晚清迄至民初，虽然国体鼎革，政制变更，但人们的思想观念并没有因此而有颠覆性的变化。

其实，晚清政府设立商会的初衷乃是振商护商，与洋商争利，而并非与政府争权。政府之所以赋予商会以裁判商事纠纷之权，其因由之一乃是仍视商事纠纷为“细务”，不愿付出更多精力；再就是承续中西传统，即由商人组织自行处理商事纠纷；但同时，为区别商会与政府机构，又规定其作出的决定不具强制力，若当事人不服仍可向官府起诉，从而将商会公断调处作为解决商事纠纷的一个途径，成为司法诉讼的重要补充，确定了商会公断的“辅助司法”地位。商会虽对此颇有微词，也曾起来反抗，但终究没能成功，其国家司法的“辅助”从属地位也未能改变。

从晚清到民初，商会调处商事纠纷的公断制度日益完善，程序也越发严格，但始终未能更上一层楼，在法律性质上没有去掉“准”字，成为正式司法行为，在法律地位上也没有摆脱其辅助从属地位，脱离其“半官半民”的法律特色，成为国家诉讼机制的正式一员。

三、小结

清末民初是中国从传统向现代转型的过渡阶段,无论是思想观念,还是制度架构等诸多方面,均发生了剧烈变化。然而,万变不离其宗,虽然社会变化之剧前所未有,但仍然无法脱离传统之根基。这是不容置疑也无法否认的历史事实。

中国近代商会之设,虽系学自西方,如名称、运行模式、职能,多有移植,然商会乃是以传统商人团体组织为基础,承袭了会馆公所等行会组织的传统职能。而近代中国城市中的商人是较早近距离接触西方文明的群体,在与洋商的贸易往来中,思想视界不断被开拓,对于西式文明怀抱钦羡,遂谋思学而仿之,设立商事裁判所,独立行使商事裁判权。然此谋划终与政府之设计背道异途,且有侵夺政府司法权之嫌疑,遭致政府的坚决反对,最终造就了一个亦新亦旧、亦中亦西的商事公断制度,既有调解之特点,又有仲裁之形式,同时兼具司法审判之风格,成为一个介于三者之间的“第四制度”,“准司法”特征鲜明。如斯属性地位,决定了商事公断制度在清末民初的国家法律制度体系中地位独特,是“振商、护商”之重要制度屏障,也是国家诉讼制度之重要补充与辅助力量,为迅捷有效地解决商事纠纷、促进近代中国的商业发展发挥了积极作用。

第六章　商会与政府的法律博弈及商人法律意识的变迁[1]

清末民初的商事公断制度经历了从最初的自发型到官民合作型，再到官方主导型的递进式演变，是近代中国学习西方法、继承中国法的产物，深刻体现了社会变迁过程中变量与常量的纠葛关系。在这一演变进程中，政府和商会力量是如何角逐的？又如何达成默契？本章拟在前述各项研究的基础上对这些问题做初步回答，进而考察近代以来商人法律意识的变迁问题，分析近代中国为何会形成一种既不同于传统东方又不同于近代西方、新的独立的法律意识。

一、商会与政府的法律博弈

1840年鸦片战争，清廷战败，被迫开埠通商。1894年全国开放通商口岸已达26个，从南到北，沿海、沿江等水路可达的主要港口城镇，几乎都成了对外开放贸易的通商口岸。[2] 这些港口城镇，中外商人云集，进出口商贸活动日益频繁，逐渐发展成为与国内外大市场相连的新型商贸城市。1848年居

---

〔1〕 本章部分内容曾发表于《求索》杂志2011年第8期，此处有增删。

〔2〕 姚贤镐编：《中国近代对外贸易史资料（1840～1895）》（第2册），中华书局1962年版，第735～736页。

于上海的外国人已有 159 人,他们开设了 24 家外国商行,还开了 25 家商店。[1] 至 1870 年,上海的外国人人数已有 1666 人,[2] 外国洋行也增至 343 家。[3] 正如时人竹枝词所描绘的,“最豪华处事夷场,美轮美奂外国房。宝顺旗昌亨达利,试看多少大洋行”。[4] 天津、汉口等通商城市居住的外国人、开办的洋行也不断增多。据统计,1891 年在全国各通商城市居住的外侨人数总计有 9067 人,其中上海有 4956 人。外商在各城市开设的较大洋行有 547 家,其中上海有 280 家,广州有 47 家,天津有 46 家。[5]

不仅外国人、洋行等有大幅度增长,中国商人及其创办的商业企业也增幅明显。1876 年在上海较大的商家名号中,计有外国洋行 103 家,中国商人开的丝栈丝号 79 家,茶栈 21 家,钱庄汇业 129 家,洋布店 22 家,客栈 15 家。[6] 此外,上海还有众多的中小店铺。天津在开埠后,地位日重,商业贸易更为繁盛。1867 年天津钱庄已有约 100 家。[7] “中外互市,华洋杂处,轮船懋迁,别开生面,为北洋通商要地。是由益臻繁盛,焕然改观。”[8] 时人的这段话语极为清楚地描述了 19 世纪后期的天津商业发展情形。

伴随着商业的繁荣发展,一个新兴的商人阶层逐渐崛起,“以往以官宦特权等级为主轴的社会分层,加入了以商业财富为主轴的分层因素,金钱财富的影响力大为上升,‘钱’与‘权’二者同时成为占有社会资源、具有社会影响力的重要因素。特别是在华洋混杂、中国官府势力减弱的商业去油,财富可能比官位更有影响力,这与传统时代以‘官’为单一标准已经大为不同”。[9] 在这一新兴商人阶层中,买办商人、绅商等借助财富和身份,结交官宦,成为

---

〔1〕 汤志钧主编:《近代上海大事记》,上海辞书出版社 1989 年版,第 31 页。

〔2〕 汤志钧主编:《近代上海大事记》,上海辞书出版社 1989 年版,第 275 页。

〔3〕 《上海外贸史话》编写组:《上海外贸史话》,上海人民出版社 1976 年版,第 40 页。

〔4〕 丁溪:《申江夷场竹枝词》,同治三年(1864 年)抄本,中国社会科学院近代史研究所图书馆藏,第 9 页。转自李长莉等著:《中国近代社会生活史》,中国社会科学出版社 2015 年版,第 63 页。

〔5〕 张仲礼主编:《东南沿海城市与中国近代化》,上海人民出版社 1996 年版,第 234 ~ 235 页。

〔6〕 (清)葛元煦撰,郑祖安标点:《沪游杂记》,上海古籍出版社 1989 年版,第 80 ~ 86 页。

〔7〕 《字林西报》1867 年 10 月 15 日。

〔8〕 张焘:《津门杂志》“自序”,第 1 页。转自李长莉等著:《中国近代社会生活史》,中国社会科学出版社 2015 年版,第 68 页。

〔9〕 李长莉等著:《中国近代社会生活史》,中国社会科学出版社 2015 年版,第 74 页。

最富有、掌握资源最多、在社会中影响力最著的群体，是那个时代中国社会无所不在的主角。[1] 在商会未成立之时，这群人是各行各业组织——会馆、公所的领袖人物，商会成立后，自然也成了各商会的领导层。

财富的积聚、社会地位的提升，使得新兴商人阶层较之传统商人，其力量无疑要大得多。因此，传统商人团体组织——会馆公所辅助地方官府，承担部分市政管理的职能已不能满足新兴商人阶层的野心欲望，加之晚清时期因中外争利而兴起的商战思潮，更为新兴商人阶层提供了一个积极参与国家政治事务的藉口。当然，更主要的，还是新兴商人阶层本身对于维护自身权益的诉求驱使着他们去学习西方，希冀也能如西式商人般掌握自身之命运，影响国家政治之发展。新式商会的成立，无疑为新兴商人阶层提供了最佳平台。正如汪大钧所言，"欲兴商务，非设商会设公司不可。而尤必讲明商律，以一其耳目，齐其心志，周知外事，以熟其趋避，明其消长"。[2]

自清政府谕令变法以来，《公司律》、《破产律》、《商会简明章程》、《公司注册试办章程》、《商标注册试办章程》、《矿务暂行章程》、《试办银行章程》等经济法规陆续颁行，对于改善当时的经济环境，起到了一定的积极作用。但由于这些法律法规在制定过程中仅聘请了少数中外法学家参与，将有关社会团体及利益阶层均排除在外，对于中国的本土资源也未予以足够重视，其科学性与可行性并不高，导致社会尤其是商人阶层的不满。正如上海商务总会所说，"政府颁布商事法令，每不与商人协议，致多拂逆商情之处，是非徒不足以资保护，而且转多窒碍"。[3]

清政府颁行的商事法规未能达到预想的护商保商作用，缺少社会的参与是其主要原因之一；而缺少社会的参与，又是根源于政府的独断专行与社会本身的参与能力不够。如何改变此种状况，增强社会的参政能力？清末民初的政府并未有所作为，反而是商会举措频频，给出了自己的答复。

---

〔1〕 张海林：《论本世纪初中国商人的社会地位》，载《江海学刊》1996 年第 4 期。

〔2〕 汪大钧："工商学报缘起"，载《工商学报》，1898 年版，第 7 页。

〔3〕 天津市档案馆等编：《天津商会档案汇编（1903 ~ 1911）》（上册），天津人民出版社 1989 年版，第 284 页。

(一)组织联合,聚集力量

上述诸部法律基本颁行于1904~1906年,此时商会虽在全国已广泛成立,但却未被有效地组织起来,只能以个体为单位行动,影响力极微,何谈参与立法?面对被政府排斥的局面,商会痛定思痛,开始联合起来,希望藉此影响政府,维护自身权益。

1907年5月上海商务总会、上海商学会和预备立宪公会决定联合发起第一次商法草案讨论会,以推进和改善国家的商事立法,是为近代商会参与商事立法活动之发端。同年11月19日第一次全国商法讨论会在上海愚园举行,来自国内外85个商会的143名代表参加了会议,另有黑龙江、天津、梧州等地30余个商会"函请赞成"。[1] 此次会议虽仅历时两天,但意义重大,对后来的商事法规建设影响深远。首先,这次会议以"鉴于商人无法律保护之可危,而欲合通国商民共图挽救"[2]为理由,倡议草拟商法草案,引起了全国各地商会的共鸣和商人的关注,使他们对商事立法的重要性和必要性形成广泛的认同,产生了巨大的凝聚力和向心力。其次,提出和确定了比较先进和完善的商法草案大纲,第一编公司法、第二编契约法、第三编破产法、第四编商行为法、第五票据法、第六编海商法,具有前瞻性和科学性,符合经济立法的大势。最后,提出中西结合的立法方式,"以本国之惯习,参各国之法典,成一中国商法",[3]将外来资源与本土资源融合在一起,形成一个既适合中国国情而又不落后于国际潮流的立法途径。

1909年12月《公司法》和《商法总则》草案先后完稿,并交于同月19日在上海举行的全国第二次商法讨论会进行讨论修改,会后由代表将草案呈请农工商部颁行。该草案为农工商部所采纳,稍事修订后作为《大清商律草

---

〔1〕 天津市档案馆等编:《天津商会档案汇编(1903~1911)》(上册),天津人民出版社1989年版,第287~291页。国内商会代表主要来自吉林、直隶、福建、广东、山东、辽宁、湖南、安徽、江苏、河南、浙江、江西12个省,国外商会代表来自新加坡华商总会、南阳日惹华商总会、大霹雳埠华商总会、三宝垄华商总会、日本长崎华商总会。

〔2〕 天津市档案馆等编:《天津商会档案汇编(1903~1911)》(上册),天津人民出版社1989年版,第284页。

〔3〕 天津市档案馆等编:《天津商会档案汇编(1903~1911)》(上册),天津人民出版社1989年版,第284页。

案》呈请资政院议决，但因辛亥革命爆发而中辍。该草案“是中国历史上第一部比较完整的近代资本主义性质的经济法规文献，也是第一部民间商业立法。因而它不仅在中国资本主义发展史上应该受到重视，而且在中国近代法制史上也具有重要意义”，[1]为民初的商事立法建设做了准备。

民国时期，政府已认识到商人团体的巨大力量，振兴商业与编订完备的法律都离不开商人团体的支持。1912 年 11 月民元临时工商会议召开。工商部在召集会议通告中，对此次会议的主旨做了明确说明，认为中国工商业之所以失败，是因为“在上则无完全之法律以为保障也，无专精之人才以为倡导也，交通之不尽便利也，税法之足生障碍也；在下则无巨大之资本以供企业也，无普通之智术以资营业也，无坚确之团体以谋共进也”，要想改变这种状况，“非合全国之人合力以谋不可”。[2] 在与会的 152 名代表中就包括 45 个商会的 74 名代表，占总数的一半左右，商人团体的力量由此可见一斑。与会代表不仅认真议决了工商部提交的“推行度量衡新制案”、“商会法案”、“整理钱庄银号案”等商法草案，还向大会提交了“设立商事裁判所案”、“请速订商法案”、“整理税制案”、“请预备改订通商条约切实保护华侨案”、“提议将工商专律要章从速妥订以便早日颁行案”、“改良中国商业簿记及采用复式簿记案”等议案，[3]显示了工商部和商人阶层制订商法、振兴商业的决心，昭示了商人团体阶层对建立商法制度的重视。从这些议案可以看出，商人阶层不仅从实体法方面对建立商事法规有着深刻认识，更从程序法角度去审视商事立法，反映出商人阶层已经从整体上来考虑商事立法，对商事立法的认识达到了一个新的高度。而从临时工商会议的效果来看，工商界代表的各提案在一定程度上推动了政府的商事立法进程，正如刘揆一后来所说，“前工商会

---

〔1〕 朱英著：《转型时期的社会与国家——以近代中国商会为主体的历史透视》，华中师范大学出版社 1997 年版，第 359 页。

〔2〕 “召集临时工商会议通告书”，载工商部编：《工商会议报告录》1913 年 3 月。

〔3〕 参见《工商会议报告录》。其中请速订商法案包括华议员文川提议请速定商律以救时弊案、周议员国钧提议请速订商法公司律以资保护而图振兴案、王议员国辅提议请速定商政严订商律以维持内外贸易案三件提案；整理税制案包括华议员文川提议废止牙帖寔行登录税案、刘议员燮钧蒋议员德纯提议施行废除厘卡常关去恶税改良税为振兴实业根本解决案、王议员怀霖提议预算全国各种税则为寔行裁厘根据案、杭议员祖良提议请改同等税率以扩张对外贸易案四件提案。

议时,各议员有请速订商法案三件,今国家制定宪法后,必当依次定各种之法律,届议商法时,拟由工商部召集商法讨论会,广征商业家意见,以供立法者之参考”。[1]

成立全国性的商会联合会在晚清时期就已酝酿,但直到 1912 年 12 月才得以告竣。经工商部发文批准,中华全国商会联合会成立,本部设于北京,上海设总事务所,各省及各侨埠设分事务所。作为全国商会的代表机关和最高领导机构,中华全国商会联合会有力地将一盘散沙般的各地商会联合在一起,组成一个整体,增强了商会的参与能力和独立性,扩大了商会及工商业者的社会影响。而组织结构的扩大和完善,更为商会参与立法活动提供了舆论和组织条件。《中华全国商会联合会章程》明确规定:“(甲)本会于国家议订商律、商税及议结商约时,编查商事习惯及商业状况等项,得依据各地事务所之多数同意,报告政府,以资参考。(乙)本会对于所议商律、商税、商约之意见,得依据各地事务所之多数同意,将利害条陈政府。”[2]可见,商会联合会已将议订商律、商税及议结商约视为联合会的“应行事务”之一,希望借此对政府的商事立法行为产生影响。1914 年 3 月 15 日至 4 月 11 日中华全国商会联合会举行了第一次大会,来自 22 个省的 180 多名代表出席了大会。大会着重讨论了《商律》、《商人通例》、《公司条例》、《保息条例》、《国币条例》、《商事公断处章程》、《商会法》等多部商事法规,并提出更正、修正和补充的具体建议,[3]彰显了商人阶层参与立法的热情和对已颁商事法规的不满。

自晚清迄至民初,各地商会通过相互联合,形成了全国性组织,在商事法规的制定及其他政治活动中的影响日渐扩大,话语权也不断增强,成为近代中国的一道独特风景。

(二)关防程式,攸关地位

民初,政府和商会之间除因裁判权发生争执外,还就商会的权利地位问

---

〔1〕 刘揆一:“工商政策”,载刘揆一著:《刘揆一集》,华中师范大学出版社 1991 年版,第 106 页。

〔2〕 天津市档案馆等编:《天津商会档案汇编(1912~1928)》(第 1 册),天津人民出版社 1992 年版,第 522~523 页。

〔3〕 虞和平著:《商会与中国早期现代化》,台北,东大图书股份有限公司 1995 年版,第 198~200 页。

题产生争端。1914年9月农商部颁布的《商会法》有限制商会权力专条，导致广大商会一致反对，纷纷致电农商部，要求修正，双方产生激烈争端。

如前文所述，中华全国商会联合会的成立将各地商会凝聚为一个整体，其参政议政能力大为增强，社会影响日增，然而，也正是此情形引起北京政府的警惕与戒心。故而，1914年的《商会法》对其只字不提，只是规定各商埠及其他商务繁盛之区可设立商会，各省城得设立商会联合会，商会和商会联合会均为法人。这就意味着已经成立的全国商会联合会属于非法团体，必须自动解散。如此规定，自然遭到全国商会的抗争。在全国商会联合会的组织下，各地商会纷纷致电要求农商部修改《商会法》，确立全国商会联合会的合法地位。全国商会联合会上海总事务所也致电农商部，认为政府无故取消全国商联总会难以令众人信服，宣称“本总事务所既为各省各埠组织而成，自应听候各省各埠公议，未便自生自灭”，并依据各地商会意见提出具体要求。[1]然而农商部却以“各省已设立商会联合会，其全国商会联合会名目不必另设，将来如有重大事件发生，由省联合会办理”[2]为由拒绝了上海总事务所的要求。此后，北京政府又一次拒绝了湖北省事务所的类似提议。

为更进一步联络各地商会，争取全国商会联合会的合法地位，上海总事务所决定召开全国商会联合会临时会议。1915年3月25日来自21个省的82名代表参加了会议。[3] 会议对《商会法》进行讨论修改，并公举盛竹书、朱葆三、胡钧堂、余民进四位代表“晋京要求照议修改，以顺商情”。[4] 鉴于商会的坚持与强势，北京政府不得不做出让步，接受商会要求。1915年12月重新修订的《商会法》颁行，明确规定了全国商会联合会为一合法机关，其合法地位得以维持。

与修正《商会法》抗争相伴随的还有商会与官厅的行文格式之争。众所

---

〔1〕《中华全国商会联合会会报》第2年第7号，“商会文牍”，第45页。

〔2〕《时事新报》1914年10月20日。

〔3〕天津市档案馆等编：《天津商会档案汇编（1912～1928）》（第1册），天津人民出版社1992年版，第534～537页。

〔4〕天津市档案馆等编：《天津商会档案汇编（1912～1928）》（第1册），天津人民出版社1992年版，第692页。

周知,其实表征了一个机构的社会地位及其与官府的关系,蕴含的意义重大。商会与官厅的行文格式之争在清末时期就已初露端倪。1908 年因地方商会和官府就行文格式发生争端,农工商部曾对此制定有专门章程——《商务总、分会与地方官衙门行文章程》,规定:"总会既由本部奏给关防,体制较崇,其于本省及他省督、抚均用呈,司、道以下用移,各总会、分会用照会;分会与本省及他省督、抚、司、道均用呈,府、厅、州、县用牒,各分会均用移,各总会用牒。"[1]可见,此时商会地位较高。

民初,政府继续沿用清末的这些规定。1914 年年初农商部因其接管的有关商会与地方官署之间往来公文卷宗内容参差不一,甚至因此而生争执,故而重新制定商会与官厅的行文程式,规定京外各级官厅对于商总、分会一概用"令"、"批",各商总、分会对于官厅一律用"呈",并以政府公报形式饬令遵行。农工商部此举引起全国各地商会的一片责难,纷纷致电全国商会联合会表示反对意见。全国商会联合会上海总事务所根据各地商会的意见多次致电农商部,表达了对新定行文格式的坚决反对,要求仍照旧例施行,但均遭到农商部拒绝。1915 年 12 月北京政府颁布修订的《商会法》中有关商会与官厅的行文程式,删去了原有的"令"与"禀"等字眼。1916 年 2 月 1 日《商会法实施细则》明确规定,"总商会、全国商会联合会对于中央部署及地方最高行政长官行文用禀,对于地方行政长官得用公函",[2]从而宣告行文程式之争在经过商会近两年的不懈努力取得胜利,维护了商会的权利地位。

清末民初的商会权利地位之争并非仅限于上述两方面,还有其他很多方面,如关于《商会法》中的有关改组规定的争执等。但无论是行文程式之争,还是商会改组之争,其实都可以归入商会抵制《商会法》的抗争,同属商会的权利地位之争。商会在此次与政府的对抗中取得胜利,昭示着国家和社会之间的互动关系进入一个新的程度,也表明社会的权利意识已渐趋成熟。

---

〔1〕 章开沅等主编:《苏州商会档案丛编(1905~1911)》(第 1 辑),华中师范大学出版社 1991 年版,第 37 页。

〔2〕 天津市档案馆等编:《天津商会档案汇编(1912~1928)》(第 1 册),天津人民出版社 1992 年版,第 708 页。

(三)各显身手,扩充权力

近代中国,伴随着民族国家观念的兴起、近代政治制度的建立以及商会等社团组织的出现,国家与社会关系发生变化,国家和社会在司法实践中的地位和作用也随之发生变动。“在一个社会的规范秩序中,使公共的和实在的规则占据突出地位的那些条件可以分为两大类:国家与社会的分离及社会共同体自身的解体。”[1]一方面,政府对社会的控制力度减弱,但政府控制社会的主观愿望和行动倾向却日渐强烈,国家与社会之间的关系日渐紧张;另一方面,由于政府对社会的控制力度不断减弱,掌握的资源又有限,所以不得不向社会做出让步,为社会发展提供了更大的空间,增强了社会的反控制力。正是在政府与社会(商会)之间控制与反控制的力量博弈、角逐过程中,商会裁判权得以确立并进一步发展,商事公断制度也随之萌生、成长而日渐完善。

自清末以来,各地商会纷纷设立机构以调处商事纠纷,成效显著。而商会迅捷、公平的理案效果不仅受到商界的欢迎,也为政府所肯定,清末商部就认为商会迅速裁决钱债讼案“功效所在,进步日臻”,[2]在一定程度上减少了以往“每以钱债争讼延宕纠缠,致令破产倾家,甚或牵动市面,影响商界,为害于民间者,最深且重”的案例。[3]

政府部门对商会理案效果持认可态度,现实中,政府对商会在处理商事纠纷时的一些越权行为并未严格限制,但这并不表示他赞同赋予商会以完全的司法裁判权,譬如一些地方官府对于商会掌握商事纠纷裁决权明确表示不满,认为其侵夺了官府的权限。1909 年许多商会在上海召开的第二次全国商法讨论会上提出设立商事裁判所的建议,但被清政府拒绝,究其原因,乃是该提议严重侵犯了政府的司法权限。民间社会团体希望自治与国家司法权威之间的冲突由此产生。

民国建立后,北京政府司法部和工商部为进一步规范商会的理案权,于

〔1〕［美］R. M. 昂格尔著:《现代社会中的法律》,吴玉章、周汉华译,译林出版社 2001 年版,第 55 页。

〔2〕“商部颁发各商会理结讼案格式”,载《东方杂志》1906 年第 3 卷第 8 期。

〔3〕章开沅等主编:《苏州商会档案丛编》(第 1 辑),华中师范大学出版社 1991 年版,第 527 页。

1913 年联合颁布了《商事公断处章程》。1914 年司法部和农商部又颁行《商事公断处办事细则》。这两部法规均对商事公断处的裁判权限做了明确规定。较之清末,民初商事公断处的裁判权限非但没有得到扩展,反而有所萎缩。这就引起各地商会的强烈反对。1913 年黑龙江商会联合会事务所及通崇海泰商务总会将江西省商会联合会事务所讨论拟订的修订商事公断处章程草案呈交工商部,司法部核查后认为该草案"系在以商事公断处之名,行商事裁判所之实。……按之现行法规,实属无所依据。所请修改之处,碍难准行"。[1] 1914 年全国商会联合会在上海举行第一次大会,又提出修改商事公断处章程,仍遭到司法部和农商部拒绝。

1916 年全国商会联合会第二次大会在北京举行,不少商会代表又就修改商事公断处章程及其细则提出了议案。山东代表提出:"细阅公断处章程,可疑之点甚伙。窃谓此项章程施行全国,非征求各省意见,集思广益不为功。若任部中少数法律家草率制定,闭门造车,必难出而合辙。"[2] 显然,山东代表的这项议案对公断处章程的制定过程及章程本身提出了批评,认为其不合于商情时势,表明商界对农商、司法两部自行制定公断处章程及细则的反对,申诉了要求参与立法的愿望。山东代表的批评意见其实也适用于近代中国的诸多法律制定过程。贵州总商会的代表则提出了加强商事公断处权力的议案,认为各省商会对重大商事案件所做的评断终归无效者,是因为其权力微弱,为人所蔑视,因此,"请与政府交涉,定立条例,凡遇地方债务重大案件发生,必先经商会据理公断,若不服断定,诉之法庭,商会得将公断理由据实向法庭报告,法庭判断之时,必将商会公断原案加入讨论……使人人知商会尚有效力,不至有名无实,视同赘疣"。[3] 贵州代表的提案表明商会对其司法裁判效力微弱和在商事司法实践中地位的反抗,要求享有优先受理商事案件的司法权,对移交法庭审理的商事案件享有发言权的诉求。此外,山东代表还提出了《请设商事陪审制度案》和《公断处宜有调查实权案》。不难看

---

〔1〕《中华民国商业档案资料汇编》(第 1 卷)(上册),中国商业出版社 1991 年版,第 137 页。

〔2〕《中华全国商会联合会会报》第 3 年第 11、12 号合刊,"议案",第 83 页。

〔3〕《中华全国商会联合会会报》第 3 年第 11、12 号合刊,"议案",第 83 页。

出,这些议案虽是从不同角度对修改商事公断处章程及细则提出意见或建议,但均着眼于扩大商事公断处的实际权力,提高其司法权威。无一例外,这些意见或建议均被政府当局所拒绝或忽视,这也意味着商会谋求商事裁判权获得合法扩展的愿望落空。

商会谋求扩展商事司法权限的活动一直延续到20世纪20年代。1918年14名天津商会会董就《商事公断处章程》的部分条款联名提出修订意见,认为:"按公断处之性质既以息讼和解为主旨,在商事争议之发生,大约未有不以章程之主旨为然者,何须两造同意方能受理。……若必须两造同意,似乎公断权限有所牵制。应将该款之内两造同意等字废去,更为于未起诉先由商人自行声请者。"[1]1925年5月全国商会第五次大会在北京举行,一些与会的商会代表再次提出修改商事公断处章程及细则的议案。直隶代表王瑞莆提出"拟请将公断章程第十四条第一项加以修改,并删去办事细则第十六条第六项,以免窒碍,而息商争"的建议;[2]天津总商会代表提出修正商事公断处章程建议案,认为"商事公断处章程颁布已十余年,而遵章成立者不多,良以该项章程条文繁复,限制太严,有公断之名目而无公断之权,有失保护商权息讼和解之主旨,特提出修正章程建议条文";[3]京师总商会代表提出"公断处章程第八条和第十二条关系商事公断之进行,至关重要。谨就管见所及具书提议,请提出农商法规委员会修正";[4]汉口总商会代表则提出"商事公断处章程及办事细则发生窒碍之点甚多,谨分条说明,以请照章转呈修改,俾免困难",认为"限于定章,公断处达不到和解息讼之目的,几等于虚设"。[5]从上述各提案可以看出,商会普遍认为公断处章程及办事细则对其理案效率

---

〔1〕 天津市档案馆等编:《天津商会档案汇编(1912~1928)》(第1册),天津人民出版社1992年版,第324~325页。

〔2〕 天津市档案馆等编:《天津商会档案汇编(1912~1928)》(第1册),天津人民出版社1992年版,第624页。

〔3〕 天津市档案馆等编:《天津商会档案汇编(1912~1928)》(第1册),天津人民出版社1992年版,第627页。

〔4〕 天津市档案馆等编:《天津商会档案汇编(1912~1928)》(第1册),天津人民出版社1992年版,第630页。

〔5〕 天津市档案馆等编:《天津商会档案汇编(1912~1928)》(第1册),天津人民出版社1992年版,第637页。

及效力有着很大拘束与限制,不能达到迅速有效地解决商事纠纷、实现息讼和解的主旨。虽然这只是商会的一面之词,有着片面、夸大之嫌,但不可否认,现实之中是存在如此情形的。

鉴于公断处章程及办事细则的窒碍,有的商会则“暗度陈仓”,在其自行拟订的商事公断处章程中进行技术性处理。例如,《天津总商会商事公断处章程》在部颁章程有关公断处的职务与权限规定的基础上增加了“受商人之声请或法院之委托,办理清算等事;准据地方商业习惯即本会向来惯例可以受理者”两项。[1] 前一项是对部颁章程规定的细化,后一项则是对部颁章程规定的扩展。这样,商会对于部颁章程规定之外的情况,即可以据此予以受理,获得实质上的商事裁判权突破。除此之外,该章程第 18 条还对公断判决效力作了规定:“评议员之公断,必须两造同意,或根据历来惯例为之,判决方发生效力。但两造对于评议之公断,如不愿遵守时,仍得起诉。”[2]较之部颁章程的有关规定,增加了“或根据历来惯例为之”,意味着公断处在两造不同意的情况下可以根据历来惯例进行公断,并发生效力;第 19 条则变化更大,原部颁章程规定“评议员于公断后两造均无异议,应为强制执行者,须呈请管辖法院为之宣告”,[3]天津总商会章程则规定“评议员对于公断确定后,得为强制执行,倘遇执行窒碍时,函请管辖法院协助办理”。[4] 两者相比较,后者则大大增强了公断判决效力,只要是已确定的公断均可以强制执行,且不须请管辖法院宣告。从上述各条的具体变化可以看出,天津总商会的这些技术性措施,在实质上大大扩展了公断处的权限,增强了公断效力,在一定程度上侵削了地方法院的司法权限。

可见,商会和政府就《商事公断处章程》是各显身手,采取多方手段,互

---

〔1〕 天津市档案馆等编:《天津商会档案汇编》(1912～1928)(第1册),天津人民出版社 1992 年版,第 329 页。

〔2〕 天津市档案馆等编:《天津商会档案汇编》(1912～1928)(第1册),天津人民出版社 1992 年版,第 329 页。

〔3〕 天津市档案馆等编:《天津商会档案汇编》(1912～1928)(第1册),天津人民出版社 1992 年版,第 320 页。

〔4〕 天津市档案馆等编:《天津商会档案汇编》(1912～1928)(第1册),天津人民出版社 1992 年版,第 329 页。

相施加压力，虽然最终以政府取得形式上和实质上的胜利，但商会也通过斗争获得局部的、有限的权力扩张。1921 年《民事公断暂行条例》训令颁行，也许可以算是政府的一种变相让步吧。而商会坚持不懈地扩展裁判权的行为也表明其司法意识不断增强，是其法律意识养成的外在表现。

民初商会与司法部关于商事公断处理案权限的争端，实际就是国家和社会在商事司法实践中的权力之争。这一方面表明商会的主体意识不断增强；另一方面也表明商会在民初的裁判权力被限制削弱，国家在商事司法实践中始终占据着主导地位。有学者研究民国时期厦门商会认为：民国时期商会权力的发展，与国家管治能力的增减关系密切；民国时期厦门商会与政府关系非常密切，与近代西方“市民社会”模式出现极大差异；厦门商会权力的扩张原因有二：其一是国家退出公共领域的结果；其二是厦门商人自主意识的成长。[1] 该学者得出的结论虽然是就厦门一地的商会而言的，但对于近代中国（清末迄至民初）来说具有普适性。

政府和社会的天然对立，决定了两者的目标并不完全一致，必然会围绕有关权利问题发生激烈争端，立法与司法只是其中之一端。然而，通常情况下，对立双方会尽量避免走向极端，从而形成有进有退、相互妥协、达成默契的局面。

晚清时期，由于政府对社会的管制能力减弱，加上政府振兴商业的意图，使此时期的商会政治地位得到抬升，政府对商会一些侵越国家司法权的行为也只好采取“睁一只眼闭一只眼”的态度，在一定程度上放纵了商会的理案行为，扩大了其司法权限。但这并不表示政府对此漠然无视，或者说持赞同态度，从前述政府对商会扩大司法权限的要求始终不予以同意就可以看出。政府此时的模糊态度表明其“有心无力”的处境，想放弃部分司法权限，又心有不甘；想继续维护司法权的统一，又力有未逮。

至民国初年，以三权分立为原则的政府架构建立起来，司法权是其中重

---

〔1〕 周子峰：“国家与社会：以民国时期厦门商会之发展为个案的考察（1914～1937 年）”；朱英、郑成林主编：《商会与近代中国》，华中师大出版社 2005 年版，257～259 页。

要一极。司法权的独立和统一成为当时法学精英人士的理想追求和崇高信念,从而也就出现了民初政府对社会的控制能力较之晚清时期虽没有明显增强,但政府对商会扩大司法权限的要求态度却要强硬得多的境况。毋庸置疑,政府此举是为了维持司法权的独立和统一,符合近代民族国家和社会发展的大势。

(四)你来我往,互相牵制——以纯泰钱庄破产案为例

自晚清迄至民初,商会和政府对于司法权限的争夺一直在持续进行着,各有胜负,但总体上来说,国家始终占据着主导地位。这一司法权限争夺情形已在上一节有所叙述,但比较粗略。而商会和政府之间的司法博弈在实际商事案件裁判中表现得更为鲜明,下面就以 1912 年上海地方审判厅与沪南商会裁决纯泰钱庄破产一案为例进行说明。

纯泰钱庄成立于清同治年间,在上海地区影响较大。辛亥革命的爆发,对社会经济影响极大。纯泰钱庄受此波及,"秋间市风不靖,存户提款络绎不绝。向欠户四处收索,咸存观望,唇疲无应",庄主钟浩志等因"现实不克周转,拟即收歇清理",[1]并就此于 1912 年 1 月向上海地方审判厅提出破产申请。接到申请后,上海地方审判厅经核查,"该庄开设四十余年,人欠、欠人,为数甚巨",因此,"除饬封并交殷实店保,令将财产开单呈候调查核办"。[2]随后,上海地方审判厅于 1 月 31 日将收到的账簿等卷宗移交沪南商会,以便清算。2 月 1 日,上海地方审判厅又依照晚清《破产律》发布"晓谕纯泰钱庄债主开明所欠本息清单,送交商会核办示谕"。[3]

商会起初也曾积极进行清算理账、收欠行为,并采取封闭钱庄水龙头、转租店面等措施节省钱庄开支。根据商会的清算结果,纯泰钱庄人欠、欠人各

〔1〕"致商会移送纯泰钱庄账簿清单并卷宗请派员理算函",载《上海地方审判厅司法实记》(第 5 册),"文牍·纯泰钱庄破产案专件",1912 年 1 月 31 日。

〔2〕"致商会移送纯泰钱庄账簿清单并卷宗请派员理算函",载《上海地方审判厅司法实记》(第 5 册),"文牍·纯泰钱庄破产案专件",1912 年 1 月 31 日。

〔3〕《破产律》第 17 条规定:"凡宣告破产后,由地方官出示谕令,各债主开明所欠本息清单,所执字据,送交商会核办,宜视债主程途远近,酌定期限,商会应将以上情节登报布告。"参见《商部奏定破产律》,载《东方杂志》1906 年第 7 期。

五十万余两。查该庄自呈请破产以来，年内收到之款仅四千余两，核与原报不及百分之一，其账情腐败，欠户玩疲，已可概见，恐非大费时日，难言结束。[1] 当时，上海一些地方行政机关曾将公款存于钱庄。钱庄破产后，这些地方行政机关就通过地方审判厅，要求商会先行将公款拨还。由于地方行政机关的干涉，致使商会的理结收欠行动难以按照自己的意愿开展，于是以"事不易结"为由，将案件移送回上海地方审判厅。同时，各债权人又向地方审判厅提起诉讼，要求纯泰钱庄归还欠款。

面对此种情形，地方审判厅不得已，一方面以《破产律》规定为由拒绝接收卷宗，同时强调"该庄因周转不灵，自行请封，与有心倒骗者有别，自应遵照破产律倒闭之规定办理"；[2] 另一方面对债权人的起诉以"此案现在遵照破产律照行商会选任董事清理出入账项，该商等既为纯泰钱庄有抵当权之债主，自应听候商会举定董事，按照《破产律》第 32 条至第还 37 等条，查明无讹，咨到本厅，再行核办，所请即予立案召变等情，核与律文不合，未便遽准"，一概不予判决。[3] 甚至直接要求其"依律前往商会会议可也"，还[4] 利用债权人对商会施加压力。

6 月 10 日上海总商会同沪南商会邀集上海地区各商业代表进行讨论，最后决议向司法部和江苏都督府请愿。上海地方审判厅对沪南商会与总商会等的请愿行为，表现出强烈的抵制情绪。在该厅致江苏都督府及司法、工商两部的电文中称："伏思三权分立，约法具在，虽大总统尚不能以命令变更法律，乃该会抗不遵从。……是破产律即有窒碍，亦应向立法机关请求，岂能以一商会之力遂予废止？本厅为司法机关，无立法权限，但知守法，未敢

〔1〕"沪南商会来函"，载《上海地方审判厅司法实记》（第 5 册），"文牍·纯泰钱庄破产案专件"，1912 年 3 月 5 日。

〔2〕"咨商会纯泰钱庄确遵破产律办理应即选任董事清理文"，载《上海地方审判厅司法实记》（第 5 册），"文牍·纯泰钱庄破产案专件"，1912 年 4 月 30 日。

〔3〕"福康等三庄请求召变诉状批词"，载《上海地方审判厅司法实记》（第 5 册），"文牍·纯泰钱庄破产案专件"，1912 年 4 月 30 日。

〔4〕"钱业厉雨洲诉状批词"，载《上海地方审判厅司法实记》（第 5 册），"文牍·纯泰钱庄破产案专件"，1912 年 4 月 30 日。

通融。"[1]

6月14日司法部在复电中称:"查三月初十日大总统令系以从前施行之法律为限,破产律既经废止,自不在暂行援用之列。三月二十四日,孙大总统咨参议院文内虽载有破产律,然此项法律并未议决颁行。纯泰庄一案仰该厅迅即改照向章办理可也。"[2]而对于何为"向章"的问题,司法部在随后的回复电文中明确解释,"纯泰庄一案,仰该厅暂行通用商惯例,若无商惯例,即案照各级审判厅试办章程第四十一条办理可以",[3]从而确定了纯泰钱庄破产一案不得再行按照《破产律》办理。

6月26日上海地方审判厅依照司法部电文指示,决定按照各级审判厅试办章程的规定,自行组织调查,选定查账董事,制定查账办法八条,派推事监督查账行为,将商会排除在审判活动之外。[4] 但由于查账过程中很多问题需要商会的配合,上海地方审判厅又不得不向商会求助,借此机会,商会利用手中掌握的社会资源,对审判活动不断施加影响。

综观纯泰钱庄破产案的处理过程,商会与上海地方审判厅之间的争议焦点主要在于此案究竟以何为理结依据,其他诸如选任董事问题都是由此而引发的,但其内在的根源却在于二者对此案件审理权限的争夺,或者说是由谁来主导该破产案的理结。双方采取各种手段,互相施加压力,希望获得胜利。虽然商会和地方审判厅最终在纯泰钱庄破产案的裁决上达成共识,建立起一种新的合作关系,但商会显然处于从属地位,其裁判职能被大大削减,这表征着国家在和社会的司法权限博弈中获得胜利。

---

[1] "呈江苏都督为纯泰庄请电商参议院并咨司法、工商两部决定办法示遵文",载《上海地方审判厅司法实记》(第6册),"文牍·纯泰钱庄破产案专件",1912年6月12日。

[2] "司法部电示破产律已经废止饬照向章办理令",载《上海地方审判厅司法实记》(第6册),"文牍·纯泰钱庄破产案专件",1912年6月14日。

[3] "呈报江苏都督纯泰钱庄破产案已接奉司法部电令文",载《上海地方审判厅司法实记》(第6册),"文牍·纯泰钱庄破产案专件",1912年6月15日。

[4] "纯泰庄案清算办法决定书",载《上海地方审判厅司法实记》(第6册),"文牍·纯泰钱庄破产案专件",1912年6月26日。

二、商人法律意识的变迁——以商界媒体为中心的考察

自1840年开埠以来，要论与西方各国往来密切、接触频繁之人群，非商人莫属，无论是供职于洋行的买办，还是在通商口岸与洋商互为贸易的华商，都通过华洋贸易，不断熟悉、了解西方。因此，晚清以降各通商口岸的商人们对于西方文明的态度比较开放，转变较早，并在此基础上逐渐养成自己的法律意识。[1] 由于在前述有关商会与政府的力量角逐、商会裁判权的确立和发展过程等历史事实中，以商会为代表的商人群体的权利意识、立法意识、司法意识已彰显无遗。学界以往对商人法律意识的研究多是以商会活动为中心，而对一些商界媒体杂志所反映出来的商人观念变化较少关注。故而，本书在此以商界媒体杂志为中心，就商人法律思想意识变迁的具体变化及其原因略作补充说明。

众做周知，自西商东渐以来，西商的经营模式、理念、制度等就被传输进来，对中国的商业和商人产生影响；而中国的商业经营模式和制度等同样也对其产生反作用。只是两者的影响作用大小有异，西风压过东风。更要紧的是，清政府势弱，对外谄媚，对内强横，不仅不能保护华商，为其争利，甚至为贪利而行欺压之事。两相对比，中外商人待遇殊异，令人慨叹。于是乎，新兴商人阶层开始反思原因，同时他们采取多种手段，如千方百计地试图参与立法、影响立法，乃至自行立法等，谋求保护自身的人身财产安全。

清末民初，不仅商会积极参与立法、多方谋求扩大司法权限，其他商人组织，如民初的银行公会、钱业公会等金融同业公会组织，也积极参与票据法、银行条例等商事立法活动，功劳赫赫。以票据立法为例，在民国政府尚未制订票据法之前，全国银行公会第二次联合会议就向财政部发出呈文，请求速

---

〔1〕 一些学者曾做过相关研究，具体参见朱英："晚清商人民族主义爱国思想的萌发及其影响——晚清商人近代思想意识研究"，载《史学月刊》1991年第3期；"晚清商人尚武思想的萌发及其影响——晚清商人思想意识研究之二"，载《史学月刊》1993年第3期；乔素玲："晚清商人法律意识初探"，载《江西社会科学》2003年第6期；罗福惠、朱洪涛："论晚清商人团体的民族主义思想"，载《东岳论丛》2013年第9期。

订票据法,“查吾国现行商事条例既无关于票据之规定,而票据之上特别事项复为普通私法所未备,自非特定票据法不足以资应用而利推行。当此信用制度发达之际,票据交易日繁,而各地习惯不同,情形互异,若无法律以为准绳,何能收到整齐划一之效果,而应社会经济之潮流?然则票据法之颁行,实有不容再缓之势。兹经全国银行公会第二次联合会议公同议决,一致主张陈请政府迅予制定票据法颁布施行”。银行公会同时还因为票据法本属一种特别法规,与全国金融前途关系至为重要,而中国“各处票据习惯情形又甚复杂,似非周谘博采,不能因时制宜”,因此,建议一旦草案拟成,可以先行寄交各地银行公会公同研究,再行颁布,以免因与实情相悖而致实施困难。[1] 与此同时,各地银钱公会也纷纷提出相似议案,如北京银行公会提出“拟请政府速订票据法以利各种票据之流通而收金融活泼之效果之提议案”,杭州银行公会提出“拟请订颁票据暂行条例案”。[2] 上海银行公会还组织票据法研究会,研究讨论票据法,以为编订票据法作参考和准备。上海总商会也向各地商会致函,征求编订票据法意见。民初商人团体对编订票据法的热情由此可见。也正是由于商人团体的积极参与,20 世纪二三十年代的票据法草案才得以迅速出台和多次草拟,其中银钱业公会可谓功不可没。

诸如此类现象和行为,无不彰显出商人法律意识的觉醒和发展。然而,我们还可以通过一些商界媒体文献进一步管窥商人法律意识之勃兴。

汪大钧曾总结了晚清中国商战失利的原因,有捐税差别待遇,致使“洋货贱而土货昂,洋货销而土货滞”,“不知情而为所愚”,“国课出入,为彼所持”,“国势既损,商政不修,受人欺侮,讼多不直,以不知商律故也”,以及见识不济、资本不足、技术低劣、竞争力不强、信息不通、官商隔膜、商商隔膜且互相猜忌等。因此,“欲兴工艺,非设学堂不可;欲兴商务,非设商会公司不可。而尤必讲明商律,以一其耳目,齐其心志,周知外事,以熟其趋避,明其消长。更使知黄种皆同类,中国为一家,同业如一身,上下相维,而后可钩心斗角,争胜

---

〔1〕“全国银行公会第二次联合会议呈请财政部速订票据法之呈文”,载银行周报社编辑:《票据法研究》,上海银行周报社 1922 年版,第 8 ~ 9 页。

〔2〕参见银行周报社编辑《票据法研究》,第 9 ~ 10 页。

于地球五洲之上”。[1] 今日回头去看，汪氏的言论分析尚停留在浅层，未能触及根本原因，所提出的对策也仅能治标而不能治本，但他的一番总结却是非常准确中肯的，一针见血地指出了当时商业不振的重要原因。汪大钧的此番言论无疑代表了当时社会精英包括政府官员和商人对于中国商业不兴、商战不利的认识和思考，其中对法律的注重和强调，彰显出强烈的法律意识，但可惜的是，汪氏也仅认为法律是振商护商之利器，尚未从权利的角度去阐释。而这一状况在十年后，则发生了明显改变。

1908 年刚刚创办的《万国商业月报》在“社论”中提出“官与商要合势分权”，认为“官有官权，商有商权，分道扬镳，天演之定例，不得侵，亦不得夺也”，“官商寻常之交点，宜合势而分权。官勿巍然自以为贵，商勿默然自以为贱，贵贱之界限既除，则意见之隔阂自绝。兴一利也，而奔走者无远弗届，革一弊也，而赞成者不约而同”，“官商各尽其责，勿相越俎，而权限自明。公司之制，实业之兴，是商界固有之权也，官不得越界而干涉之。至于公司之轇轕，实业之竞争，酿成讼事，则裁判之权归于官，悬明镜，秉大公，官所应尽之责也。偶涉私意或致激变，则出于权限之外，官难辞其咎焉”。[2] 与前述汪大钧的言论相比，《万国商业月报》的“社论”无疑向前迈进了一大步，明确提出要区分官商权限，各守其责，恪守本分，互不相侵，并提出要追究“逾越权限”官员之责任，其权利观得以凸显。自甲午之后，资产阶级维新派等就广泛宣传民权自由，但彼时的影响主要限于知识精英，尚未及于其他社会群体，

---

〔1〕 汪大钧：“工商学报缘起”，载《工商学报》1898 年，第 7～9 页。《工商学报》（上海）以介绍中外工商界情况为主的期刊。1898 年（光绪二十四年七月）创刊，在上海出版，每月四册，逢初二、初九、十六日、二十三日发行。连史纸石印，线装书形式，每期二十余页。汪大钧（仲虞）创办和主编，参加编撰和翻译工作的有前《时务报》英文翻译张坤德等。最后一期为 1898 年 10 月出版的第 7 期。馆址在上海新马路梅福里。该报宣称：“以振兴商业收回利权为宗旨”，“本报论说须关涉工商学业确有见地者，始予登录”。栏目首列谕旨恭录，依次为奉章案牍、论说、中国工商情形、译编东西报章、章程律例，附译各种专书。自第二期起，刊登各货行情及进出口情况等内容。该刊还附有石印图画，印刷尚称精良。国家图书馆有该报缩微本，但不全，上海师范大学图书馆藏有 1～7 期。

〔2〕 “论官与商宜合势分权”，载《万国商业月报》1908 年第 3 期。《万国商业月报》1908 年 4 月（光绪三十四年三月）创刊，上海万国商业月报馆出版，黄赞熙主办，月刊。该报主要栏目有：社论、商务纪闻、商务论说、实业图画、实业论说、实业纪闻、财政论说、财政纪闻、新机器、新艺术、路矿论说、路矿纪闻、航业论说、航业纪闻、农务论说、农务纪闻、市价表、小说等。现存 17 期，最后一期为 1909 年 8 月出版。北京图书馆及北京大学图书馆藏有原件，但不全。

“商权论”的提出,意味着此时权利观念已深入商人阶层。而“商权论”不仅较之以往的“商战”、“商利”论要深刻得多,同时也表明了商界精英的政治法律诉求。

随后,《万国商业月报》又于第6期发表“社论”——《论整顿商务机关》。作者在总结分析中国商务不振之情形及原因后,认为商务机关犹如人体在脉筋,“今日吾华之商务固居最险之地,而保险之上策舍整顿机关外,更无他道能履险如夷也”,“商务机关,分为国之内外。国之内者,上由商部整其纲,下由商会理其目。国之外者,上由领事及使馆商务委员随地调查,下由商会及航业公司随地推广”。其具体措施则有:在各省设调查局、改良各省商会、在上海公设各省总商会、推广经理行商、慎择领事、在上海设商务机关所、广设商报等。[1] 细阅全文,其有关政府机关之设想,目的在于通商情,知己知彼而后商利得保;其有关改良商会之设想,则不仅限于此。针对当时商会的衙门习气和官僚作风,社论提出:“事有关于商务形质者,应归商人自理,折冲御侮,自有权衡,岂容食肉者流畏首畏尾,事事莫敢或为。苟公等把持其际,不但无补于会务,或者转滋其扰。是以官商界限不可部不分,而商会应有之权利亦不可不明也。全体有全体应尽之义务,个人有个人应尽之义务,不容为会长者徒拥高位盛名,而置义务于不顾也。”[2] 这里权利、义务等名词的使用,虽然与此时期的立宪运动有着密切关系,但也体现出当时商界对权利和义务的认识。细究一番,我们会发现,商人们此处所主张的权利仍包含有“力量和权威”之意;且将权利和义务两者关系理解为“有权利即有义务”。正如时人对权利和义务之间关系的解释,“盖义务者,权利之因也;权利者,义务之果也”。[3] 履行义务成为享受权利的前提。又如金观涛先生所解释的,“这种权利和义务不可分割、互为条件的思路,极像儒家伦理中不同等级身份道德规定中的互惠关系。换言之,虽然个人权利是作为与儒家伦理相对立的观念传入中国,但是在讨论个人和国家关系时,儒家伦理互惠的深层结构仍在

〔1〕“论整顿商务机关”,载《万国商业月报》1908年第6期。
〔2〕“论整顿商务机关”,载《万国商业月报》1908年第6期。
〔3〕酙癸:“新名词释义”,载《浙江潮》1903年3月18日第2期。

起作用:个人不尽义务则不配享有权利。这就使作为公理的权利观,仍具有某种道德属性”。[1] 在这种权利道德化思路模式的影响下,商界精英乃至形成“社会进步的原动力就是商人”[2]之观念,认识到“国家要强盛必须立足于争取个人权利”,将国家权利观个体化了。[3] 因此,才有商界精英发出如此感叹:“自满清通商以来,国人蒿目时艰,备觉困苦,羡西人重商之所以富强,中国贱商之所以贫弱。在上渐知得護奖掖,下亦渐知奋发自勉。然仍不能免瓜分之传说,割地之辱国者,则帝国主义之下之保护未周,奖掖不当,而商人之奋发自勉未得其道故也。扰攘百年,犹如泡影,直接使民生益觉困穷,而间接乃使吾民族益陷于水深火热之之中。是谁之过欤?非商人是责而谁责?”[4]

观念的改变,也体现在商界精英们对法律的认识上。譬如,有人言:“又公司条例商法等,亦宜胸中瞭然,方免受亏。盖未谙法律,受损靡穷。曾忆李培恩先生有言曰:‘法律者人人宜明瞭者也。我国商人未谙法律,而为外商欺骗之事,不可胜数。’此可见商人与法律重大之一班。”[5]当然,社会人士对不通法律导致商战不利、商业不兴的认识还是来源于人们的直接感官体验,并没有从理论上做进一步诠释。法学家陆鼎揆于杂志上发表的《商业与法律》一文,则在一定程度上弥补了这一不足。该文基于法学理论,阐述了商业与法律之间的密切关系。文章认为,“社会者,人类赖之以生存;而法律者,实为组织社会必需之要素;是故人类不能离社会而生存,亦即人类不能离法律而生存”,“盖商业上之往还不外买卖行为或代理行为,若是者则何莫而非契约上之关系,亦即法律之关系。在商人眼光观之,商业上大部分之行为皆受所谓商业习惯之支配,似与法律之接触犹少,而不知商业习惯确已成立既久而

〔1〕 金观涛、刘青峰著:《观念史研究——中国现代重要政治术语的形成》,法律出版社 2009 年版,第 136 页。

〔2〕 夏艺琦:“商人与国家前途之关系”,载《商业杂志》1930 年第 5 卷第 2 号。

〔3〕 金观涛、刘青峰著:《观念史研究——中国现代重要政治术语的形成》,法律出版社 2009 年版,第 137 页。

〔4〕 冯少山:“今后之商人”,载《商业杂志》1927 年第 2 卷第 7 号。

〔5〕 萧阆儒:“改良中国商店之意见”,载《商业杂志》1927 年第 2 卷第 6 号。

有普遍之束缚性者,则实际上亦遂成为法律之同样事物。其与法律之效力将毋同。商业之所以能川流而不息者,其最大之后盾即为商人之欲以此为其活动之最大资本,而他方面则又有法律立于其后而监督之而已"。可见,法律与资本一样,同为商业之基础。"唯有商人自身能了解法律大概之内容,于是可以免除无数商业上之纠葛,而亦惟有人人能明白法律,于是而法律上之纠葛得以日少,而商业活动乃得建立于一稳固之基础上,由是而日进无疆。是以商人而能了解法律,非特为商人个人之利益,抑且为社会全体之利益也。"然而,由于中国近世不仅政治动荡,而且各种新式商业皆源自欧美,仍属草创时代,所以作者发出如斯感叹:"商业上大部份之习惯尚未达于成熟时期。于此时期而欲设一划一之法律以支配之,同时并不妨碍商业上之进行,实为不易着手之事","吾人今日欲求中国商业之健全发展,惟有希望一切关于商事之法律即日成立,使商人有轨辙可以遵守,而后乃得进而与欧美各国之商务分庭而抗礼也欤?"[1]作者在文中不仅分析了法律与商业习惯之关系,还叙述了商人注重法律之后果。与以往有关主张和文章相比,作者法学专业理论素养深厚,该文的理论性强,分析深刻无疑是其优点。但成也萧何败也萧何,由于作者系法学专家,对于商业的认识并不深刻全面,甚至可以说有些肤浅,因此有关法律对商业之助益的论说给人以纸上谈兵、隔靴搔痒之感,甚至未脱离"法律万能论"之病。

如果说,前述有关商界媒体文献从静态的层面反映了社会和商人法律意识变迁这一社会现象的话,那么商人在商事纠纷中的言词活动则从动态的角度印证了这一现象变迁。第四章所列举的一些商事纠纷已经证明了这一点,毋庸赘言。此处再借助社会学理论从纠纷爆发方面略加申说。

所谓纠纷或争议(dispute),"是特定主体基于利益冲突而产生的一种双边或多边的对抗行为"。[2] 纠纷的发生,意味着一定范围内的协调均衡状态或秩序被打破,它不仅是个人之间的行为,也是一种社会现象,其产生和解决

---

〔1〕 陆鼎揆:"商业与法律",载《商业杂志》1927年第2卷第4号。陆鼎揆,江苏无锡人,美国密歇根大学法学博士,回国后曾担任多所大学教授,中国国家社会党成员。

〔2〕 范愉、李浩著:《纠纷解决——理论、制度与技能》,清华大学出版社2010年版,第11页。

是一个动态的社会过程。因此，从社会学的视角去看，纠纷对于社会发展具有一定的积极意义。因为，它体现了新的利益、观念和行为方式，“不仅是权利与法律生成和发展的契机，甚至可能成为社会变革的先导或动力”。[1] 而从法学和法治的角度来看，纠纷在对社会产生消极影响的同时，也解决、检验、重构规则和程序。

美国社会学家路易斯·科斯（Lewis Coser）曾经对西方城市中的犯罪作出如此解释，认为“伴随着对统治秩序的违犯，社团感情逐渐觉醒，犯罪……有助于共同情感的复苏与保持，它是公共健康的构成要素之一，是任何健康社会必不可少的组成部分”。[2] 路易斯·科斯此处虽然论述的是犯罪，但也适合于解释普通民商事纠纷，尤其是行业纠纷、群体纠纷。正是通过一些群体行为，如祭祀、聚会，乃至纠纷，才使行业成员、群体成员间形成一种凝聚力，相互间产生紧密联系，能够统一行为，保护群体利益，从而产生较大社会影响。美国历史学家罗威廉对汉口的商业研究证实了路易斯·科斯的这一解释。通过考察，罗威廉发现，19世纪末期汉口，正是由于各行业群体间为了系统地争夺资金来源、市场、码头设施等，逐步形成了复杂的体制化结构，出现规则性的群体纠纷模式。[3] 而第四章介绍的“漆业劳资纠纷”与“敬业公所纠纷”可以说就是这种“规则性的群体纠纷模式”的典型代表。在纠纷的解决过程中，逐步形成新的体制化结构，促使新的规则和秩序体系产生。

故而，从社会学的视角去看，冲突是互助合作的必要补充，它为日常的紧张关系提供了一个安全阀，并通过系统的参与者建立并维持着集体性的行为规范和准则。冲突在各种断言他们有权在系统内部要求资源的群体之间建

---

〔1〕 范愉、李浩著：《纠纷解决——理论、制度与技能》，清华大学出版社2010年版，第12页。

〔2〕 Lewis A. Coser, *The Functions of Social Conflict*, New York, 1956, p. 127；转引自［美］罗威廉著：《汉口：一个中国城市的冲突和社区，1796－1895》，鲁西奇、罗杜芳译，中国人民大学出版社2008年版，第238页。

〔3〕 ［美］罗威廉著：《汉口：一个中国城市的商业和社会，1796－1889》，江溶、鲁西奇译，中国人民大学出版社2005年版，第269～276页；《汉口：一个中国城市的冲突和社区，1796－1895》，鲁西奇、罗杜芳译，中国人民大学出版2008年版，第239～242页。

立了一种动态平衡，设立并不断强化了这些群体之间的边界，通过互相承认彼此均拥有一直存在下去的权利而共同凝聚在一起。因此，辛梅尔认为，冲突是成熟的"多元"社会中复合体的一个有益的副产品。[1]

就近代中国而言，各商业城市纠纷的爆发，固然有战争的原因、政治的原因、经济的原因等，但不可否认，也有商人们法律观念转变的原因。商事纠纷既是人们思想观念发生剧变的产物，同时又加快了人们思想观念的变化，促进新规则秩序体系的形成。19世纪后期的汉口在经历太平天国战争后，社会动荡，秩序混乱，传统道德体系渐趋崩解，新的道德体系尚未形成，商业欺诈此起彼伏。汉口如此，20世纪初期的北京和天津亦如此。庚子事变、壬寅兵变，使京津两地的商事纠纷呈井喷式爆发，其中又以欺诈类纠纷为多。传统行业规范、经营习惯的拘束力如日薄西山，乏善可陈，商人们不得不思谋他路，求助于商会、官府及法律。可以说，严峻的现实环境逼迫着商人们做出相应的变动。如果说，在对外贸易往来中，中国商人是主动求变，那么在国内贸易上，就可以说是被动应变了。其实，无论是主动还是被动，都是由严峻的现实压力所激发。因此，近代中国商人法律意识变迁的原因非常复杂。但无论如何，伴随着传统社会结构的重组、中华法系的解体以及传统法律意识的消亡，近代中国商人阶层已逐渐养成独立的法律意识。他们积极参与国家立法，通过各种方式、各种手段向国家施加压力，表达自己的意见，以维护自己的地位和利益，并由此形成国家与社会间独特的互动关系，催生出一批中西合璧的法律规范与制度。

三、小结

传统中国，国家与社会在价值观念、伦理道德方面有着惊人的一致，互相依托、互相认同。至近代，伴随着社会结构的转型，国家和社会的关系发生了改变，有合作，有对抗。例如，在纯泰钱庄破产案中，上海地方审判厅表现出

---

〔1〕 Simmel, George, *Conflict and the Web of Group-Affiliations*. New York, 1955, pp. 13 - 18；转引自［美］罗威廉著：《汉口：一个中国城市的冲突和社区，1796 - 1895》，江溶、鲁西奇译，中国人民大学出版社2005年版，第260页。

强烈的排斥商会裁判权的倾向，这不仅是其坚持司法独立观念的外在表现，更是近代民族国家权力向民间社会急剧扩张的表现。国家凭借手中掌握的国家机器，将权力强行渗透到原本不直接控制的基层社会，改变了以往“皇权不下县”的局面。应该说，近代国家权力向民间社会的扩张具有进步意义，是社会发展的必然。然而，国家权力的扩张，必然会挤压社会的生存空间，侵犯社会的权利，引发社会的抵制，形成国家与社会的角逐、博弈。金耀基先生曾言：“要了解转型期社会，我们必须了解转型期社会的人，人是一切的根本。”[1]诚哉斯言！人的转变才是社会转型之根本，近代中国国家关系的变动自然亦是建基于其上。因此，商会的一切举措应对，都反映出商人群体思想意识的变化。

无论是商会的维权，抑或是谋夺更多司法权，还是政府的维护司法权统一，乃至侵削社会团体权利，都是一场控制与反控制的斗争，是两者之间的权力博弈。在这一博弈过程中，以商会为代表的社会采取多种手段，谋求突破国家控制，取得更多的自由权利，表明社会已对法律的影响作用有着深刻认识，法律意识已经养成，并已学会利用法律来维护自己的生存和发展。而商会这一法律意识的养成，无疑与其在近代中国的经济、社会地位变化息息相关，也与近代以来潮涌而入的西方制度文明密切联系，更是与其和政府的权利博弈纠结在一起。可以说，商会的法律意识是在与政府相斗争的过程中萌芽和成长起来的。而政府也在与商会的博弈过程中，认识到自身力量的局限性，不可以为所欲为，必须给予社会（商会）以适度的权力和发展空间，同时也是为自己权力的行使留下足够的余地。毕竟没有社会为基础，政府也就成为孤家寡人了。换言之，即政府已经认识到，时代变了，不再是以往一家独大的局面，父母官作风、独霸权力已经不合时宜，政府在坚守权力一统的底线的同时，也需要放权于社会、分权于地方，在制度框架内相互抗衡、相互合作，只有如此，才会赢得社会的共同发展进步。商会和政府逐渐达成默契。

---

〔1〕 金耀基著：《从传统到现代》（第1卷），法律出版社2010年版，第75页。

无疑，从历史的角度来看，商会由于自身存在的弊端，如独立性不强、组织发展不充分、政治权力有限、政治文化素质相对低下、内部派系纷争，从多方面制约着商会的进一步发展；[1] 商会在与政府的博弈中，整体来说应归于失败，并成为中国早期现代化的一个失败的承担者。[2] 但不可否认的是，商会作为近代中国最有影响力的社会团体，无论是在中国的经济发展，还是商事法律制度转型，乃至国民政治意识的觉醒上，都起到了巨大的促进作用，并在近代形成了一种不很完善的国家和社会的互动关系。可以说，“在清末孕育萌生的与国家相对应而具有较大独立性的社会，至民初得到进一步发展，已能够在某些方面抵制国家对社会的侵蚀，在一定程度上发挥着制衡国家的作用，从而维护社会的独立性及应有的权利”。[3]

---

〔1〕 朱英著：《转型时期的社会与国家——以近代中国商会为主体的历史透视》，华中师范大学出版社1997年版，第535~573页。

〔2〕 虞和平著：《商会与中国早期现代化》，台北，东大图书股份有限公司1995年版，第355页。

〔3〕 朱英著：《转型时期的社会与国家——以近代中国商会为主体的历史透视》，华中师范大学出版社1997年版，第487页。

结语：纠纷、制度与秩序
——商事公断制度的历史结局及其意义

自清末商会设立以来，调处和裁判商事纠纷就成为其主要职能之一，商事公断制度也由此而生，为解决商事纠纷、维护商业秩序发挥着重要作用，彰显出商会的社会地位和影响力。1927 年南京国民政府成立，1928 年形式上统一全国，政府权威日隆，社会管控能力不断增强，法律体系和司法体系也日益完善，商会及其附属机构商事公断处的法律地位深受影响，其权力不断被压缩，解纷能力衰减，不复往日举足轻重之地位，商事公断制度也随之泯然。探讨清末民初商事公断制度的历史结局，分析其对当下构建商事解纷机制的启示，颇有必要。

一、商事公断制度的历史结局——南京国民政府时期的商事公断制度

1927 年年底，国民党中央商人部就向各省、特别市党部商人部以及总商会发出通告："旧有商会组织不良，失却领导商人之地位，本部拟于第三次全国代表大会时提出议案，请求撤销全国旧商会，以商民协会为领导之机关"，各商会"对于改善商会之处，有何意见，可陈述来部，以备采纳"。[1] 但在各

---

〔1〕《本总商会纪事》，载《上海总商会月报》（第 7 卷），第 12 号，1927 年 12 月出版，第 5 页。转引自朱英："国民党'三大'前后的商会存废之争与商民协会的解散"，载《华中师范大学学报》2010 年第 5 期。

地商会的强烈反对之下,国民党中央商人部此举虽不了了之,但商会存废之争却“风欲静而树不止”,而随着国民党第三次全国代表大会召开日期临近,商会和商民协会之间的矛盾纷争有愈演愈烈之势。1929 年 3 月 15 日国民党第三次全国代表大会召开,江苏、安徽、浙江、福建、南京、上海、天津等省市党代表大会决议提交取消全国商会提案、请统一商民组织取消旧商会归并商协会之请愿案等,但由于各方争议太过激烈,国民党第三次全国代表大会最终并未对这些提案形成决议,决定移交中央执行委员会核办。

1929 年 6 月 17 日国民党中央三届二中全会通过“人民团体组织方案”,明确规定商会为人民团体之一种。7 月 20 日立法院第 35 此会议议决通过商会法修正案。8 月 15 日国名政府正式公布商会法,要求各地原有商会按照要求,在 6 个月内依法进行改组。新《商会法》仍规定关于工商业之调处及公断事项是商会的主要职能之一,表明商会继续保有调处、公断商事纠纷的权力。然而,新《商会法》对于商会是否应该保留或设立商事公断处并未明确规定,致使各地商会无所适从,遂就公断处事宜致函政府,请求明文解释。工商部批复,可以依照商会改组大纲第 6 项规定,即商事公断处改组为商事公断委员会,委员会下设评议委员、调查委员、常务委员及书记来办理。[1] 因而,有商会是按此来办理,如北平特别市总商会、河北晋县商会等;也有商会采取拖延手段,暂缓设置,如苏州商会;还有商会变更名称,如南京市商会以仲裁股代替公断处。1930 年 8 月立法院就此问题进行讨论,认为:“商会法第三条第四款规定工商同业调处及公断事项,为商会职务之一种,并未寓有另设公断处之意。所有调处及公断事项,商会可以依据条文自分配处理,毋庸再行特设商事公断机关。”[2] 立法院的裁决公布后,引起商界的强烈不满,但由于政府不予支持,有关状况并未得到改善。各地仍是各行其是,情形不一。例如,改组完成的天津市商会即下设有商事科,负责商事纠纷调处,同时还组建

---

〔1〕 天津市档案馆等编:《天津商会档案汇编(1928 ~ 1937)》(上册),天津人民出版社 1996 年版,第 17 ~ 18 页。

〔2〕 “依照新商会法改组之商事公断处是否继续设立解释文”,载《立法专刊》(第 4 辑)1930 年 8 月 30 日。

公断委员会，并制定了《天津商会公断委员会规则》和《天津市商会受理事件规则》，规定："公断委员会于商人间商事之争议立于仲裁地位，以息讼和解为宗旨"，主要公断四类商事纠纷：由商人直接呈请公断者、由法院委托调处者、受商人申请或法院委办清算事项、据商事习惯或商会向来惯例可以受理者。公断"必须两造同意或根据地方商事惯例为之"，一经确定，即发生效力，"得为强制执行"，如两造不愿意遵守，仍可以向法院起诉。[1]

虽然各地商会采取的应对措施不同，但大多数仍积极参与商事纠纷的解决。然而，由于缺乏明文规定，商会的商事纠纷裁判权"无法可依"，不仅商会自身存在疑虑，地方法院也对此颇有疑义。对此，司法院的解释是："关于工商业之调处及公断，依商会法第三条第一项第四款规定，本为商会之职能，其未成立商事公断处之商会所办理之商事公断事宜，两造如均愿遵从，应认为有效。至从前施行之商事公断处章程非商会法之附属法令，依民国十六年八月十二日国民政府之训令，除与中国国民党党纲或国民政府法令抵触外，应准援用，自不因商会法施行细则第四十二条规定而失效。"[2]该解释显然与前述立法院的观点背道而驰，虽然个中原因不得而知，有待探究，但却为商事公断处的存在提供了合法依据。以此为契机，一些地方商会相继设立了商事公断处。1934 年前后，江苏、浙江、河北、湖北等省仍设有"商事调处或公断会所"的商会，总数约有 40 家。[3]

司法院的解释对一些地方政府和中央部门同样产生影响。浙江省于 1935 年 5 月 27 日公布《浙江省各市县镇商会公断简则》12 条；[4]1936 年实业部根据司法院解释批复江西省商会联合会，承认商事公断处章程继续有效。[5] 1936 年 4 月南京国民政府正式颁布法规，承认 1926 年颁行的商事公

[1] 天津市档案馆等编：《天津商会档案汇编（1928 ~ 1937）》（上册），天津人民出版社 1996 年版，第 100 ~ 103 页。

[2] "司法院为解释刑法各条疑义及商事公断处章程能否援用令青海高等法院院长曹文焕（附原呈）"（院字第八四九号），载《司法院公报》第 57 期，1933 年 1 月。

[3] 实业部中国经济年鉴编撰委员会：《中国经济年鉴续编》（下册），商务印书馆 1935 年版，第 107 ~ 108 页。

[4] "浙江省各市县镇商会公断简则"（1935 年 5 月 27 日），载《法令周刊》1935 年 5 月。

[5] "商事公断处部批继续有效"，载《申报》1936 年 2 月 22 日。

断处组织章程及办事细则的修正案。[1] 至此,商会附设商事公断处及其公断行为就由“无法可依”变为“有法可依”了。1937年3月司法院在全国推行“民事和解”,在北平市商会的呈请下,司法院训令各地法院,“遇有商事诉讼,先由商会试行和解,俾得推广和解成效等情”。[2] 此举更是将商事公断直接纳入国家司法审判体系之中,成为其中之一重要环节。“七七”事变爆发后,多数地方商会的商事公断制度陷入停滞状态,直至1945年抗战胜利,一些地方商会才开始恢复公断处,公断商事纠纷。此时期商会的商事公断能力或调解纠纷能力已大为衰减,再无昔日之盛况,虽有少数例外,如抗战后杭州商事公断处的突出成效,但终属昙花一现。[3]

自晚清迄至民国南京政府时期,社会商事解纷形式从公议向公断嬗变,商事公断制度逐渐成熟完善;而随着中央政府权威的不断提升,社会管控能力的不断增强,商会在社会中的地位、影响和作用慢慢减弱,权力被压缩、解纷能力衰减,商事公断制度虽仍存在,但不复往日盛景。纵观商事公断制度的历史演变全过程,我们可以很清晰地发现,其发生、发展与近代中国剧烈的经济变迁、社会变动、权力结构嬗变联系紧密,相连相生,形成一个“你中有我,我中有你”的复杂谱系图,而纠纷、制度和秩序则是贯穿该谱系的主线。

二、经济变迁、社会变动与秩序破坏

现代社会学认为,冲突属于人类社会的本质,是普遍且不可避免的,是个体或社会群体之间互动的特殊表现形式。因此,作为社会冲突的一种,纠纷自然也是一种普遍的社会现象。由于纠纷是特定主体基于利益冲突而产生的一种双边或多边的对抗行为,因而意味着对既有秩序的一种否定或破坏,

---

〔1〕“工商业法令解释汇编:商事公断处章程细则修正条文”,载《商业月报》第16卷第7期,1936年7月。

〔2〕“司法院为遇有商事诉讼先由商会试行和解饬各法院一体遵照”(训字第二八六号),载《司法公报》第187期,1937年4月23日。

〔3〕李姣:“中国近代商会立法与商会治理”,华中师范大学2013年硕士学位论文,第61~63页;盛雷:“‘二衙门’的最后时光:1945~1949年的青岛市商会研究”,华中师范大学2009年硕士学位论文,第95~97页;陶水木、郎丽华:“略论民国后期杭州商会的商事公断”,载《商业经济与管理》2003年第11期。

具有消极意义。然而,就社会发展的角度而言,纠纷又具有一定的积极意义,作为新的利益、观念和行为方式与既定秩序冲突的体现,在一定条件下,纠纷不仅是权力与法律生成与发展的契机,甚至可能成为社会变革的先导或动力。因此,纠纷与制度和秩序之间存在复杂微妙的关系,"纠纷不仅是社会的冲突状态,表明社会自身的协调程度,也是与秩序和规范的一种连接状态,它往往反映着社会的规范化或'法制化'的程度"。[1] 因此,要想深入全面理解清末民初商事公断制度的历史演变,就不能仅仅着眼于制度的变迁,还须立足于近代中国剧烈变动的经济环境、社会环境和政治权力架构等诸多因素,从而厘清纠纷与制度、秩序建构间的复杂谱系。

诺贝尔经济学奖获得者、新制度经济学家诺思曾言:"秩序是长期经济增长的必要(但非充分)条件。它也是建立和维持构成个人自由和产权基础的各种条件的必要(但非充分)条件,而我们将个人自由和产权与一致同意或民主的社会联系在一起。不断改进我们对于秩序和无序的根源以及对从一种状态向另一种状态的转型的理解,对于理解经济变迁来说是必不可少的。"[2] 虽然诺思此番话主要是就"经济变迁"来说的,但其逻辑思路无疑也适用于阐释本书的研究主题。而本节的立论也正是基于此种认识,亦即经济变迁引起社会变动,引发社会冲突,而社会冲突又导致无序现象,进而促使新的制度诞生,建构起新的秩序。

自 18 世纪后期以来,无论是国内贸易,还是对外贸易,清帝国均有大幅度增长,商业经济日益活跃。开埠之后,此势更盛,沿海地区逐渐发展形成初具规模的资本主义经济。美国学者郝延平将近代中国的这一波商业经济大发展称为一场"商业革命",不仅范围广,规模大,而且速度快。[3] 虽然这场"商业革命"不可避免地带有西方列强强制的印痕,但对于近代中国商业经济的发展、商人阶级自主创新意识的型塑所产生的影响作用却不可否认。同

---

〔1〕 范愉、李浩著:《纠纷解决——理论、制度与技能》,清华大学出版社 2010 年版,第 12 页。

〔2〕 [美]道格拉斯·诺思著:《理解经济变迁过程》,钟正生、邢华等译,杨瑞龙、郑江淮校,中国人民大学出版社 2008 年版,第 92~93 页。

〔3〕 [美]郝延平著:《中国近代商业革命》,陈潮、陈任译,上海人民出版社 1991 年版。

样,这场“商业革命”也促进了近代商业制度、商业法律制度的变革。

然而,商业革命同样带来了一些不良的客观后果,如传统的经济结构尤其是商业经济结构被打破,传统的商业经营模式受到挑战,新兴的商业行业不断涌现,中外之间的商业竞利形势日趋惨烈;再加上天灾人祸,以往稳定有序的商业秩序日趋混乱,从而导致商业纠纷日益滋多。“经济变迁引起绝对和相对收入的改变、经济地位的改变,以及个人和集团在社会中的保障的改变,因此是无序的滋生地”。[1] 晚清时期,华洋商事纠纷的爆发即缘于西方经济力量入侵、中外商业贸易往来所引起的经济结构的裂变和重组、商业机会的增多,以及商业道德观念的变化等。[2] 笔者前文的相关梳理也可为证。可见,商事纠纷的增多、商业秩序的被破坏是近代中国商业革命带来的副产物。

除经济变迁外,社会环境同样是导致纠纷爆发、无序滋生的重要根由。19世纪中叶以来,中国社会始终处于风雨飘摇之中,内忧外患,制度结构被破坏,社会秩序陷入混乱,社会冲突剧增。19~20世纪的汉口就是一典型例证。

太平天国运动后,汉口城市中伴随着文化“失范”而来的是本已相当世俗化了的城市人的信仰危机。城市下层人民的生活状况日益窘困,失业人数不断增多。据调查表明,1912年汉口固定人口中有将近5000个家庭处于失业状态。[3] 由于位于商业结构的顶端,汉口接纳了大量来源非常复杂的人口,各色人等均不得不习惯于面对面地打交道。如此多元化的社会自然会形成强有力的紧密关系,经常会形成相当集权化的小群体,并出现规则性的群体纠纷模式。[4] 由于相互间为了系统地争夺资金来源、市场、码头设施等,

---

[1] [美]道格拉斯·诺思著:《理解经济变迁过程》,钟正生、邢华等译,扬瑞龙、郑江准校,中国人民大学出版社2010年版,第92页。

[2] 蔡晓荣著:《晚清华洋商事纠纷研究》,中华书局2013年版,第28~40页。

[3] [美]罗威廉著:《汉口:一个中国城市的冲突和社区(1796~1895)》,鲁西奇、罗杜芳译,马钊、萧致治审校,中国人民大学出版社2008年版,第46页。

[4] [美]罗威廉著:《汉口:一个中国城市的冲突和社区(1796~1895)》,鲁西奇、罗杜芳译,马钊、萧致治审校,中国人民大学出版社2008年版,第239页。

逐步形成了复杂的体制化结构。[1] 此外,大部分群体间的冲突掺杂着族群因素,以及更深层次的不同文化群体间的仇恨、宗教差别等。在一些群体纠纷中,商业精英不再是防止群众暴力的力量,而逐渐成为群众暴力攻击的对象。[2] 虽然19世纪汉口暴力冲突的规律性和强度少见,个别事件可能很激烈,往往是暴力性的,但几乎总是停留在较小的范围内,并很快被限制在其直接环境之中。只要冲突情形存在破坏这一环境的威胁,或过分地超出其自身的范围,或超出了公共安全力量的控制能力,某些社会力量(并不总是精英力量的代表)就会出面干预,使问题得到解决。当然,问题的解决是基于一种社会共识(social consensus)。这种社会共识不仅要求承认儒家的社会等级和家庭观,坚守商业行为的道德底线和邻里亲善,还要非常关心"民生"。这种社会共识既建基于儒家社会和谐的理想,并得到精英出于自身利益的理解与认同,汉口独特的"都会性"也强化了这种共识,从而使他成为包括几乎全部人口(不管他来自何方,在汉口居住了多久,也不管他的职业与经济阶层是什么)的共同理念。然而随着劳动冲突越来越成为最严重的城市社会冲突方式,城市社区正在发生裂变,以前由地方耆宿帮助解决纠纷的协调机制遭到破坏,行业内部的团结关系也逐渐瓦解。地方官府实际上也越来越多地站在了资产者的立场上处理劳动纠纷,而法律也由平衡各方利益、维护社会和谐的工具,逐步转变为保护财产权的工具。[3]

太平天国战争的社会影响不仅仅见之于武汉,同样也可见于苏州、上海等地,如王弢所言,"江左既经创巨痛深之后,户版衰减,殷富散亡,已万不如前"。[4] 而上述有关武汉劳资纠纷的处理模式,我们同样可以从前文所列举的有关苏州丝厂劳资纠纷中发现。总之,商业道德坠落、秩序崩坏、纠纷迭起

---

〔1〕 [美]罗威廉著:《汉口:一个中国城市的商业和社会(1796~1889)》,江溶、鲁西奇译,中国人民大学出版社2005年版,第269~276页。

〔2〕 [美]罗威廉著:《汉口:一个中国城市的商业和社会(1796~1889)》,江溶、鲁西奇译,中国人民大学出版社2005年版,第258页。

〔3〕 [美]罗威廉著:《汉口:一个中国城市的商业和社会(1796~1889)》,江溶、鲁西奇译,中国人民大学出版社2005年版,第420~421页。

〔4〕 王弢:"代上苏抚李宫保书",《弢园尺牍》,载赵靖、易梦虹主编:《中国近代经济思想资料选辑》(中册),中华书局1982年版,第12页。

等,可以说是战后长江中下游地区的普遍现象。虽然随着社会经济的恢复,中外商贸往来更加频繁,各地商业秩序也逐渐好转,商业进入一个高度发展的时期,如费维恺所指出的,“晚清在传统经济技术的种种束缚内,已经具有一种复杂的、商业化的‘发达’经济”,[1]但商事纠纷始终未见明显减少。当然,此时,商事纠纷爆发主要是商业经营行为冲突所致,如突破行业规范、新旧行业冲突、同行竞争等。

然而,就是在这一破坏重建的过程中,原有的制度和秩序逐渐发生嬗变,旧制度中孕育着新因子,并慢慢发展成长为新制度。清末民初的商事公断制度即是其中之一例。正如诺思所言,“秩序意味着不确定性的减少,不确定性的减少反映了作为制度结果的人类环境的特征,而制度对人类的作用会有更强的预测能力。政治和经济市场的不稳定关系带来的结果是,个人和组织的权利及特权随时可能被剥夺,所以这种无序增加了不确定性”。[2]

三、权力结构变动与制度重建

如果说商业的大发展和社会的剧烈变动导致纠纷迭起、旧制度和旧秩序趋于瓦解,成为孕育新制度、新秩序的温床土壤,那么,国家权力结构的变动则是催化剂,促使被孕育的“制度”种子发芽成长为正式的制度秩序。

明清以来,虽然中央政府集权程度日趋严重,但基层的自治机制始终未有质变。基层自治的领袖——乡老士绅对于儒家道德伦理秩序的维护仍是非常坚定,自认为应承担保护家园、教化一方的职责,对于政府的社会控制非但不排斥,反而极为认同;而官府对于他们的基层统治权力也予以承认支持,因此形成相互扶助的关系。这种权力结构模式具有互补性。但在经历了19世纪中期的太平天国战争后,此种模式因地方军事集团的崛起而几乎被破坏殆尽。正如沈松侨所指出的,自19世纪中期以降,随着社会军事化的日益加

---

〔1〕［美］费正清、刘广京编:《剑桥中国晚清史(1800~1911年)》(下卷),中国社会科学出版社1985年版,第56页。

〔2〕［美］道格拉斯·诺思著:《理解经济变迁过程》,钟正生、邢华等译,杨瑞龙、郑江淮校,中国人民大学出版社2008年版,第7页。

深,地方精英的性质逐渐转化,其所赖以掌握地方社会支配权力的资源基础,亦由传统的科举功名,一举变为强制性的武装力量。[1]

面对崛起的地方集团势力,中央政府采取多种手段进行节制,其中重要的一条就是大力推行地方自治,并制定自治章程。因此,自晚清以来,各级政府致力于地方自治,其主要用心仍在借由政治参与管道的扩大,重行编组地方权力结构,俾便动员广大社会资源,以强化国家的统治权力。地方自治的主导权力,始终操持于行政部门之手。例如清末所订自治章程,即斤斤于自治与官治"相倚相成"之说,对于自治机关,百计防闲,监督甚严,原其旨要,则在使"自治区域虽多,而一一就我准绳,不至自为风气;自治职员虽众,而一一纳之轨物,不至紊乱纲要"。[2] 清末商会的制度设计受此思想影响颇深。具体到商事公断制度,譬如商会具有相当大的自由裁量权,但是各项权力却始终受制于政府;又如商会提出的"商事裁判权独立"提议遭到政府坚决拒绝等,无不彰显出政府对于商会自治权力的限制。

民国南京政府时期,虽然国家权力空前强大,但其对基层的控制力并未因此而有大的改观。美国学者 David Strand 认为,"民国时期的国家政权,一如当代第三世界新兴国家之通例,一方面固因拥有新式军事组织与庞大官僚机构,而使国家权力大为强化;然而其强固的程度,却又不足以抗御外力侵侮,更无法维持国内政治秩序,进行有效的社会控制"。[3] 这一描述无疑是符合历史事实的。黄宗智在其研究中也曾指出:民国时期的国家机器虽有进一步渗入地方社会的强烈意图,毕竟无力将正式的官吏和权力直接伸进县以下的各级行政组织,以致政府与地方社会间利害矛盾的调剂,仍须仰仗各色

〔1〕 沈松侨:"地方精英与国家权力——民国时期的宛西自治(1930~1943)",载《"中央"研究院近代史研究所集刊》1992 年第 21 期。

〔2〕 陈之迈:《中国政府》(第 3 册),上海商务印书馆 1945 年版,第 67~68 页。转引自沈松侨:"地方精英与国家权力——民国时期的宛西自治(1930~1943)",载《"中央"研究院近代史研究所集刊》1992 年第 21 期。

〔3〕 David Strand, "Mediation, Representation, and Repression: Local Elites in 1920s Beijing", in Joseph Esherick and Mary Rankin eds., Chinese Local Elites and Patterns of Dominance, pp. 217–218;转引自沈松侨:"地方精英与国家权力——民国时期的宛西自治(1930~1943)",载《"中央"研究院近代史研究所集刊》1992 年第 21 期。

地方精英为之中介。[1] 正是由于政府对地方精英的依赖,促使其势力不断壮大,甚至反过来对政府产生影响。杜赞奇指出:20 世纪中国国家组织不断扩张,权力所及的范围持续扩大,然而,此一过程却是透过经纪(brokerage)的手段进行。也就是说,国家的各级行政机构虽然日益膨胀,但却始终无法直接伸入农村基层,而不得不仰仗地方权力精英所掌握的各类非正式组织(informal structures)扮演中介者的角色,以便有效遂行各项行政机能。在这种"内卷化"的演进模式下,地方精英成为一股难以驾驭的社会势力,侵夺了国家在地方政治过程中的支配角色,[2] 以虞洽卿为代表的"政商"就是其中之典型。

地方社会势力的崛起,必然要在制度和秩序建构中体现自身意志,维护自身利益。因而,以商会为主体的商人阶层不仅积极参与政治活动、城市市政管理活动、立法司法活动等,还积极谋求进一步扩大其权力。清末民初,政府和商会就商会身份的争夺、商事裁判权力的博弈,无不彰显出社会势力的崛起与国家权力扩张之间的复杂纠葛关系。

应该说,近代中国权力结构的变动是国家治理模式变动的结果,与此前中国的权力结构截然有异。正如学者所指出的,前近代帝国基础结构权力的不发达,不能简单地理解为帝国没有足够的能力深入民间,更不宜把这种相对"软弱"的基础渗透力,视为民间控制力增强并抵消和减弱国家渗透力的结果。事实上,这种地方治理方式在很大程度上出自国家的设计。[3] 这种局面的形成不是国家失去了对基层社会进行控制的能力,而是失去了向社会底层渗透的动力。可是到了近代,实际情形正好相反。由于受到西方列强的持续性紧逼,晚清民初的这段时间,国家正值拥有这种向社会渗透的新型动力的最高峰,晚清帝国为了向民族国家的普世性目标转变,竭尽全力地向地方社会渗透,通过榨取地方资源而用于现代化的建设。这个榨取的过程是通

〔1〕[美]黄宗智著:《华北的小农经济与社会变迁》,中华书局 2000 年版,第 298 页。

〔2〕[美]杜赞奇著:《文化、权力与国家:1900~1942 年的华北农村》,王福明译,江苏人民出版社 2010 年版,第 53~56 页。

〔3〕李怀印:"中国乡村治理之传统形式:河北省获鹿县之实例",载[美]黄宗智主编:《中国乡村研究》,商务印书馆 2003 年版,第 102 页。

过“跨地域”的形式得以实现的。[1] 商会的设立、商事公断制度的形成可以说都是其衍生物。政府对商会的管控与专业上的依赖始终贯穿于商事公断制度发展全过程,只是在前后不同时期,由于政府自身权力结构的变化及外部环境等因素影响,政府的管控力和依赖程度成反比关系。譬如清末和民初,政府的社会管控力下降,其在商事纠纷解决中对商会的依赖性则较强;在南京国民政府时期,政府的管控力上升,其对商会的依赖程度则逐渐下降。但二者并非对立,而是形成以政府为主导、商会也有自主权的互补关系,“因此,从整体上看,二者之间多数情况下是一种相互合作,共同促进经济发展的关系。一旦出现冲突,两者都会利用自身优势进行博弈、较量。在博弈过程中,政府以不影响基本经济运行状况为底线,而商会以不侵害政府领导权为宗旨,最终在相互碰撞和妥协的过程中达到平衡”。[2]

四、制度变迁的路径依赖

制度变迁不仅深受经济、社会、权力结构变动等外部因素制约,同时也受自身发展的惯性影响,具有明显的路径依赖特点。

制度经济学认为,“有两种力量型塑了制度变迁的路径:报酬递增,以及以明显的交易费用为其特征的不完全市场”。[3] 如前所述,无论晚清政府,还是民国北京政府,乃至此后的南京国民政府,其与商人阶层或商会之间的关系都不是对立的,而是具有明显的互补性,可以相互合作。政府需要商会来发展商业、维持商业社会秩序、增强国力,而商会则希冀获得政府支持,扩大规模,提高社会影响力。因此对于双方而言,合则两利,分则有害,合作会带来报酬递增。这就形成商事公断制度变迁的第一种力量——一致的利益追求。然而,毋论政府如何,它都是国家的掌控者,不会也不可能允许有一个

〔1〕 杨念群:“‘地方性知识’、‘地方感’与‘跨区域研究’的前景”,载《天津社会科学》2004 年第 6 期。

〔2〕 郑成林、张世慧:“控制与依赖:南京国民政府时期商会商事仲裁制度述论”,载《江汉论坛》2015 年第 5 期。

〔3〕 [美]道格拉斯·诺思著:《制度、制度变迁与经济绩效》,杭行译,韦森译审,格致出版社、上海人民出版社 2008 年版,第 130 页。

力量超越它的团体组织或阶层存在,必然要对其进行压制,由此而形成双方之间的权利让渡与获得。政府让渡部分权利给商会,以获得商会对政府的服从和商业经济利益,而商会则以此获得有限的自主权,包括商事裁判权,类似于双方之间以权利交易为特征的不完全市场。这就是商事公断制度变迁的第二种力量——权利的让渡与获得。

由于"制度结构是正式规则、非正式约束以及它们的实施特征的结合",[1]因此其"变迁通常由对构成制度框架的规则、规范和事实的复杂结构的边际调整所组成"。[2] 然而,不容忽视的是,构成制度的正式规则、非正式约束具有很强的稳定性,这就决定了制度变迁并非朝夕之间可以完成,而是一个渐进的过程,战争、革命、征服以及自然灾害等都是导致制度变迁的重要因素。战争破坏了社会的原有秩序,而革命和征服则导致正式规则的剧烈变动。然而,正式规则改变了,并不意味着非正式约束也随之改变,因为非正式约束"来自于社会传递的信息,并且是我们所谓的文化传承的一部分"。[3] 由此在正式规则与非正式约束间形成一种持续的张力,并且由于"许多非正式约束仍然保持着强劲的生存韧性,因为它们仍然在解决着参与者之间的基本交换问题——无论是社会的、政治的,还是经济的。随着时间的推移,结果往往是:在两个方向上,所有的约束都将重构,继而产生出一个新的均衡,这种新均衡远不是那么的革命"。[4] 换言之,亦即思想文化习惯等意识形态因素制约着制度变迁和创新,近代商事公断制度的变迁史证实了这一点。譬如商事纠纷解决形式从"公议"向"公断"的嬗变、固有商事习惯仍是商事纠纷的主要解决依据、商人遇有争议首先想到的是去商会或请第三人调处等,无不是传统法律文化的印痕,彰显出传统商事习惯和商文化、旧思维方式的

[1] [美]道格拉斯·诺思著:《理解经济变迁过程》,钟正生、邢华等译,杨瑞龙、郑江淮校,中国人民大学出版社 2008 年版,第 6 页。

[2] [美]道格拉斯·诺思著:《制度、制度变迁与经济绩效》,杭行译,韦森译审,格致出版社、上海人民出版社 2008 年版,第 114 页。

[3] [美]道格拉斯·诺思著:《制度、制度变迁与经济绩效》,杭行译,韦森译审,格致出版社、上海人民出版社 2008 年版,第 51 页。

[4] [美]道格拉斯·诺思著:《制度、制度变迁与经济绩效》,杭行译,韦森译审,格致出版社、上海人民出版社 2008 年版,第 125 页。

影响。

五、近代商事公断制度的历史意义

17 世纪以来，建构现代式的民族国家是近代世界政治的共同趋势，统一司法只是其附属产品。商事公断制度处于这一时代潮流中，自然不能独善其身。从传统走向现代，从粗糙转为成熟，由商事纠纷解决机制的重要一极、可以与国家司法体系分庭抗礼到沦落衰微为司法体系的一个环节，成为其附庸。商事公断制度的这一发展历程是与历史发展大势相一致的。就此而言，商事公断制度的历史结局早已注定。今天我们重新回顾商事公断制度的发生发展历程，在感慨叹息于其历程之艰辛、命运之多舛的同时，对其历史意义着墨一二，不但并不多余，而且颇有必要。

通过前文相关考察和分析，笔者认为，近代商事公断制度的发生发展史留给我们的历史启示主要有如下几点：

首先，一项制度、一部法规都必须是建立于民情国情上，不可以超脱现实，但又不能故步自封，而应该是开放的、包容的。近代商事公断制度是东西方法律文化的共同结晶，既没有脱离当时商业、商人以及社会的现实情况，也与世界法律潮流相同步，具有非常强的现实可操作性。例如，冶中式“公议”与西式商事裁判于一炉，而成一颇具特色的新式解纷形式——“公断”，在具体的公断实践中，既依据固有商事习惯，又不排斥现代法律原则和条文，因而取得了良好的实施效果，得到政府、商人包括商会的赞许和支持。

其次，一项良好的制度、一部良善的法律，必然是能够体现和兼顾多方利益的，是各方力量博弈和妥协的产物，强大的一方并未因其力量强大而罔顾他人尤其是弱者的利益。近代商会法律制度是政府和商会之间互相博弈妥协而形成的，它体现出了各方的利益要求，政府希望有一个稳定有序的商业，商会则希望获得较多的自主权，以此为基点，双方达到均衡，促使商事公断法律制度不断完善成熟。而且由于商事公断法律制度既体现了政府的意志和要求，也体现了商会的意图与利益，因此能够得到双方的承认和支持，在具体实践中得到很好的贯彻执行。

再次,政府权力结构情况和司法体系的建设目标直接决定着商事公断制度的法律地位。自清末到民初,中央权威式微,地方势力日隆,商会在社会中的地位和影响也不断提升,商事公断制度在司法体系中的地位也因此而得到提高。虽然其时的司法改革目标是实现司法独立和司法统一,但由于中央政府既无强大武力为后盾,又没有充裕财力作支撑,所以司法独立和司法统一始终停留在起步阶段,仍然需要民间社会的解纷途径作为重要辅助。至民国南京政府时期,中央政府权威空前强盛,不仅有强大的军事武装,还有比较宽裕的财力,因此开始着手整顿压制地方势力,加之政府人才储备也比以前有较大提高,短短数年时间,便建成六法全书法律体系,司法统一成为可能。受其影响,商会的地位和影响力萎缩,商事公断制度的法律地位岌岌可危,虽然最终由于诸多原因未被废止,但其法律权威已大为下降。

最后,从前述可知,商事公断制度的变迁不仅降低了维权成本,也改变了商人之间的社会关系结构。从社会学的视角来看,社会关系的结构影响着当事人是否通过诉讼来解决纠纷。当现有的关系对当事人来说很重要时,他们一般更倾向于诉诸非法律性的途径解决纠纷。美国法学家斯图尔特·麦考利(Stewart Macaulay)指出,在商业领域中,规避法律是一种建立和维系良好的商业关系的方式,"纠纷的解决很少提及合同或者潜在的/现实的法律制裁。在谈判中,商人们不愿意宣称法律权利或者作出诉讼威胁"。[1] 据此,近代商事公断制度之所以具有顽强的生命力,其根源在于社会的需要和根深蒂固的法律传统。

制度经济学家诺思曾断言:"制度变迁决定了人类历史中的社会演化方式,因而是理解历史变迁的关键。"[2] 诺思的这一论断虽然是就经济制度而言的,但同样也适用于法律制度。一部商事公断制度的发生发展史,是我们了解近代中国社会变迁的窗口,也是理解近代中国法律制度变迁的一个

---

〔1〕 Macaulay, Stewart. "Non-Contractual Relations in Business", in Vilhelm Aubert (ed.), Sociology of Law, Harmondsworth, England: Penguin Books, Ltd. 转引自[美]史蒂文·瓦戈:《法律与社会》,梁坤、邢朝国译,中国人民大学出版社 2011 年版,第 221 页。

〔2〕 [美]道格拉斯·诺思著:《制度、制度变迁与经济绩效》,杭行译,韦森译审,格致出版社、上海人民出版社 2008 年版,第 3 页。

路径。

自20世纪90年代以来，面对纠纷爆发的现实情形，法律实务界和学术界均提出了诸多对策建议，多元化纠纷解决机制、非诉讼纠纷解决机制等理论概念相继被引介而来，大调解、纠纷解决联动机制等制度措施也相继出台，有力地缓解了纠纷诉讼爆炸的困境。而在这一制度变迁过程中，传统的重要性越来越为人们所认可。2000年最高人民法院决定在我国法院系统施行大民事审判制度，涉及公司、证券、保险等典型性商事案件统归民二庭审理，其工作性质被最高人民法院定位为民商事审判工作。

司法实务界的这些举措，直接带动了学界的相关研究，尤其是有关商事审判、商事仲裁的学术研究。虽然实务界和学术界都承认，民事纠纷解决与商事纠纷解决不同，具有自己的客观规律和裁判理念，但是对如何区分商事立法与民事立法、商事交易与民事交易，商事裁判的客观规律、裁判理念是什么，商事审判的内在规律及其特殊性要求又是什么等问题，学术界从不同的学术进路进行了阐释。譬如，罗培新教授从代理成本的角度进行了论述，认为商事裁判在以下两个方面呈现出区别于民事裁判的两大特征：其一，与民事裁判所依循的法律规则相对完备不同，商人无穷无尽的创造力经常使法律纠纷突破既有法律框架，法律规则经常处于供给不足的状态，法官必须创造性地适用法律。在“无规定，适用惯例；无惯例，遵从法理”的裁判理路中，发现并遵循商事裁判的价值与规律显得尤为重要，因为这正是属于商事裁判的“法理”。其二，与民事裁判可以依循的价值观相对稳定不同，商事裁判在体认、促进和维护商事创新的同时，又必须遏制过度创新所带来的道德风险，而此种道德风险源于商事交易固有的组织法上及行为法上的代理成本，此种价值观相对而言更难把握。建议建立相对稳定且专业的裁判队伍、确立商业惯例和商事判例的法律渊源地位、试行商人“参与裁判制”、树立以内化代理成本为进路衡平各方利益的裁判理路。[1] 其他还有诸如营利、效率、专业技

[1] 罗培新：“论商事裁判的代理成本分析进路”，载《法学》2015年第5期。

术、公平等进路的研究论述。[1] 笔者在此无意也无法去评判,只是发现学者们所提出的一些对策建议,似乎都可以在近代商事公断制度中窥见端倪,如商事习惯的广泛适用与法源地位的确立、商人参与裁判等。虽然历史往往有着惊人的相似,但也不能复制旧制,毕竟时代不同,然而这并不妨碍我们可以从中汲取经验智慧以为今日之借鉴。也许,这就是近代商事公断制度于今日商事司法改革之意义所在!

世界是多样的,法律传统亦然。"每一种主要的、复杂的法律传统都向这个世界提供着其他传统所没有或不能提供的东西,并且每一种传统都最终将意识到这一点。因此,经历几千年的法律历史之后,主要的法律传统之间可能将会产生某种(总体上的)'稳定化'。这个世界仍然还需要主要的法律传统,因为需要这样的传统的主题仍然存在。"[2] 近代商事公断制度的发生发展史是东西方法律传统冲突调和的一个侧记,而于当下法制建设而言,它又成为我们不可忽视的法律传统之一。今日世界之法律发展是多样的、可持续的,维护法律发展的多样性与可持续性,需要我们超越宽容,秉持多价思维,实现共赢。

---

〔1〕 代表性的文献如王保树:"商事审判的理念与思维",载《山东审判》2010 年第 2 期;叶林:"商法理论与商事审判",载《法律适用》2007 年第 9 期;赵万一:"商法的独立性与商事审判的独立化",载《法律科学》2012 年第 1 期;范健:"商事审判独立性研究",载《南京师范大学学报》(社会科学版)2013 年第 3 期。

〔2〕 [加]帕特里克·格伦著:《世界法律传统》(第 3 版),李立红、黄英亮、姚玲译,北京大学出版社 2009 年版,第 409 页。

参考文献

一、史料

《辞海》1999 年版缩印本，上海辞书出版社 2000 年版。

《辞源》(修订本)，商务印书馆 2010 年版。

《大清法规大全·法律部》，北京政学社印行。

《大清光绪新法令》，上海商务印书馆宣统二年铅印本。

《东方杂志》。

《法令周刊》。

《工商学报》。

《光绪政要》。

《华商联合报》。

《京师商事公断处公断书录》。

《清实录》。

《商业月报》。

《上海碑刻资料选辑》，上海人民出版社 1980 年版。

《上海地方审判厅司法实记》。

《申报》。

《时报》。

《时事新报》。

《司法公报》。

华中师范大学研究所、苏州市档案馆编:《苏州商会档案丛编》(第1—4辑),华中师范大学出版社1991年版。

天津市档案馆等编:《天津商会档案汇编(1903~1911)》,天津人民出版社1989年版。

天津市档案馆等编:《天津商会档案汇编(1912~1928)》,天津人民出版社1992年版。

天津市档案馆等编:《天津上会档案汇编(1928~1937)》,天津人民出版社1996年版。

《万国商业月报》。

《袁世凯奏议》。

《政府公报》。

《政府公报分类汇编》。

《中央商学会杂志》。

《字林西报》。

陈忠倚辑:《皇朝经世文三编》。

何良栋辑:《皇朝经世文四编》。

求是斋辑:《皇朝经世文编五集》。

麦仲华辑:《皇朝经世文新编》。

邵之棠辑:《皇朝经世文统编》。

前司法部编:《增订司法例规》。

工商部编:《工商会议报告录》,1913年3月。

洪焕春等编:《明清苏州工商业碑刻集》,江苏人民出版社1981年版。

怀效锋主编:《清末法制变革史料》,中国政法大学出版社2010年版。

江苏省博物馆编:《江苏省明清以来碑刻资料选集》,生活·读书·新知三联书店1959年版。

江苏省商业厅、中国第二历史档案馆编:《中华民国商业档案资料汇编》(1912~1928),中国商业出版社1991年版。

江苏省实业司编辑:《江苏省实业行政报告书》,民国二年。

龙云修、周钟岳等纂:《续云南通志长编》(下册),云南省地方志编纂委员会1986年版。

上海市工商业联合会、复旦大学历史系编:《上海总商会组织史料汇编》,上海古籍出版社2004年版。

上海市工商业联合会编:《上海总商会议事录》,上海古籍出版社2006年版。

实业部中国经济年鉴编撰委员会:《中国经济年鉴续编》(下册),商务印书馆1935年版。

四川大学历史系、四川省档案馆编:《清代乾嘉道巴县档案选编》(上册),四川大学出版社1989年版。

四川省档案馆、四川大学历史系编:《清代乾嘉道巴县档案选编》(下册),四川大学出版社1991年版。

四川省调查局:《调查川省诉讼习惯报告书》,无出版信息,藏中国社会科学院法学研究所图书馆。

修订法律馆编辑:《法律草案汇编》,1926年印行。

赵靖、易梦虹主编:《中国近代经济思想资料选辑》,中华书局1982年版。

赵宁禄主编:《中华民国商业档案资料汇编》(1912~1928),中国商业出版社1991年版。

二、中文著作

[比利时]亨利·皮朗著:《中世纪欧洲经济社会史》,乐文译,上海人民出版社2014年版。

[加]帕特里克·格伦著:《世界法律传统:法律的持续多样性》,李立红、黄英亮、姚玲译,北京大学出版社2009年版。

[美]埃尔曼著:《比较法律文化》,贺卫方、高鸿钧译,三联书店1990年版。

[美]R. M. 昂格尔著:《现代社会中的法律》,吴玉章、周汉华译,中国政法大学出版社1994年版。

[美]步德茂著:《过失杀人、市场与道德经济——18 世纪中国财产权的暴力纠纷》,张世明、刘亚丛、陈兆肆译,张世明、[美]步德茂审校,社会科学文献出版社 2008 年版。

[美]陈锦江著:《清末现代企业与官商关系》,王笛、张箭译,虞和平审校,中国社会科学出版社 2010 年版。

[美]道格拉斯·诺思著:《理解经济变迁过程》,钟正生、邢华等译,杨瑞龙、郑江淮校,中国人民大学出版社 2008 年版。

[美]道格拉斯·诺思著:《制度、制度变迁与经济绩效》,杭行译,韦森译审,格致出版社、上海人民出版社 2008 年版。

[美]杜赞奇著:《文化、权力与国家:1900 ~ 1942 年的华北农村》,王福明译,江苏人民出版社 2010 年版。

[美]费正清、刘广京编:《剑桥中国晚清史(1800 ~ 1911 年)》(下卷),中国社会科学出版社 1985 年版。

[美]哈罗德·J. 伯尔曼著:《法律与革命——西方法律传统的形成》,贺卫方等译,中国大百科全书出版社 1993 年版。

[美]郝延平著:《中国近代商业革命》,陈潮、陈任译,上海人民出版社 1991 年版。

[美]黄宗智著:《华北的小农经济与社会变迁》,中华书局 2000 年版。

[美]黄宗智著:《经验与理论:中国社会、经济与法律的实践历史研究》,中国人民大学出版社 2007 年版。

[美]黄宗智著:《清代的法律、社会与文化:民法的表达与实践》,上海书店出版社 2007 年版。

[美]吉尔伯特·罗兹曼主编:《中国的现代化》,国家社会科学基金"比较现代化"课题组译,江苏人民出版社 2010 年版。

[美]罗威廉著:《汉口:一个中国城市的冲突和社区(1796 ~ 1895)》,鲁西奇、罗杜芳译,马钊、萧致治审校,中国人民大学出版社 2008 年版。

[美]史蒂文·瓦戈著:《法律与社会》,梁坤、邢朝国译,中国人民大学出版社 2011 年版。

[日]棚濑孝雄著:《纠纷的解决与审判制度》,王亚新译,中国政法大学出版社2004年版。

[日]山本进著:《清代社会经济史》,李继锋、李天逸译,贾国山审校,山东画报出版社2012年版。

[日]中岛乐章著:《明代乡村纠纷与秩序》,郭万平、高飞译,江苏人民出版社2010年版。

[英]S.斯普林克尔著:《清代法制导论——从社会学角度加以分析》,张守东译,中国政法大学出版社2000年版。

(明)洪应明著:《菜根谭》,凤凰出版社2008年版。

(明)凌濛初著:《二刻拍案惊奇》,吉林文史出版社2006年版。

(清)黎士宏著:《理信存稿》,清康熙九年刻本。

(清)王先慎撰,钟哲点校:《韩非子集解》,中华书局1998年版。

蔡虹、刘加良、邓晓静著:《仲裁法学》,北京大学出版社2009年版。

蔡晓荣著:《晚清华洋商事纠纷之研究》,中华书局2013年版。

陈清泰主编:《商会发展与制度规范》,中国经济出版社1995年版。

陈旭麓著:《近代中国社会的新陈代谢》,上海人民出版社1992年版。

陈亚平编著:《寻求规则与秩序:18~19世纪重庆商人组织的研究》,科学出版社2014年版。

大理院书记厅编:《大理院判决录》,民国三年四月。

戴炎辉著:《清代台湾之乡治》,台湾联经出版事业公司1979年版。

窦季良编:《同乡组织之研究》,正中书局1943年版。

范金民著:《明清江南商业的发展》,南京大学出版社1998年版。

范金民等著:《明清商事纠纷与商业诉讼》,南京大学出版社2007年版。

范愉、李浩著:《纠纷解决——理论、制度与技能》,清华大学出版社2010年版。

范愉著:《非诉讼纠纷解决机制研究》,中国人民大学出版社2000年版。

冯筱才著:《政商中国:虞洽卿与他的时代》,社会科学文献出版社2013年版。

傅衣凌著:《明清时代商人及商业资本·明清江南市民经济试探》,中华书局 2007 年版。

(清)葛元煦撰,郑祖安标点:《沪游杂记》,上海古籍出版社 1989 年版。

顾培东著:《社会冲突与诉讼机制》,法律出版社 2004 年版。

何秉棣:《中国会馆史论》,台北,学生书局 1966 年。

何勤华、李秀清主编:《民国法学论文精萃》(第 5 卷),法律出版社 2004 年版。

胡长清著:《中国民法总论》,中国政法大学出版社 1997 年版。

江伟主编:《民事诉讼法学》,复旦大学出版社 2002 年版。

金观涛、刘青峰著:《观念史研究——中国现代重要政治术语的形成》,法律出版社 2009 年版。

金耀基著:《从传统到现代》,法律出版社 2010 年版。

李启成著:《晚清各级审判厅研究》,北京大学出版社 2004 年版。

李炘:《考核商事公断处情形报告书》(1926);《法律评论》1926 年第 171—174 期。

李长莉、左玉河主编:《近代中国的城市与乡村》,社会科学文献出版社 2006 年版。

李长莉等著:《中国近代社会生活史》,中国社会科学出版社 2015 年版。

梁漱溟著:《中国文化要义》,上海人民出版社 2011 年版。

刘揆一著:《刘揆一集》,华中师范大学出版社 1991 年版。

刘朗泉著:《中国商事法》,商务印书馆 2011 年版(上海商务印书馆 1937 年初版)。

马敏、朱英著:《传统与近代的二重变奏——晚清苏州商会个案研究》,巴蜀书社 1993 年版。

马敏、朱英著:《辛亥革命时期苏州商会研究》,华中师范大学出版社 2011 年版。

马敏著:《马敏自选集》,华中理工大学出版社 1999 年版。

那思陆著:《清代州县衙门审判制度》,范忠信等校,中国政法大学出版社 2006 年版。

南京国民政府司法行政部编:《民事习惯调查报告录》(下册),胡旭晟、夏新华、李交发点校,中国政法大学出版社 2000 年版。

彭泽益主编:《中国工商行会史料集》,中华书局 1995 年版。

邱澎生、陈熙远编:《明清法律运作中的权力与文化》,台湾地区"中央"研究院、联经出版有限公司 2009 年版。

邱澎生著:《当法律遇上经济:明清中国的商业法律》,台北,五南图书出版有限公司 2008 年版。

瞿同祖著:《清代地方政府》,范忠信、晏锋译,法律出版社 2003 年版。

瞿同祖著:《瞿同祖法学论著集》,中国政法大学出版社 2004 年版。

全汉升著:《中国行会制度史》,台北,食货出版有限公司 1986 年版。

(清)盛宣怀撰:《愚斋存稿》(第 7 卷),盛氏刊本 1939 年版。

汤志钧主编:《近代上海大事记》,上海辞书出版社 1989 年版。

田成有著:《乡土社会中的民间法》,法律出版社 2005 年版。

汪庆祺编:《各省审判厅判牍》,李启成点校,北京大学出版社 2007 年版。

汪祖兴著:《国际商会仲裁研究》,法律出版社 2005 年版。

王保树主编:《中国商事法》,人民法院出版社 1996 年版。

王笛著:《跨出封闭的世界——长江上游区域社会研究(1644 ~ 1911)》,中华书局 2001 年版。

王红梅著:《商会与中国法制近代化》,南京师范大学出版社 2011 年版。

王日根著:《明清民间社会的秩序》,岳麓书社 2003 年版。

王孝通著:《中国商业史》,团结出版社 2006 年版。

吴慧著:《中国古代商业》,商务印书馆 1998 年版。

吴佩林著:《清代县域民事纠纷与法律秩序考察》,中华书局 2013 年版。

郑观应著,夏东元编:《郑观应集》(上册),上海人民出版社 1982 年版。

谢鸿飞著:《法律与历史:体系化的法史学与法律历史社会学》,北京大学出版社 2012 年版。

谢森、陈士杰、殷吉墀编:《民刑事裁判大全》,卢静怡点校,北京大学出版社 2007 年版。

谢振民编著:《中华民国立法史》(下),张知本校订,中国政法大学出版社 2000 年版。

徐珂编撰:《清稗类钞》,中华书局 2010 年版。

(清)薛允升撰:《唐明律合编》,怀效锋、李鸣点校,法律出版社 1999 年版。

姚贤镐编:《中国近代对外贸易史资料(1840~1895)》(第 2 册),中华书局 1962 年版。

银行周报社编辑:《票据法研究》,上海银行周报社 1922 年版。

虞和平著:《商会与早期中国现代化》,台北,东大图书股份有限公司 1995 年版。

张松著:《变与常:清末民初商法建构与商事习惯之研究》,中国社会科学出版社 2010 年版。

张渝著:《清代中期重庆的商业规则与秩序》,中国政法大学出版社 2010 年版。

张仲礼主编:《东南沿海城市与中国近代化》,上海人民出版社 1996 年版。

朱荫贵主编:《近代中国:经济与社会研究》,复旦大学出版社 2006 年版。

朱英、郑成林主编:《商会与近代中国》,华中师范大学出版社 2005 年版。

朱英著:《近代中国商会、行会及商团新论》,中国人民大学出版社 2008 年版。

朱英著:《转型时期的社会与国家——以近代中国商会为主体的历史透视》,华中师范大学出版社 1997 年版。

朱勇著:《中国法律的艰辛历程》,黑龙江人民出版社 2002 年版。

三、论文

(一)期刊论文

蔡晓荣:“论清末商会对华洋商事纠纷的司法参预”,载《学术探索》2006 年第 1 期。

常健:“清末民初商会裁判制度:法律形成与特点解析”,载《华东政法大学学报》2008 年第 5 期。

邓建鹏:“清代诉讼费用研究”,载《清华大学学报》(哲学社会科学版)2007 年第 3 期。

冯筱才:“中国商会史研究之回顾与反思”,载《历史研究》2001 年第 5 期。

付海晏、匡小烨:“从商事公断处看民初苏州的社会变迁”,载《华中师范大学学报》(人文社会科学版)2004 年第 2 期。

付海晏:“民初商会舆论的表达与实践——立足于商事裁判权的历史研究”,载《开放时代》2002 年第 5 期。

付海晏:“民初商事公断处研究”,载《近代史学刊》2001 年第 1 辑。

付海晏:“清末民初商事裁判组织的演变”,载《华中师范大学学报》(人文社会科学版)2002 年第 2 期。

贺卫方:“英美法与中国(代引言)”,载《比较法研究》1991 年第 4 期。

胡光明:“论北洋时期天津商会的发展与演变”,载《近代史研究》1989 年第 5 期。

胡光明:“论早期天津商会的性质与作用”,载《近代史研究》1986 年第 4 期。

李栋、漆晓昱:“中国法律近代化道路选择的误读与驳正——兼谈英美法与中国法律近代化研究的意义”,载《湖北大学学报》(哲学社会科学版)2013 年第 6 期。

刘红娟:“近代中国商会商事公断处职能研究的启示”,载《社会科学战线》2006 年第 3 期。

罗培新:“论商事裁判的代理成本分析进路”,载《法学》2015 年第 5 期。

马敏、付海晏:“近 20 年来的中国商会史研究(1990 ~ 2009)”,载《近代史研究》2010 年第 2 期。

马敏:“商事裁判与商会——论晚清苏州商事纠纷的调处”,载《历史研究》1996 年第 1 期。

乔素玲:“晚清商人法律意识初探”,载《江西社会科学》2003 年第 6 期。

邱澎生:“禁止把持与保护专利:试析清末商事立法中的苏州金箔业讼案”,载《中外法学》2000 年第 3 期。

邱岳:“近代行业纠纷解决机制理论探微——以自贡盐业纠纷解决机制为例”,载《四川理工学院学报》(社会科学版)2010 年第 5 期。

任云兰:“论近代中国商会的商事仲裁功能”,载《中国经济史研究》1995 年第 4 期。

沈松侨:“地方精英与国家权力——民国时期的宛西自治(1930 ~ 1943)”,载《中央研究院近代史研究所集刊》1992 年第 21 期。

沈祖炜:“清末商部、农工商部活动述评”,载《中国社会经济史研究》1983 年第 2 期。

宋美云:“中国近代经济社会的中介组织——天津商会(1912 ~ 1927)”,载《天津社会科学》1999 年第 1 期。

谈萧:“近代中国商会惩戒规则与纠纷解决之研究”,载《社团管理研究》2011 年第 4 期。

谈萧:“制度变迁中的自治秩序——以近代以来中国商会自治规则为例”,载《山东大学学报》(哲学社会科学版)2009 年第 6 期。

陶水木、郎丽华:“略论民国后期杭州商会的商事公断”,载《商业经济与管理》2003 年第 11 期。

王彬、张晓萍:“社会转型中的商会裁判——以清末民初的天津商会为分析对象”,载《甘肃政法学院学报》2012 年第 5 期。

王红梅:“清末商会商事纠纷调处的规范化”,载《盐城工学院学报》(社会科学版)2009 年第 1 期。

王兰:“中国传统商会纠纷解决机制之功能分析——以调解为视角”,载《仲裁研究》2007 年第 2 期。

王振忠:“上海徽商余之芹的生平及其时代”,载《安徽史学》2013 年第 2 期。

徐鼎新:“清末上海若干行会的演变和商会的早期形态”,载《中国近代经济史研究资料》第9辑。

应莉雅:“近十年来国内商会史研究的突破与反思”,载《中国社会经济史研究》2004年第3期。

虞和平:“近代商会的法人社团性质”,载《历史研究》1990年第5期。

虞和平:“论刘揆一的工商活动”,载《湖南师范大学社会科学学报》1985年第5期。

虞和平:“清末民初商会的商事仲裁制度建设”,载《学术月刊》2004年第4期。

张东刚:“商会与近代中国的制度安排与变迁”,载《南开经济研究》2000年第1期。

张启耀、黄红莲:“晚清商会经济纠纷调理权再探讨”,载《求是学刊》2008年第3期。

张松:“试析民初商事公断的法律性质——基于非诉讼纠纷解决的视角”,载《南京大学法律评论》2011年春季号。

张松:“民初公断处探析——以京师商事公断处为中心”,载《政法论坛》2010年第3期。

张松:“清末民初商会与政府的法律博弈”,载《求索》2011年第8期。

张松:“从公议到公断:清至民国民间商事解纷形式的嬗变”,载《政法论坛》2014年第5期。

郑成林、张世慧:“控制与依赖:南京国民政府时期商会商事仲裁制度述论”,载《江汉论坛》2015年第5期。

郑成林:“近代中国商事仲裁制度演进的历史轨迹”,载《中州学刊》2002年第6期。

郑成林:“清末民初商事仲裁制度的演进及其社会功能”,载《天津社会科学》2003年第2期。

朱英:“国民党‘三大’前后的商会存废之争与商民协会的解散”,载《华中师范大学学报》(人文社会科学版)2010年第5期。

朱英:“论民元临时工商会议”,载《近代史研究》1998年第3期。

朱英:“论晚清的商务局、农工商局”,载《近代史研究》1994 年第 4 期。

朱英:“清末商会‘官督商办’的性质与特点”,载《历史研究》1987 年第 6 期。

朱英:“清末苏州商会调解商事纠纷述论”,载《华中师范大学学报》(人文社会科学版)1993 年第 1 期。

(二)学位论文

敖凯:《京师总商会研究(1906 ~ 1928)》,首都师范大学 2011 年硕士学位论文。

付海晏:“民初商事公断处:商事裁判与调处——以苏州商事公断处为个案研究”,华中师范大学 2001 年硕士学位论文。

胡谦:“清代民事纠纷的民间调处研究”,中国政法大学 2007 年博士学位论文。

李姣:“中国近代商会立法与商会治理”,华中师范大学 2013 年硕士学位论文。

刘承涛:“近代中国商会理案制度研究——以苏沪两地为中心(1902 ~ 1927)”,华东政法大学 2012 年博士学位论文。

孟慧敏:“民初奉天商事公断处研究”,辽宁大学 2012 年硕士学位论文。

盛雷:“‘二衙门’的最后时光:1945 ~ 1949 年的青岛市商会研究”,华中师范大学 2009 年硕士学位论文。

时攀:“近代云南总商会商事公断机制探析”,云南大学 2011 年硕士学位论文。

史佳:“1907 ~ 1927 年保定商会研究”,河北大学 2009 年硕士学位论文。

王志华:“民国初年商会商事公断研究——以上海总商会商事公断处为例”,复旦大学 2005 年硕士学位论文。

赵婷:“民国时期的商事公断制度”,江西财经大学 2008 年硕士学位论文。

四、外文著作

Madeleine Zelin(曾小萍),“Merchant Dispute Mediation in Twentieth—

Century, Zi gong, Si-chuan", in Kathryn Bernhardt and Philip C. C. Huang (eds.), *Civil Law in Qing and Republican China*, Stanfrd University Press, 1994.

Madeleine Zelin, *The Merchant of Zigong*: *Industrial Entrepreneurship in Early Modern China*, Columbia University Press, 2005.

五、网络资料

上海地方志办公室网站——专业志——上海工商社团志,资料来源 http://www. shtong. gov. cn/Newsite/node2/node2245/node4538/node56987/node56992/node56995/userobject1ai45365. html。

后　记

清末民初是中国历史上的一个关键转型时期，政治、经济、社会、法制等诸多领域均发生深刻变动。当此时，不仅东西方之间存在着多层次、多方位的较量与冲突，即就本土传统而言，也面临着“新陈代谢”与破茧重生。譬如具有悠久传统的民间商事纠纷解决方式——行业“公议”在时代大潮中蜕变为商会“公断”，继续在商事纠纷解决机制中发挥着重要作用，有力地弥补了国家法之不足。然而较之于传统的行业“公议”，近代的商会“公断”无论是在形式上，还是在实质内容和法律地位上均有着很大不同，且已被纳入国家法制建设框架之中，是国家法律体系之一部分。因而，商会商事公断制度也可被视为近代中国法治化之产物，是理解近代中国法制转型的一扇窗口。

我对近代商会商事公断制度的关注最初源于博士论文的撰写。我的博士论文是以商事习惯为主题对象，探寻其与近代商法建构的关系，其中有涉及商事习惯在商事纠纷解决中的地位作用问题，因而对商会商事公断制度有所触及。2011 年我以《从公议到公断：清末民初的商事公断制度研究》为题，申报教育部人文社科基金项目，侥幸得中，获准立项，本书为该项目最终研究成果。

今年夏初，书稿告竣，于笔者而言乃如卸下重负般，顿感放松，心情也颇为愉悦。虽然笔者也曾为此付出诸多努力，奈何为水平所限，书稿仍存在诸多不足和疏漏，尚祈各位方家不吝教正，幸莫大焉！

书稿甫成，恩师又提供宝贵的出版机会，并拨冗赐序。老师的再造之恩，实非言语可以表达，只能铭记于心，默默地为恩师祈祷祝福。还要感谢师母成亚平女士一直以来的关心爱护，南京大学法学院张仁善教授的关照和提携，感谢同门师兄师姐张生、蔡晓荣、徐静莉、杨士泰等的无私相助。最后，要感谢解锟博士的鼎力相助和精心编校。

要感谢的人实在太多，无法一一罗列，藉此书出版之际，谨向各位师友和亲人送上真诚地谢意和真挚的祝福：感谢你们的一路关怀和照顾，祝福你们一切安好！

张松

2016 年 10 月于金陵

图书在版编目(CIP)数据

从公议到公断:清末民初商事公断制度研究/张松著.—北京:法律出版社,2016.8
ISBN 978-7-5118-9972-9

Ⅰ.①从…　Ⅱ.①张…　Ⅲ.①商事仲裁—研究—中国—近代　Ⅳ.①D925.7

中国版本图书馆CIP数据核字(2016)第217906号

从公议到公断:清末民初商事公断制度研究	张　松　著	编辑统筹 财经出版分社 策划编辑 解　锟 责任编辑 解　锟 装帧设计 李　瞻

出版 法律出版社
总发行 中国法律图书有限公司
经销 新华书店
印刷 北京京华虎彩印刷有限公司
责任印制 吕亚莉

开本 720毫米×960毫米　1/16
印张 17.5
字数 242千
版本 2016年10月第1版
印次 2016年10月第1次印刷

法律出版社/北京市丰台区莲花池西里7号(100073)
电子邮件/info@lawpress.com.cn
网址/www.lawpress.com.cn
销售热线/010-63939792/9779
咨询电话/010-63939796

中国法律图书有限公司/北京市丰台区莲花池西里7号(100073)
全国各地中法图分、子公司电话:
第一法律书店/010-63939781/9782
重庆公司/023-65382816/2908
北京分公司/010-62534456
西安分公司/029-85388843
上海公司/021-62071010/1636
深圳公司/0755-83072995

书号:ISBN 978-7-5118-9972-9
定价:55.00元
(如有缺页或倒装,中国法律图书有限公司负责退换)